21 世纪全国高职高专规划教材

大学生体育健康教程

主　编　刘成华　李金生　任运国

副主编　刘　威　张旭光　吕晓晶

主　审　颜廷山

北京大学出版社
PEKING UNIVERSITY PRESS

内 容 提 要

本书是系统阐述健身和体育运动理论与实践相结合的教材。它根据高等学校贯彻实施“全民健身计划纲要”的实际需要，以大学体育教学大纲为指导，以大学体育教学内容为主，详细地介绍了大学生应了解的各体育项目的基本知识、基本技能、基本战术和基本规则，重点在体育项目实践的教学。同时对大学生应该掌握的一些体育运动保健知识也进行了介绍。内容丰富，通俗易懂。在编写指导思想上着重强调了教材内容的实用性，以此突出体育这门课程的教学实践性。

本书内容翔实、图文并茂，简明扼要，可操作性强，既可作为高等院校、高等专科学校、高等职业学院、成人教育学院公共基础教材，也可作为学生校园学习期间和未来生活、工作中继续进行体育锻炼的学习用书。

图书在版编目（CIP）数据

大学生体育健康教程 / 刘成华，李金生，任运国主编. —北京：北京大学出版社，2009.8

（21 世纪全国高职高专规划教材）

ISBN 978-7-301-15599-8

I. 大… II. ①刘…②李…③任… III. ①体育—高等学校：技术学校—教材②健康教育—高等学校：技术学校—教材 IV. G807.4

中国版本图书馆 CIP 数据核字（2009）第 128056 号

书　　名：大学生体育健康教程

著作责任者：刘成华　李金生　任运国　主　编

责 任 编 辑：卢英华

标 准 书 号：ISBN 978-7-301-15599-8/G・2652

出　版　者：北京大学出版社

地　　　址：北京市海淀区成府路 205 号　100871

电　　　话：邮购部 62752015　发行部 62750672　编辑部 62765126　出版部 62754962

网　　　址：http://www.pup.cn

电 子 信 箱：xxjs@pup.pku.edu.cn

印　刷　者：涿州市星河印刷有限公司

发　行　者：北京大学出版社

经　销　者：新华书店

787 毫米×980 毫米　16 开本　17.75 印张　382 千字

2009 年 8 月第 1 版　2009 年 8 月第 1 次印刷

定　　　价：28.00 元

前　言

人类的身体发展、增强体质和健康教育将是21世纪人体生命科学研究的重点课题。面对科学技术发展的新趋势，我国政府根据国情颁布了《全民健身计划纲要》，这是一项中华民族兴旺发达、强国富民的战略措施。

健壮的体魄、高超的智能、良好的心理素质、高尚的道德情操已成为21世纪对人才的基本要求。在这四项之中，健壮的体魄是能更好从事其他一切活动的根本。而健壮体魄的形成，除良好的先天生理因素之外，更重要的是得益于后天科学的体育锻炼。

大学生正处于身体发育的重要阶段，因此，树立健康第一的思想，培养良好的体育锻炼习惯，掌握科学的体育锻炼方法，对于提高大学生个人身体素质，进而提高全民族体质，具有特别重要的意义。同时，通过体育锻炼，不仅能够提高学生身体素质，而且还能提高学生心理素质和社会适应能力，为将来更好地适应社会岗位要求奠定良好的基础。因为体育运动，尤其是其中的集体项目，要求参与者在身体力行的运动过程中，既要与他人协调合作，又要与对手对抗竞争，因而非常有助于大学生形成合作和竞争意识，培养积极进取、顽强拼搏的精神。为实现上述宗旨，《大学生体育健康教程》在结构设计、内容编排上具有如下特点。

一、图文并茂。体育运动项目技术动作、战术打法大多较为复杂，单以语言表述难以详尽其要义所在，大学生如不能很好地加以理解，将会影响到对技术动作和战术打法的掌握。为此，本教材特别选配了大量技术动作分解图，图文并茂，以图代文，以图解文，以便达到形象直观的效果。

二、实用易行。本教材在内容编排上，针对体育项目和动作特点，设计安排了相当数量的练习方法。通过这些练习方法不仅能够有针对性地解决技术动作难点，提高运动技术水平，并且娱乐性较强，有利于练习者在愉快的活动中掌握技术动作要点，寓教于乐。

三、难易有度。本教材内容详略得当，重点介绍那些简单易学的运动项目和技术动作，使学生能很快掌握项目基本技术，组织训练、比赛，在项目活动中，提高基本技术水平，并逐步了解接触其他难度较大动作，由易而难，由浅而深，增强项目兴趣，有利于达到事半功倍的学习效果。

四、全面丰富。本教材除了介绍体育运动项目外，还依据高校体育教育的目的任务，根据教学实践经验，介绍了运动生理、运动营养保健、常见运动疾病以及《学生体质健康标准》等知识，使学生对体育的认识更加全面，了解更加透彻，有利于学生树立“健康第一”的思想，培养终身体育观念。

本书由刘成华、李金生、任运国任主编，刘威、张旭光、吕晓晶为副主编，王忠波、王洪宝、陈殿启、刘海来、王喜峰为编委。具体分工如下：刘成华（前言，第6章，第10章），李金生（第4.4、4.5、4.6章，第7章），任运国（第3.1、3.2章，第4.1、4.2、4.3章，第5章），刘威（第1章，第3.7章，第14.3、14.4章），吕晓晶（第2章，第3.5、3.6章），张旭光（第15章，第16章），刘海来（第8章），王忠波（第9章，第14.1、14.2章），王洪宝（第3.3、3.4章，第11章），王喜峰（第12章），陈殿启（第13章）。

同时，对颜廷山老师所作的编校工作表示感谢。

在整个编写过程中，我们参阅了各种版本的同类教材及有关资料、技术标准等，在此恕不一一列举，谨致以衷心的谢意。

由于编者水平有限且时间仓促，书中不足之处，恳请读者多加批评指正。

编　者

2009年5月

目　录

上篇　理论部分

下篇 实践部分

上篇　理论部分

第一章　大学体育概论

第一节　体育的概念

一、体育的起源

体育作为一种特有的社会现象，它是随着人类社会的出现和发展而产生和完善。原始人类为了生存，首先提高自己的活动能力，并在以后的谋生中逐渐发展了走、跑、跳、投、攀登、举、抬等生活技能，人们把生活中形成的技能经验传授给下一代，这种最原始的有目的、有意识的传授就是原始教育，也是原始体育。随着人类的进步和社会的发展，人类在生存条件有所改善的情况下，对物质和精神生活有了新的追求，各种文化、艺术、教育活动相继而生，体育与精神生活、健身养生活动逐渐联系起来，如原始社会祭祀时开展的舞蹈和为表达丰收喜悦的游戏娱乐活动，不仅是表达自身的各种感情，还有健身防病、自娱自乐、协同行动等作用。随着这种活动逐渐发展并渐渐进入了广大群众的生活领域，为了满足精神和文化生活的需要，体育逐渐成为了人们强身健体、娱乐养生的一种手段，体育成了人类社会的重要组成部分。由于体育的社会功能不断得到开发和利用，从而使之成为现代人们生活不可缺少的一部分。

二、体育的概念

体育概念是一个关于体育理论的最基本问题，也是体育理论研究领域中一个很古老的话题，它还是一个至今在人们认识上仍然没有统一的问题。

体育是人们根据生产和生活的需要，遵循人体的生长发育规律和身体活动的规律，以身体练习为根本手段，以发展身体、增强体质、提高运动技术水平、丰富社会文化娱乐生活为目的一种社会活动。

体育是社会文化教育的组成部分，受社会政治和经济的影响和制约，并为发展经济和政治服务。

我国现代体育的概念，狭义地讲是指体育教育，也就是指学校体育。广义是指体育运动，包括学校体育、竞技体育和社会体育三个主要方面。

（一）学校体育

学校体育是学校教育的重要组成部分，是全民体育的基础，即是作为体育和教育的交叉点和结合部，又是国家体育事业的战略重点。学校体育围绕增强体质这个中心，通过体育课、课外体育活动和课余体育训练三种形式来完成学校体育的任务，并与德育、智育相结合，通过动态教育的优势发挥它在促进健康、培养意识和完善人格方面所具有的教育作用，使学生得到全面发展。在学校体育教育的过程中，向学生传输体育教育的新观念。

1．结合健康教育

根据社会变革对完善人体的要求，强调应彻底转变体育价值观念，树立“健康第一”的指导思想，让学校体育更多关注健康教育所要达到的宗旨，主张通过体育与健康教育的有机结合，解决包括身体、心理与社会适应等诸因素在内的健康问题服务。

2．推行素质教育

根据全面提高学生综合素质的要求，强调应在全面发展身体的同时，让学校体育更多关注人个性发展与健康人格的培养，充分利用体育鲜明的动态特征，以及在表现竞争、友谊、合作、意志与精神方面的价值，为有效协调体能发展与品德之间的关系，挖掘人类赖以生存的体力潜能，以及培养未来职业与工作环境所需的各种适应能力。

3．体现终身教育

根据养成运动的习惯、受益于终生的要求，强调在注重能力的基础上，让学校体育体现终生教育的思想，遵循按个人接受教育的方式与自身相结合的原则，通过发展个性和培养兴趣，为解决个人意志与教育之间的矛盾服务。

（二）竞技体育

竞技体育是在全面发展身体素质的基础上，最大限度地挖掘体力、智力与运动潜能，以取得优异成绩为目标而进行的科学训练和竞赛。竞技体育在后来的发展中，提倡的是“公平竞争”的原则，以求“更快、更高、更强”为目标，在竞争比赛中成为表现和平、友谊、精神、力量与意志的象征，成为人类传播和平与友谊的“使者”，由于它本身的特点，使它在竞技场的角逐与表演，可以为世界的观众提供精湛与高超的艺术，使人们的精神得到美的享受，从而为丰富人类的社会文化生活服务。它促进了体育产业的发展，随着市场经济大潮的冲击，竞技体育以它特有吸引观众的巨大魅力，也加快了向商业化方向发展的步伐。特别是当人们的生活水平不断提高，以体育文化为载体的文化相应而生，促进了体育各种运动器材及体育传媒、广告、彩票等相关产业的兴起和发展，如近几年来的体育健身器材、足球彩票、体育福利彩票、转播美国 NBA 等。

（三）社会体育（群众体育）

社会体育是指以健身、健美、娱乐、保健、医疗、康复等为目的的人民大众的体育活动。社会体育的广泛性和社会化程度，取决于国家的政治稳定、经济繁荣、生活水平的提高和余暇时间的增多等。社会体育的活动内容丰富多彩，形式多样，适应面广，是人民文化生活不可缺少的组成部分，它与人们生活息息相关，且直接为提高生活质量服务，社会体育内容与形式多种多样，如拔河、钓鱼、各种游戏等。

以上三个方面因目的不同而互相区别，但又互相联系、互相渗透，它们都是通过身体活动全面发展身体和增强体质，都有教育和教学的因素，也都有提高技术和竞赛的因素。以上三个方面共同构成体育的整体。

一个国家无论在竞技运动方面或狭义的体育方面所取得的成绩，都属于体育总成果的一个方面，但又都不能代表全部，衡量一个国家的体育水平高低的标志是多方面的，如：国民体质和健康水平、群众体育普及程度、体育科研的成就和水平、体育的方针、政策、制度、措施的制定的执行情况、体育投资、体育运动技术的最佳成绩等。其中某一方面成绩并不能代表一个国家全部的体育成果。

综上所述，体育是由于人类生产和生活、个体和社会、生理和心理等方面的需要而产生的一种社会活动，它主要产生于劳动过程之中。原始社会的体育和教育、军事、医疗卫生、娱乐以及宗教祭祀等活动，互相联系、互相促进、互相推动，有的甚至是在同一个过程中进行。因此，它们共同进化和发展，宛如孪生兄弟，在原始人类社会的母体中，共同孕育萌生。

第二节　体育的功能

体育是人类社会的实践活动，已成为人们生活重要组成部分。体育以它独特的方式锻炼人们的意志、品质，完善人们的心智，增强人们的体质，陶冶人们的性情。体育是促进人类社会向前进步和发展的一种积极健康的力量。作为一种存在，必然有其存在的价值，正确认识体育的功能和作用，对于现代人的生活与发展和社会的进步有着很重要的现实意义。

体育的功能包括健身功能、社会综合教育功能。

一、体育健身功能

强身健体是体育最主要的本质功能，体育以身体运动为基本表现形式。通过身体锻炼的方式给各器官系统以一定的强度和量的刺激，使身体在形态结构、生理机能和生化等方面发生一系列的适应性反应，从而对身体各系统、组织、器官起到积极有效的影响。

（一）体育运动对神经系统的作用

人体的各器官活动是在神经系统的调节下进行的。神经系统是人体最重要的系统，它是由中枢神经和周围神经两部分组成的，中枢神经是调节人体运动的中枢器官，周围神经是中枢和身体各部分器官的连接纽带，神经系统在人体运动中起到控制、调解、指挥的作用，从而使身体以适应外界的各种变化。

1．改善脑部供血，提高大脑皮质神经细胞的耐受力

中枢神经由神经细胞构成，在大脑皮质神经细胞处于中枢神经的最高部位。这些神经细胞的兴奋或抑制，构成了大脑皮质的活动。长时间的看书学习，致使大脑皮层长时间处

于兴奋状态而产生疲劳，造成工作效率下降，因而产生注意力不集中，精神恍惚等神经性反应。经常参加体育运动，会加快全身血液循环，使单位时间内流经脑部的血液量增加。从而改善脑部的供血状况。因此，大脑皮质神经细胞获得较多的氧气和其他的营养物质，同时脑部的代谢产物排出的速度加快。故经常锻炼可以提高脑细胞的活动能力和工作学习效率。

2．提高人体对外界环境的适应能力和对疾病的抵抗力

经常在自然环境条件下进行体育运动，能够很好地锻炼神经系统在各种地理、气候条件下的适应能力，也提高了神经系统的反应能力和灵活性。如在冬季里锻炼，人受到寒冷袭击时使毛孔收缩和表皮血管收缩，体内新陈代谢等防御性、保护性反射增强；在炎热的季节或环境中，能迅速加快全身的散热，舒展表层血管，提高皮肤温度散发热量等。长期参加体育运动的人对外界的适应能力及对疾病的抵抗力要比一般人强。

（二）体育运动以心血管系统的作用

1．促进心脏结构与机能的良性变化

体育运动能使心肌红蛋白的含量增加，心肌中的毛细血管增生，供血量增加，组织代谢加强，其结果是心肌变粗，心脏的大小和重量都增加。同时，心搏表现缓慢，一般人每分钟心跳频率为 70～80 次，而经过体育运动锻炼的人心跳频率 50~60 次。

2．促进血液数量与质量的提高和血管结构的变化

在体育运动中，在神经系统的调节下，动用了蕴藏在肝、脾内的血液参与循环，保证了肌肉活动时血液分配供给，使血液中红细胞数和血红蛋白的含量都增加，这样可大大提高血液运输氧气和二氧化碳的能力，可更多地中和运动中产生的乳酸，从而提高了血液的质量，经常参加运动，血管壁弹性增大，血流的外周阻力减小，从事体育运动的人肌肉活动状态良好，收缩有力，收缩与放松呈现有规律的转换，使人的静脉血液回流心脏加快回流量增多，供心脏冠状动脉自身营养程度增大，有利于预防冠状动脉硬化和心血管疾病的发生。

（三）体育运动对呼吸系统的作用

由于体育运动是比较剧烈的肌肉活动，需要消耗大量的氧气，同时也产生了大量的二氧化碳，这样就促进呼吸肌加倍工作，以适应活动的需要，经常锻炼的吸吸肌，力量增强，肺活量有明显增加，从而提高了呼吸系统机能水平，对改善人体的活动能力有较大的促进作用，提高了人体长时间活动和工作的耐受力，同时对预防呼吸系统的疾病也有明显的作用。

二、社会综合教育功能

体育作为一种社会现象，即是文明社会的产物，也是促进现代文明的因素之一。它的功能自然也是多方面的，它包括自身本质的功能和作用，也包括衍生出来的其他方面的功能和作用，是区别于其他社会现象和事物对人和人类社会所产生的功能和作用的根本点，并且具有独特性

和其他事物不可替代性的基本特征。体育的综合教育功能主要表现在如下几个方面。

1．全民健身，强国强民

健身是体育的本质功能，也是体育能在人类社会中长盛不衰和持续不断存在的原因。通过体育手段来实现增强体质的目的，促进人体机能全面地发展，也是体育区别于其他社会活动和事物对人和社会作用的根本点，并且具有不可替代的基本特征。人的身体素质是思想道德素质和科学文化素质的物质基础，也是一个民族和国家强盛的基础。体育最基本的作用和本质功能恰恰是作用于一个人，一个民族的身体素质，对人民的健康和身体素质提高以及民族的强盛具有独特作用。通过体育达到增强体质，全民健身，强国强民的目的，这也是当今世界各国普遍重视体育运动的根本原因。

2．培养人们勇敢顽强、克服困难、超越自我的意志品质

人们在进行体育运动时，特别是在运动训练过程中，要适应许多由体育运动训练而产生的特有的身体刺激，体验到很多在正常条件下不可能获得的身体感受。这也是人们在从事其他活动过程中很难体会得到的身体感受。它对一个人的内在意志品质具有特殊地培养和陶冶作用。体育的这些功能对大学生的意志品质的培养作用尤为重要，也为今后的学习和工作打下了坚实的基础。

3．培养人们竞争、团结、协作的社会意识

竞赛是体育运动的一个最显著的特征。体育竞赛能有效地培养人们的竞争意识和团结协作精神。没有强烈地取胜欲望和良好的团结协作精神，在体育竞赛中不可能取得胜利。人类现实社会是一个充满着激烈竞争的场所，需要团结和协作精神。体育竞赛，特别是在集体项目的竞赛过程中，要想取得胜利，既要有力争胜利的顽强竞争意识，又要懂得与同伴和队友的团结协作，才可能达到目的。

4．丰富社会文化生活，提高人们的生活质量

人们通过参加和欣赏体育运动不仅能增强体质还能够愉悦身心，丰富文化生活。世界上还没有其他任何一种活动能像体育竞赛那样有规律地举行，特别是以奥运会为最高层次的国际体育竞赛已经成为现代人们关注的焦点和欣赏的热点。各种不同形式和类型的体育竞赛，以它独有的形式和方式为人类社会生产出丰富多彩的文化精神食粮，提高人类的生存和生活质量。它改变和改善着当今人们的生活质量和生活方式。

5．激发爱国热情，振奋民族精神

体育运动不受国界和地理区域的限制，没有种族、语言障碍，因而具有广泛的全民性、国际性，且极富有竞争性和对抗性。进入近代社会以来，体育运动在激发人的爱国热情、振奋民族精神方面发挥着积极的教育作用。国际运动场上的体育竞赛已成为展示一个国家和民族的兴衰和精神风貌的象征，渗透到国家的政治，经济、科学文化和人民群众的生活之中，在国际赛场上运动员取得的每一个胜利、每块奖牌、每一次的国歌响起和五星红旗的升起，可以激发荣誉感，鼓舞上进心，它激励着本国人民的民族自尊心、自信心、自豪感和荣誉感激发起人们的爱国热情和革命精神。这是其他任何形式的社会

活动和手段所不能代替的。

6．体育的交流功能

在体育运动过程中，能增强人与人之间的交流和交往，是促进人们的友谊和增强团结的重要手段。通过体育活动，能够扩大人们的情感交流，增加人与人之间地相互了解，改善人际关系，共同创造和谐文明的社会环境。国际的体育交往，还能够促进国家与国家之间，不同民族之间的相互了解和相互信任，有利于人类社会的和平与发展。

7．体育的经济功能

体育是人的活动，特别是体育成为一种很多社会成员参加的经常性活动后，总是在一定的物质消费的基础上进行的，必然要消耗一定的人力、物力和财力。因此，与体育活动相关的服装、器材、装备和体育场地设施等就会随之而产生，体育服务等社会行业就必然会出现。特别是在现代社会，体育中的很多内容已经发展成为人类社会的第三产业，在社会经济生活中发挥着越来越大的作用。这些都充分说明了体育的经济功能和作用。

8．体育的娱乐功能

体育运动能得到广大社会成员的喜爱，一个重要原因是体育与文化、艺术等活动一样具有较强的娱乐功能。人们在体育运动的过程中能体验到乐趣，并能解除工作劳动后的疲劳，因而它也成为人们娱乐的一种形式。

体育的功能和作用随着社会发展和体育本身的发展也会不断地变化和发展。正确认识和深入研究体育的功能和作用，有助于了解体育在人类社会中的作用和充分地发挥体育的不同功能，使体育更好地为人类社会进步和发展服务。

第三节　高等学校体育的地位、目的和任务

一、高等学校体育的地位

社会学家指出体育是社会的缩影、社会的焦点、社会的折射，体育发展水平是社会进步与人类文明程度的一个重要标志，体育渗透进了社会的各个层次。高等学校体育作为体育重要组成部分，在培养高素质人才中所起的作用是其他教育形式所无法替代的，随着现代社会的高速发展，高校体育的社会地位也在不断的提高。

1．高等学校体育纳入国家教育制度之中

由于国家对体育教育的重视，特别是对国民素质的重视，因而将高校体育纳入教育体制，将体育课列为必修课，学习两年。有些学校针对学生还开展一年的选修，并要求学生每天参加体育活动。

2．高等学校体育在国家经济建设中的地位

由于体育的教育功能，它培养和发展了一批合格的接班人，提高了一个国家的国民素

质，培养了人们在困难面前不屈不挠的精神和坚定的意志品质。利用体育教育对大学生进行身体、心理、智力的全面拓展，可使大学生在未来的工作中能适应高强度、高效率的工作和劳动，促进国家经济建设的发展。

3．高等学校体育在提高国民精神文明素质中的地位

体育运动有着极高的观赏性、参与性、娱乐性。高等院校通过学校体育的各种组织形式，使大学生在体育活动中充分享受体育所带来的欢乐与美。通过体育运动让大学生在思想上更充满青春活力，精神上更富于追求，通过体育运动还可以调节生活内容，改变生活方式，保持心态平衡，提高思想素养。这些充分体现了高等院校体育在提高国民精神文明素质建设中，有着不可替代的地位。

二、高等学校体育的目的

我国体育的目的是：发展体育事业，增强人民体质，促进人的全面发展，丰富社会文化生活，为社会服务。高等院校的任务是培养高素质、高知识水准的接班人。那么高等学校体育的目的是：大力开展学校体育，努力促进学生身心的全面发展，增强学生体质，树立终身体育的思想，为社会培养优秀有用人才。它主要包括学生的身体培养目的和心理个性塑造目的两方面。

高等学校体育课为必修课，学生必须完成规定的课时和内容，通过学生的自身参与和学习，提高学生全面身体素质和运动能力，促进学生身体的生长发育，改善、改造学生内脏器官的构造和机能状况。经过两年的学习将学生逐渐培养成能够自觉坚持锻炼、能有自我监督与评价、身体强健的合格人才。目前我国高校本科生阶段，一般开设 4 个学期的体育课，专科开设三个学期的体育课。由于体育对人的心理和个性有极大的影响，高校体育通过给大学生传授体育知识，使学生在体育活动中自觉遵守体育的规律和规则，这就可以培养学生以正确、积极的态度参与社会活动。通过学校的各项体育活动，缓解学生在学习上的压力，享受体育所带来的美与欢乐，培养学生在逆境中坚持不懈的思想，促进学生社交能力的发展，提高学生的思想意境，促进学生心理个性的健康形成。

三、高等学校体育的任务

高等学校体育任务主要包括以下几个方面。

1．全面开展学校体育的各项活动

体育活动是大学生从事体育锻炼的载体，开展体育活动不仅是国家教育制度所规定的，也是全面培养健康型人才所必需的。一个学校体育活动开展的好坏，不但反映了整个学校的办学水平，也反映了整个学校的精神文明状态。通过体育活动才能使大学生积极参与到运动锻炼中，并乐在其中。大学生是学校的主体，发动学生进行各种的体育活动，才能使学校工作开展得有声有色，使学校显得朝气蓬勃，奋发向上。

2．增强学生体质，提高学生机体工作能力，全面发展学生身体素质

体育运动最基本的功能是健身功能，大学期间是大学生从青少年向成年人转化的一个重要阶段，高校体育是完善人体发育的重要手段。学校体育以它特有的组织形式促进学生身体健康，提高机体对外界环境的适应能力，加强机体对疾病的抵抗能力。通过体育活动能够开发学生的智力潜能，使学生在身体和智力上得到全面发展。

3．传授体育知识、技术、技能，树立终身体育的思想

体育知识是人类知识宝库的一个部分，大学生正处于求知欲最为旺盛的时期，系统地学习体育知识、技术、技能和科学的锻炼方法，能够提高学生的体育文化素养，培养良好的自我锻炼习惯。使学生通过大学的学习，运用科学的体育知识，来正确指导今后的体育活动，从而树立终身体育的思想。

4．对学生进行思想品德的教育

体育作为文化教育的组成部分，对学生有着多方面的教育。体育运动的对抗性，运动中情况的不断变化，获胜后的荣誉感，失败后的奋发努力，这些都是对学生进行思想品德教育的最好时机。通过对体育活动的参与、参观使学生在思想上更加成熟，培养学生在逆境中艰苦努力、永不言败的思想作风，培养学生在胜利后戒骄戒躁、谦虚谨慎、尊重对手的优良作风。通过体育活动中的团结协作使学生树立集体主义精神，通过班级、系级、校级间的比赛，培养学生爱班、爱系、爱校，最终达到热爱祖国的思想境界。

5．发展学生竞技体育能力，提高学校运动水平

高校运动队在我国体育制度中和省市运动队、俱乐部运动队共同列为竞技体育的最高层次。高等学校可以利用学校的良好教育氛围、物质条件和科学技术为国家培养优秀的体育运动人才。学校运动技术水平的提高可以激励学生更积极地参与体育活动，推动学校体育活动的开展。学校运动队的表现展现了一个学校的综合实力和精神风貌，是向外界展示学校的窗口，是与外界联系的纽带。

第四节　现代社会对体育的需求

马克思曾说过：“现代社会对体育的需要是由生产力发展的客观要求决定的。在物质生产发展的基础上使社会成员享受各种权益，在体力、身心、精神、道德和个性等诸方面全面发展。”这种全面发展的实现和社会对体育的需要，不是以人们的愿望和主观意志为依据，而是由社会生产发展的客观规律所决定的。随着社会生产力的发展，体育将越来越显示出它的地位和重要性。

1．社会发展离不开体育

时代的发展，社会的进步，人们在生产劳动过程中的脑力劳动起主要作用。在生产劳动中

科学技术含量运用程度大大地提高，人们的体力劳动逐渐被脑力劳动所代替，并且还有不断发展的趋势，使人们在生产劳动过程中紧张程度不断提高和工作压力逐渐地加大，日常生活和劳动中的体力活动大幅度减少，从而给人们的身体健康带来了诸多不利的影响。然而，现代社会的生产劳动对人们的身体素质和科学知识提出了更高的要求，它要求人们具有更丰富的知识，掌握更复杂的技术，更要具有更充沛的精力和体力，为此，人们只有通过体育运动才能获得健康的心理，强壮的体魄，充足的精力和体力，以适应现代社会劳动和工作的需要。

2．体育是现代社会主要生活方式

随着科学技术的发展，社会生产方式的变革，科学、健康、文明的现代生活方式正在形成。体育自身的娱乐价值构成了现代生活方式的重要内容并发挥积极的影响，以满足社会不断增长的精神文化生活的需要。通过体育锻炼，体育竞赛、体育欣赏等活动以及进行这些活动所处的大自然环境，丰富了人们的闲暇生活。在闲暇时间和闲暇生活中，人们通过自身从事体育娱乐消遣，充分感受体育带给人们的快乐。

随着生产力和科学技术的不断提高，人们的体育健康意识不断增强，体育的价值越来越被重视，人们改变了体育的观念；随着人们工作的时间越来越少，闲暇时间越来越多，人们有充裕的闲暇时间来满足和丰富人类本身的精神、文化、娱乐和休闲等生活方面的需要，因此，人们参加各种健身俱乐部、有氧体操、瑜伽、划船、钓鱼旅游和观看各样体育比赛等这样的生活方式也将越来越丰富多彩。

3．体育是现代健康需求

现代体育科学研究证明："生命在于运动"。现代社会人们随着社会自动化和机械化程度的提高，在生产劳动过程中脑力劳动大大增加，人们日常体力活动大幅度地减少了，而且社会分工越来越细，竞争更加激烈，工作压力越来越大；现代社会快节奏、高效率的生产生活方式，将给劳动者带来身心上的高度紧张与疲劳；科学技术高度发达给现代人类生活带来的种种急剧变化，造成现代"神经衰弱、肥胖症、心血管疾病和糖尿病"等所谓现代"文明病"急剧上升；加之环境污染，生态平衡被破坏，对人类的身体健康带来了严重的影响。所以人们不得不寻求办法来消除现代科学技术给人类自身发展带来的不利影响。而体育锻炼和体育运动正是预防和治疗这些"文明病"、缓解压力和消除疲劳的有效良方和积极手段，它不仅促进人们身体健康和改善健康状况，还对延年益寿，智力发展和提高人们生活质量有特殊功效，还可以有助于促进工作和学习，提高学习和工作效率。

现代社会对体育的需求，是因为体育对人和社会的发展有积极的功能和作用。现代社会需要体育，体育也能满足现代社会人类的一定需求。人对自身身体健康的需求是人类社会中最根本的需求，人们享受体育运动给人带来的乐趣则是较高层次的需求，体育对人和人类社会需求的满足是多层次的。当代体育运动在全球范围内获得极大地发展，体育已经成为现代人类社会生活方式中的重要内容，对人们的生活和健康产生着积极地影响。使得个人和社会对体育运动的重视程度也将会越来越高，体育对人类社会的发展也会产生出越来越大的作用。

第二章 大学生健康概述

第一节 健康的含义

人们对世界、生命的认识不同，当然对健康在不同的历史阶段有着不同的理解，并给予健康不同的内涵，随着生产力的提高，生物学和医学、自然科学的发展和进步，人们赋予健康的内涵不断在发展、改变和升华，健康的各种定义也相继出现，那么什么是真正的健康呢？作为跨世纪的大学生，我们应该对健康有一个清晰而准确的理解，建立一个健康的思维模式，履行一种健康的生活规律，从而才有健康的生活、学习以至未来健康的工作。一个健康的人，首先要有一个健康的思维。21 世纪可称得上是一个“健康大时代”，全民上下对健康的关注达到了前所未有的高度。每个人对健康的认知程度要高于历史上任何一个时期，那么，作为新一代的大学生，作为未来社会主义的建设者和主力军，我们应该对“健康”有一个什么样的认识呢？

健康概念不断发展，由过去单一的生理健康（一维）发展到生理、心理健康（二维）又发展到生理、心理、社会良好（三维），再发展到生理、心理、社会良好、道德完善（四维），这个四维健康新概念是 1990 年世界卫生组织（WHO）最新概括的。健康新概念的核心是由消极被动的治疗疾病变为积极主动的掌握健康，由治身病发展到注重治心病、治社会病、治道德缺损病。

现代社会由于竞争激烈，工作繁重、风险多、压力大，人们烦恼丛生，旧烦恼刚消除新烦恼又产生，这就告诉我们疾病并不因为物质文明的进步而减少，根治此病的良方就是通过体育锻炼达到身心全面发展。

健康的概念：最近 WHO 提出了新的健康概念就是指人在身体、精神、道德、社会适应上完全处于良好的状态。也就说健康包括四个方面：生理健康、心理健康、道德健康、社会适应健康，这四个方面构成了整体的健康概念。

1．生理健康

生理健康是指能够抵抗一般性的疾病和传染病，没有需要治疗的身体疾病，有余力应付意外的挑战，并有余力能够满足日常的生活。体现在：体重适中，体形匀称，眼睛明亮，肌肉皮肤有弹性，睡眠良好，头发有光泽，情绪稳定，勤于思考，思维敏捷。

2．心理健康

心理健康以智力健康为基础，道德健康为基准，社会认知和文化素质为前提的一种健康状态。判断心理健康的标准中说纷纭，主要有以下两种。

（1）智力正常、情绪稳定、意志健全、人格健全、接纳自我、人际关系和谐、适应能力强和心理行为符合年龄特征。

（2）心理反应客观现实在内容上、形式上与客观现实相一致；一个人的认识、体验、情感、意识等心理活动和行为在自身是一个完整和谐的统一体；一个在长期活动经历中形成的独特的个性心理特征具有性对稳定性。这也符合心理学家对心理健康的概念。

①“心理健康是指人们对客观环境具有高效、快乐的适应状况。心理健康的人应保持稳定的情绪、敏锐的智能，适应社会环境的行为。”

②“心理健康是指在知、情、意、行方面的健康状态，主要包括发育正常的智力、稳定而快乐的情绪、高尚的情感、坚强的意志，良好的性格及和谐和人际关系等。”

③“心理健康是指人的一种持续的心理状态，主要在这种情况下能作良好的适应，具有生命的活力，能充分发挥其身心的潜能。”我们认为，所谓心理健康，是指对于环境及相互关系具有高效而愉快的适应。心理健康的人，能保持平静的情绪、敏锐的智能、适应社会环境的行为和气质。

心理健康已经成了目前大学生健康问题的主要问题，教育部办公厅于 2002 年 4 月 9 日印发《普通高等学校大学生心理健康教育工作实施纲要（试行）》的通知。《中共中央国务院关于深化教育改革全面推进素质教育的决定》强调，在全面推进素质教育工作中，必须更加重视德育工作，加强学生的心理健康教育。《中国普通高等学校德育大纲（试行）》明确提出，要把心理健康教育作为高等学校德育的重要组成部分，大学生应具备良好的个性心理品质和自尊、自爱、自律、自强的优良品格，具有较强的心理调适能力。加强大学生心理健康教育工作是新形势下全面贯彻党的教育方针、实施素质教育的重要举措，是促进大学生全面发展的重要途径和手段，是高等学校德育工作的重要组成部分。

3．道德健康

世界卫生组织（WHO）把道德修养纳入了健康的范畴，一个健康的人是能够按照社会道德行为规范来要求和约束自己的，并支配自己的思想行为。“无私利他”、“为己利他”、“损人利己”、“纯粹害人”作为标准来衡量一个人的道德是否健康。

健康者不以损害他人的利益来满足自己的需要，具有辨别真与伪、善与恶、美与丑、荣与辱等是非观念，能按照社会行为的规范准则来约束自己及支配自己的思想和行为。善良的品性，淡泊的心境是健康的保证，与人相处善良正直、心地坦荡，遇事出于公心，凡事想着他人，使心理保持平衡，有利健康。良好心理状态，能促进人体内分泌更多有益的激素、酶类和乙酰胆碱等，从而增强机体的抗病力。这无疑是对健康有利的。相反，有悖于社会道德准则的人，其胡作非为必然导致紧张、恐惧、内疚、食不香、睡不安、惶惶不可终日，这种精神负担，必然引起神经中枢，内分泌系统的功能失调，干扰其各种器官组织的正常生理代谢过程，削弱其免疫系统的防御能力，最终在恶劣心境的重压和各种身心疾病的折磨下，易患癌症、脑出血、心脏病、神经过敏等病症。

4．社会适应健康

人是社会的主宰，是维系社会运转的基础，处在一定社会关系当中，始终离不开与别人打交道，和谐而有序的人际关系是健康的前提。很难想象一个仇视社会，仇视他人，与周围的人格格不入的人如何在社会中生存，更谈不上健康了。社会提供给人类的衣、食、住、行等物质条件，有时很难达到一个人所期望的状态，这是就需要社会人对自我进行一种调节适应。既然我们改变不了现实就要改变自己，这也是社会适应的最直白的阐述。在现代知识经济时代，人们随着生活节奏的不断加快，人际关系也发生了变化，并且当前我国处在社会转型的时期，很多新的观念、新的事物在不断涌现 ，人们必须适应这些社会变化才能生存，所以人们在社会中自身的地位处境也会发生各种各样的改变，比如搬迁、升学、调动、出国留学、下岗、失业、外出打工、升迁、降职等，都要求人们要有一个适应的过程。

一般情况下，人们往往难以让社会适应个人，而是必须适应社会。当人们很快适应社会的时候，就能融入社会，与社会成员一起心情舒畅地共同学习、生活和工作，而当人对社会不适应的时候可能产生困惑、迷惘、焦虑、抑郁、孤独等不良的反应，并由此产生各种健康问题。同时，生活在社会当中，每一个人都在扮演着不同的角色，包括职业角色、家庭角色及婚姻、家庭、工作、学习、娱乐中的角色转换与人际关系适应。对于一个社会交往能力、工作能力极强又拥有广博知识的人来说，既能很快适应社会各种角色，又能创造出可喜的成就，奉献社会实现自我的价值。

第二节 影响健康的因素

《渥太华宪法》中指出：“健康最基本的条件和资源是和平、住房、教育、食品和收入、稳定的社会经济制度、稳定的资源、社会公正和公平。只有有了这些先决条件，才有改善健康可言。”因此，人体的健康是许多因素相互交叉、渗透、影响、制约和相互作用的结果。世界卫生组织 1989 年公布的资料认为：每个人的健康与长寿，60%取决于自身状况，15%取决于遗传，10%取决于社会因素，8%取决于医疗条件，7%取决于生活环境和地理气候条件的影响。由此可以看出，健康主要取决于自身状况。下面仅就影响健康的主要因素作简要的论述。

一、自身因素

自身因素包括对健康的认识、生活习惯、行为习惯、饮食、锻炼、休息、精神健康等诸方面因素。而良好体育锻炼习惯是其中最重要的因素，“生命在于运动”，这句话永远值得记取，运动是通向健康未来的光明大道，健康主要取决于自身状况。

1．对健康的认识水平

健康的认识水平简单地说就是，拥有一个健康意识，注重对健康的关注，树立一个正确的健康观念。有宏观正确的意识，才能指导正面而有意义的行为。因此说对健康概念有一个全面、科学的认识，将指导现代大学生规范自我行为、进行自我保健和锻炼，养成良好生活习惯。同时，也能克服和避免诸如“没有疾病就是健康”、“亚健康状态不危害人体健康”、“疲劳不危害人体健康”等不正确的观念，现代大学生应具有自我保健的意识和常识，加强自我保健意识，及时注意身体传递给自己的各种信息，并对之做出反应，做到定期体检，有病及时就医。

2．生活方式和行为水平

生活方式与人们的健康息息相关。生活方式是指人们在某种价值观念的指导下，进行各种生活活动的形式。它包括人们的物质生活、精神生活、政治生活和社会生活。生活方式的不同对健康的影响是显而易见的，不同的生活方式产生的健康状况也不同。一个具有生活糜烂，吸烟酗酒成性，昼伏夜出，不思进取，没有组织观念等严重不良生活习惯的人我们很难界定他是一个健康的人。而一个不吸烟，节制饮酒，每天吃早餐，注意饮食营养，维持正常体重，保证高质量的睡眠，坚持科学、系统的体育锻炼的人，我们一般不用对其健康状况担忧。生活节奏也可以归纳到生活方式中来以归纳到生活方式中来。生活节奏的改变，会引起个人乃至社会的健康问题。根据美国疾病控制中心对心脏病、癌症、中风、车祸及其他意外事件、流感、肺炎、糖尿病、肝病、自杀、他杀等10种最常见的导致死亡的原因的调查结果显示，不良的生活方式是造成这些现象的最主要因素。身体健康的人，常得益于良好的生活方式和生活习惯。由此看来养成良好的生活方式和行为习惯非常重要。

3．情绪与精神状态

情绪稳定和心理愉快是健康的主要标志，情绪的异常往往是疾病的先兆。一个健康的人，一般都乐观开朗，充满热情，满怀自信，富有朝气，善于自得其乐，有积极向上的生活信心，憧憬美好生活，有着夯实的精神世界；在日常生活中善于控制和调节自己的情绪，自我克制与适度宣泄相结合，使情绪的表达符合不同的时间和场合。相反，嫉妒他人，埋怨命运，悲观失望，喜怒无常，精神过度亢奋，过度低迷则是不健康的表现。

4．社会活动

人在社会交往活动过程中通过行为适应和继发的神经体液反应过程，可以缓冲心理紧张和其他危害健康因素对人体可能潜在的致病作用，从而达到维持和平衡人体正常功能的效应。越来愈多的研究表明：

社交活动和社会关系受挫是危害人体健康的主要因素。人不但是一个生物的人，而且是一个社会的人，因此，生活于社会之中的人必须承担起一定的社会责任，“扮演”好自己的社会角色，不断提高自己的社会适应能力，保证有适量的社会活动，与他人形成与保持和谐的人际关系，使人在交往中有自信感和安全感，同时与他人友好相处使人心情舒畅，少生烦恼。

二、遗传因素

遗传是指子代和亲代之间在形态结构以及生理功能上的相似，是一切生物共有的基本特征。随着遗传学尤其是分子遗传学的高速发展，有机体的遗传与变异的本质越来越被人们所认识。遗传是人体发展变化的先决条件，对体质的强弱有很大的影响。人体存在着种族血缘的特点，人体的形态结构、相貌、肤色等，都受遗传的影响，这是众所周知的。人体有氧代谢能力和最大摄氧量的值，在很大程度上决定于遗传，在人的生长发育过程中，身高、体重、皮下脂肪、血压等多项形态、生理指标都有不同程度的家族性倾向，尤以身高最为明显，人的体质也是受遗传影响的，但是，遗传对体质的发展，只是提供了可能性，而体质的强弱是客观存在的，则有赖于后天的环境、营养以及科学的锻炼方法。

三、社会因素

社会经济发展状况、社会秩序、伦理道德、宗教、风俗、教育等因素构成的社会环境都可能直接或间接地影响人的健康状况。美国弗莱齐尔曾报告，一些遭受虐待、歧视的儿童和青少年，生长发育缓慢、身材矮小、骨龄落后、性发育迟缓，他们并无明显的家庭遗传倾向，可能是由于不良环境对中枢神经系统形成长期的恶性刺激，导致生长激素释放因子分泌缺乏而引起的。一旦改变他们的社会处境，他们的生长速度则大大加快，甚至最终可以达到正常发育水平。

从社会学的角度看，现代社会影响人们身心健康的社会因素很多。这些社会因素包括社会组织结构和社会意识形态两个方面。因为人们生活在社会中，必然与某些社会组织结构发生联系和受社会意识行为准则的影响，这两方面的社会因素都会影响到人的健康生存与发展。

1．社会组织结构

指家庭、学校、工作单位、医疗保健设施，以及某些社会团体等。家庭环境和学校环境对青少年、儿童身心健康成长的影响是直接的，如家庭的职业、文化结构、经济条件、卫生保健意识等，都会直接影响到他们身心的健康发展。

2．社会意识形态

指政治思想、道德观念、风俗习惯、文化教育、生活方式和政策法规等。缺乏健康教育或不良风俗习惯、不健康的生活方式、有害的意识形态，都会对个人或群体健康造成严重的危害，如某些慢性非传染病、精神病、神经官能症都与不健康的社会因素有关。

3．生活方式

指人们长期受社会政治、经济、文化、社会准则、民俗、地理环境及家庭结构影响所形成的一系列生活意识、习惯和规律。合理的生活作息是指有益于健康的有节奏、有规律地安排的生活节奏。人们很早就认识到个人的生活习惯与健康有关，如我国春秋时期齐国的管仲指出：“起居不时，饮食不节，寒暑不适，则形体累而寿命损。”现代医学表明：在死亡人数中大体上有40%~50%与个人生活方式有关。因此，我们要在日常生活中注意遵循以下几点：心胸豁达，情绪乐观；劳逸结合，锻炼适度；生活规律，善用闲暇；营养适当，防止肥胖；不吸烟，不酗酒；家庭和睦，适应环境；与人为善，自尊自重；好清洁，注意安全。

4．文体娱乐

指人们在学习、工作余暇时间中，经常参加各种文体娱乐活动，陶冶情操，有益于身心健康。通过经常性、有目的的体育锻炼，可促进人体新陈代谢，促进人体正常生长发育，提高机体各器官系统功能和免疫能力，提高大脑皮层及神经系统的调节能力和对自然环境变化的适应能力及社会环境的承受能力。实践证明，经常参加体育锻炼可以陶冶情操、锻炼思维，培养勇敢、顽强、果断、坚毅的意志品质，使人们达到身心健康的目的。所以，体育娱乐活动是增强人们身心健康的积极而有效的途径，是健康教育的重要内容和手段。

四、自然环境因素

（一）化学因素

化学因素是指空气、水、土壤中的化学组成，自然环境中存在的化学成分通常是相对稳定的，这种相对稳定的环境，是保证人类正常生活和机体健康状况的必要条件。由各种不同的化学物质组成的人体内在环境，它对人类的生存与活动同样具有十分重要的影响。人体必需的一些化学元素如铁、碘、氟、铜、硒等，大多是通过水、土壤和食物供给人体的，并对人体生理功能的调节具有重要作用。随着历史的变迁自然界的化学物质可通过自然灾害和人为活动释放于环境中，特别是随着现代工业生产的发展，化学物质的种类和数量剧增。当今进入环境中的化学物质多达数百万种并逐年增加，其中部分化学物质在一定条件下可能被分解，但是某些金属、非金属和人工合成化学物质性质稳定，在自然环境中不易被分解破坏，当这些化学物质在环境中达到一定浓度或与人体长期接触时，就可对健康造成严重危害。

（二）物理因素

物理因素是指阳光、空气湿度、气流、气温、气压、噪音和电磁辐射等，都具有一定的生物功能并综合作用于人体，可对健康产生有利或不利影响。例如，气流可能通过垂直或水平运动保持大气中的化学平衡，并将有害气体和粉尘稀释或扩散；阳光中的紫外线有杀菌和预防佝偻病的作用，红外线可促进机体的新陈代谢。然而，当这些物理因素的强度和剂量作用于人体的时间超过一定程度时，就会对机体造成危害或引起疾病。如接触过量的太阳辐射可导致日光性皮炎；高温可致中暑，低温可致冻伤，低温高湿环境易使要， 体发生呼吸道感染等。在人类生产、生活活动中产生的物理因素如噪声、振动、电离辐射等有害于健康。噪声和振动干扰人们的情绪，长期接触可引起听力损伤和振动性疾病；电离辐射过量可诱发白血病、肿瘤，此外，气温还对某些传染病的地区分布有明显的影响。

五、心理因素

心理因素是影响身心健康的重要因素。

1．良好的心理状态

良好的心理状态是健康的必要条件。心理状态总是与社会环境、生活环境息息相关，具有积极的、乐观的、向上的、坚强的心理状态的人，总能经得起胜利和挫折。心理健康的人一方面能调节自己的行为，克服各种困难；另一方面也能战胜自己的疲倦、抑郁、沮丧等消极情绪，能忍受打击而保持自身人格完整，以达到心理平衡。心理素质良好和情绪稳定的人遇事都能冷静思考，谨慎处理，能认真对待自己的功与过，保持社会适应功能良好，保持良好的人际关系，心境上常常保持相对心理稳定。良好的心理状态有助于机体神经、体液调节系统正常发挥功能。

2．消极的心理状态

消极心理状态是指人所表现的焦虑、忧郁、悲伤、颓丧、恐惧、惊慌、紧张、愤怒的情绪。它会引起人体各系统功能或内分泌失调，可以导致失眠、心动过速、高血压、食欲减退等疾病。

因此，要学会把握自我，善于控制和调节情绪，适应社会工作、生活，维护身心健康。此外，采用有效的心理治疗法可以消除致病的消极心理因素，有助于身体健康和克服心理障碍。

第三节 体育锻炼与身体健康

一、体育锻炼对肌肉的影响

人体在运动中完成的各种各样优美运动技术动作、日常生活中的各种生活活动技能，都是通过人体肌肉的生动收缩放松来实现的。

全身400多块肌肉和206块骨骼及关节等构成人体的运动系统，骨骼构成人体支架，关节将各部位骨骼联系起来，而最终要由肌肉的收缩和放松才能完成人体的各种运动。所以，肌肉的重要功能是收缩和放松，它是人体实现各种身体活动和运动的动力。

每 1克肌肉约有4 000多根毛细血管，但肌肉在安静状态时仅开放其中的很少一部分；而当你进行体育锻炼时，肌肉的收缩放松活动会促使肌肉中毛细血管网大量开放，毛细血管开放数量比安静时多20～50倍，这样肌肉通过毛细血管获得的氧气及养料比安静时要多许多，从而促进肌肉的生长。再就是，锻炼时可以使神经系统交感神经对肌肉的营养性作用加强，促进肌肉的代谢过程，因而肌肉就比平时健壮得多。全身肌肉是体重的主要部分，成年男性肌肉重量约占体重的40%，女性约占35%，而经过系统体育训练的人由于肌肉结实健壮，可占体重的50%左右。

二、加强体育锻炼塑造健美体型

俄国著名诗人马雅可夫斯基有一句著名诗句:“世界上没有任何一件衣衫能比健康的皮肤和发达的肌肉更美丽。”人们通过体育锻炼使肌肉结实健壮，不仅是人体健康的表现，优秀成绩的基础，同时，又是健美体型的必要条件之一。

每个人都希望体型健美，身材匀称，肌肉健壮，动作协调，举止优雅，身材修长而不单薄，丰满而不臃肿，优美的体态姿势。不良的体态姿势，不仅影响健美形象，也不利于身体健康。通过体育锻炼，身体各部分肌肉的匀称发展，对不良体态的改善与纠正也有积极作用。

三、体育锻炼与神经

神经系统包括中枢神经系统和周围神经系统。中枢神经系统被形象的比喻成整个机体活动的“司令部”。人体的一切活动，其本质都是神经系统的反射活动，都是经过感知、分析、判断、做出反应这个过程来完成的。

指挥中心实现有效而准确的指挥，需要对外围情况信息进行了解、分析和综合，因此就有一些专门负责将全身各器官系统的信息传入和报告中枢神经系统的感觉神经（或称传入神经），指挥中心对这些信息不断加以分析，做出判断，立即通过指挥各器官活动的运动神经（又称传出神经），向全身各器官系统发布命令，协调指挥全身器官的活动。人体在体育活动中掌握一切技能的复杂反射活动，是在中枢神经系统指挥下实现的；运动中肌肉活动与内脏器官活动的协调配合、体内能量代谢与供应的协调等都必须在神经系统指挥下才能协调一致。

经常参加体育锻炼，神经细胞在不断的锻炼中能够提高工作能力，反应更灵敏，指挥更准确协调，工作更能持久而不易疲劳。人体从感受外界刺激信号到大脑皮层指挥中心做出反应的时间一般约需0.3～0.5s，而经常锻炼的运动员只需0.12～0.2s，优秀的运动员只需0.1s甚至更短，可见体育锻炼使人反应灵敏迅速。另外经常锻炼的人运动时有关肌肉兴奋收缩，无关肌肉舒张放松，表现了指挥中心协调一致的能力，可见体育锻炼对改善和提高神经系统的功能有良好的作用。经常参加体育锻炼对脑细胞的生长发育有积极的促进作用。

四、体育锻炼与心肺功能

人体的生命活动一刻也离不开氧，而氧吸入体内直至运送到各组织器官则全靠人体内存在的一条氧的运输系统。氧运输系统由呼吸系统、血液与心血管系统组成。

根据生理学家对人体的研究表明，运动可使人体心脏细胞产生良好的适应性变化，心肌细胞产生运动性肥大，使心脏重量增加，容积增大，跳动强而有力。一般人心脏大约重300g，而经常运动的人心脏可在300g以上。优秀的运动员甚至可达400～500g；一般人心容积约为750ml上，而运动员可达1 000ml上以上。由于心脏的强大，常参加体育锻炼的人安静时心肌频率较慢，跳动有力。一些专家认为，坚持运动至少可使心脏推迟衰老10～15年。

经常进行体育锻炼还对心血管疾病有良好的预防作用。锻炼可以改善人体内的物质代谢过程，减少脂肪在血管壁的沉积，增进血管壁的良好弹性，对预防心血管疾病有积极作用。

氧气从体外进入人体内的第一道门户是呼吸系统，经常进行体育锻炼能增强呼吸系统功能。表现其一、肺泡具有更好的弹性。肺泡是组成肺的最小单位，氧气就是在这里进入血液循环，人的肺约含75亿个肺泡，如果将肺泡一个个摊开，表面积可达130多平方米。但安静时，由于人体需要的氧不多，并不是全部肺泡都参与工作，只有大约 5%的肺泡参加工作就可以满足身体对氧的需求，因而肺泡活动量不足。而体育锻炼时人体需氧量增加，促使大部分肺泡参与工作，这对肺泡弹性的改善与保持十分有益，既有助于体质增强，又有预防呼吸系统疾病。其二、锻炼可使负责呼吸的肌肉（称呼吸肌）更加强大。肺的扩张和缩小是靠呼吸肌的收缩和放松使胸廓扩大和缩小来实现的，体育锻炼时呼吸加深加快，迫使呼吸肌收缩更快更有力，这对呼吸肌是一项很好锻炼。由于呼吸肌的强大，可使呼吸深度加深，使肺吸入气体量更多，肺的储备功能及适应能力更强。氧气经过氧的运输系统到达各组织器官，并为各组织器官所利用，这一能力称之为人体的有氧工作能力。

人们在体育锻炼过程中，如何保持氧的需求和供应的平衡，掌握何种运动强度才能收到最佳效果？首先，运动强度要适当，过分激烈和过分轻微效果均不理想，增进人体最大有氧工作能力的运动强度应掌握在中等强度，目前多用运动时心跳次数（心率）来掌握，可按下列公式推算自己锻炼时的适当强度：安静心率＋（220－年龄－安静心率）×60%＝您本人进行有氧工作能力锻炼时的适当强度的心率，如您的年龄是20岁，安静心率为80次/min，有氧工作能力锻炼时适当的心率应该是：80＋（220－20－80）×0.6＝80＋72＝152次/min（心率）。

其次，增进有氧工作能力的锻炼内容可根据身边的器材条件选择，通常选择步行、跑步、游泳、健身操、爬山和骑自行车等。

第三章　大学生体育锻炼

第一节　我国大学生身心素质现状及应对措施

当代大学身体素质下降现在已成为社会问题，据华南师范大学体育科学学院颁布的《中国大学生健康与生活行为调查报告研究》显示，大学生将体育健身排在文化娱乐、上图书馆之后，经常从事体育健身的仅占 19.12%，另有 65.68%的大学生“感到运动不足”；相当一部分大学生有不吃早餐、不喝牛奶、挑食等不良生活习惯，分别占 7.57%、19.69%和 10.95%。中国青年政治学院体育教学中心教师王保勇介绍：“现在学生的身体素质越来越差。比如，估计有一大半大学生都通不过百米短跑的及格线。”从 2007 年开始，各大高校开始采用《大学生体质健康标准》进行体质测试。“这一标准涉及的项目多了、内容广了，但整体难度明显小于过去的达标考核。就这样，无法通过的学生还大有人在。”

北京体育大学运动医学研究室教授陆一帆表示“忽视体育锻炼、缺乏营养知识，都是导致学生体质下降的主因。”现在营养水平提高了，吃的好了但运动能力，如耐力、反应力和灵敏度却下降了。大学生该是充满活力、喜欢运动的人群，但调查报告表示，尽管超过 83.75%的被访者喜爱体育锻炼，却有 68.35%的大学生每周除去体育课外参加体育锻炼的次数不足两次，且每次运动的时间不足一个小时。一部分大学生认为，体育课对身体健康的作用不明显，而且体育锻炼效率较低，形式单一，学校的体育设施也限制了学生的课外体育活动。缺乏足够的体育锻炼从一个方面使在校大学生身体素质下降。

华翼网发布的“大学生生活方式与健康状况调查”结果显示，在受调查范围为复旦、交大、同济、上海财大等 8 所高校近 1 500 名学生中，仅有 33.78%大学生认为自己“处于健康状态”，超过一半的学生认为自己“处于亚健康状态”。调查显示，近 65%的学生认为自己的睡眠质量居于“一般”及“一般以下”；有 80%学生需要花一小时甚至更多时间才能入睡。

据《复旦青年》提供的一份数据显示，复旦有 44%的本科生养成了熬夜的习惯，大三的学生在凌晨两点以后睡觉的比例高达 14%。只有 2.8%的学生起床后感觉“精力充沛”，38%的学生感觉“比较疲惫”。河北省大学生身体素质各项指标调研结果显示，除身高、体重、胸围等重要形态指标持续增长、个别反映健康状况及卫生的重要指标得到较大改善外，其他各项指标均处于下降状态。与 10 年前相比，河北省中小学生视力连续下降，大学生更为严重；肺活量水平大幅度下降，大学生平均下降 300 多毫升；身体素质方面的指标，除速度和柔韧素质下降幅度较小外，爆发力、耐力和力量素质都大幅度下降；体重增幅较大，有向肥胖发展的趋势。

根据一项以全国 12.6 万大学生为对象的调查显示，约 20.23%的人有不同程度的心理问题，主要表现在自闭、抑郁、焦虑、偏执、强迫及精神分裂等方面。大学生中因为精神问题而休学或退学的人数占休退学总数的 30%左右。

中国社会调查所日前公布了对北京、上海、广州、南京、武汉等地高校 1 032 名大学生进行的心理调查。调查显示，超过 25%的被访者曾有过自杀念头。调查还显示，大学生犯罪案例的增加也让人触目惊心，绝大多数犯罪行为也并非人们想象中的高智商犯罪，恰恰是敏感孤独人群才会出现的“刺激—反应型”暴力犯罪。据专家介绍，如今大学生常见的心理问题有：严重的自卑心理、不同程度地表示“厌学”、感到心理压力特别大、与人交往困难、对家长有强烈的逆反心理、学生对某位老师很反感、对考试感到紧张恐惧、易养成不良习惯和沾染不良嗜好及出现逃学、偷窃、打架等各种行为问题。而常见的心理疾病有抑郁症、神经症和精神分裂症等。

由此可见当前大学生身心素质严重下降，这就是一个令人担忧的严峻的现实，目前，太多的室内活动，代替了室外活动。越来越多的学生用电脑来模仿现实的体育运动。目前的电脑技术完全可以满足大学生的体育欲望与刺激心理。网络室内舒适的环境、花前月下的爱情，让越来越多的学子远离了运动场，迷失了运动方向，越来越多的“胖墩”、“豆芽菜”出现在大学校园里。

大学生应该在余暇锻炼行为实践中，只有积极主动的参加体育锻炼，应该给自己营造一个宽松、自然、和谐、宁静的锻炼环境。使自己在不断的体育锻炼过程中使自己的身体素质得到增强和提升。大学生选择锻炼项目、锻炼内容、锻炼形式、锻炼负荷、锻炼强度等时，应以其能否在锻炼后产生愉悦感受作为重要的依据。

大学生在余暇体育锻炼行为中，应选择多人参加的集体锻炼形式，促进群体锻炼与锻炼习惯形成的互动，形成良好的锻炼氛围；同时应重视和同时应重视和加强人际交往能力的培养，提高锻炼行为的坚持性。总而言之，以人为本，以自身的发展作为体育锻炼的出发点和终结点，积极创设一个充满欢乐、宽松的具有各取所需的个性化健身体育文化氛围，坚持与时俱进，开拓创新，不断丰富和完善体育锻炼体系，在大学体育的舞台上，充分展示自己的聪明才华，使体育锻炼真正成为自身受益的健康行为。

大学生要通过体育活动来提高自己的自信心、意志品质和调节情绪的能力，特别是在体育锻炼过程中要防止只重视运动技能，而忽视心理健康现象；要努力在体育活动过程中既掌握基本的运动技能，又发展心理品质；要根据自身的年龄特点与心理特征，注意创设一些专门的情景，采取一些特别的手段，促进心理健康水平的提高。

体育活动对于发展社会适应能力具有独特的作用，经常参与体育活动，合作和竞争意识、交往能力、对集体和社会的关心程度都会得到提高，而且，在体育活动中所获得的合作与交往等能力能迁移到日常的学习和生活中去，因此在体育活动中应特别注意营造友好、和谐的活动氛围，采取有效的手段和方法培养社会适应能力。要特别注意形成良好的体育道德和合作精神，增强对社会的责任感。

大学生要确立健康投资意识。运动是要付出时间、精力和费用等代价的，但却是一本万利的投资行为。每天锻炼一小时，健康工作五十年，幸福生活一辈子。同时，要养成科学运动习惯，持之以恒。建立良好的生活方式。没有合理营养、充足睡眠和良好心态的支撑，运动反而有损健康。饮食要规律，结构要合理，尤其要吃好早餐，节制夜宵；睡眠要充分，切忌熬夜，保证 7 至 8 小时睡眠时间；学会通过运动、娱乐、倾诉等方式，宣泄与排解不良情绪。

高校应不断完善心理健康体制。现在大学都开设了心理健康指导课，帮助学生从深层次上进行正确的自我认识、自我评价。

大学生体育锻炼的推动，大学生身体素质的提高任重而道远。在今后体育锻炼中，还应加大的改革力度，使体育锻炼个性化、多样化，营造生动、活泼、主动的氛围，把增进健康，提高体育能力，培养终身体育的意识，养成积极乐观的生活态度作为体育锻炼的首要任务。

第二节　体育锻炼的作用和特点

一、体育锻炼的作用

体育锻炼是增进健康、增强体质最有效的方法。研究表明，由于体育锻炼能有效地促进血液循环，增强心肺功能，使大脑获取更多的氧气，给大脑的记忆和思维能力提供必要的物质保障，能够提高脑力劳动的效率。另一方面，体育活动不仅能使神经系统的兴奋和抑制过程更加有效，使其对各种刺激的反应更加迅速、准确，为智力的发展奠定物质基础，而且还可以提高人的视觉、听觉、本体感觉、神经传导速度、神经过程的均衡性和灵活性，促进神经系统功能的增强。它能促进青少年的正常发育，能使中年人保持旺盛的精力，使老年人延年益寿。同时，个体在复杂多变的社会环境中，常常会产生紧张、压抑、忧虑等不良情绪反应，体育锻炼可以使个体从烦恼和痛苦中摆脱出来，降低应激水平，使处理应激情境的能力增强。麦克曼（Mclman）等人的研究表明，经常参加身体锻炼者的状态焦虑、抑郁、紧张和心理紊乱等消极的心理变量水平明显低于不参加身体锻炼者，而愉快等积极的心理变量水平则明显要高一些。它还可以调剂感情、锻炼意志和愉悦精神，发挥健心的作用。另外，体育锻炼可以陶冶人的情操，培养良好的情感，促进个性的完善和发展，全面提高心理素质。体育锻炼有助于减轻或消除人的紧张烦躁或忧虑情绪；培养竞争意识和拼搏精神；形成群体意识和团队精神；培养自尊心、自信心、顽强的毅力和审美鉴赏能力；促进社会交往和提高对社会环境的适应能力。通过体育锻炼还可以体验成功的喜悦，胜利的欢愉，产生心旷神怡的愉快心境。它还可以防止疾病，使身体康复，并有矫正身体畸形、改善肤色等健美作用。

二、体育锻炼的特点

体育锻炼具有以下特点。

1．组织形式的灵活性

可集体在统一规定时间锻炼，也可按各人的生活、工作情况进行自我锻炼。

2．内容方法的多样性

可因时因地制宜、因人而异，根据不同年龄、性别、身体状况、职业需要合理安排锻炼的内容和方法。

3．与日常生活紧密的结合性

具有广泛的群众基础，不论是男女老少，不论是何种职业和体质强弱，都可以参加体育锻炼。

体育锻炼和体力劳动是既有联系又有区别的两种社会活动。尽管体力劳动也有锻炼身体的作用，但由于不少劳动是在某种固定姿势下进行的，动作和形式比较单一，易引起局部肌肉疲劳，导致劳损，形成职业病。某些体力劳动者因长期缺少全身性活动，内脏功能下降，使体质变弱。因而，体育锻炼在增进身体健康、增强体质方面的作用是体力劳动所不能代替的。

第三节 体育锻炼的原则

一、体育锻炼有关的名词和术语

在了解体育锻炼原则之前，有必要知道以下名词和术语。

1．运动量

运动量是指运动的负荷量，指人体在体育活动中所承受的生理、心理负荷量。由完成练习的数量、强度、密度、时间以及动作的准确性和运动项目特点等因素所决定。运动量是否适宜的监测方式有两种，一种是通过本体感觉来判断；另一种是通过心率来判断。

2．运动强度

运动强度是单位时间内的运动量，通常用心率或血乳酸来衡量运动强度的大小。同时，它是构成运动量的因素之一。常用生理指标表示其量值。如以心率衡量学校体育课运动强度的大小，一般认为，120 次/min 以下的运动强度为小；120～150 次/min 的运动强度为中等；150～180 次/min 或超过 180 次/min 的运动强度为大。

一般来说，超强运动无益于身体健康。生理学家曾进行了两项研究，一是比较低强度和高强度运动过程中人体心血管系统的变化；二是测定连续运动和间断运动时，血压与心率变化情况。结果表明，低强度和间断运动，均能对健康产生良好影响。因此，专家们提示，每天进行低强度运动，不仅有益于健康，而且可以减少心脏病发作的危险性。

3．密度

密度是指单位时间内的练习数量。我们通常用练习间隔时间的长短来衡量。

4．极点

训练不足及身体适应能力较低的人，通常在运动开始后不久（特别是长跑运动），就会有两腿发软、全身乏力，呼吸困难，肌肉酸痛，动作迟缓，精神低落，甚至不愿再继续下去等感觉。在运动生理学中，这种现象称为“极点”或“撞墙”。

“极点”的产生，主要是由于内脏器官的惰性造成的。因为人体从相对安静状态到剧烈运动时，四肢肌肉能迅速适应，进入工作状态，而内脏器官，如呼吸、循环系统等，都不能很快发挥其最高的机能水平，造成体内缺氧，大量的乳酸和二氧化碳积聚，使植物神经中枢和躯体性神经中枢之间的协调遭到暂时破坏，表现为“极点”的产生，这是一种正常的生理现象。它与训练水平、运动前的准备活动有关，经常参加锻炼的人，“极点”出现得晚，持续时间短，身体反应也较轻；反之，“极点”出现得早，且持续时间长，表现得也较重。

5．超量恢复

人体在运动中，承受了超量负荷，身体内各种能量物质逐渐消耗，在运动后不仅可以恢复到原来的水平，而且还会超过原来的水平，这种现象就叫超量恢复。超量恢复的程度和时间取决于消耗的程度，在一定范围内，肌肉活动量越大，消耗过程越剧烈，超量恢复越明显.如果活动量过大了，超过了生理范围，恢复过程就会延缓。30s 全力运动的半时反应为 60s。1min 全力运动后，半时反应约为 3～4min，因此，休息时间要长达 4～5min。运动实践证明，运动员在超量恢复阶段参加训练或比赛，能提高训练效果和创造优异比赛成绩。超量恢复也是体育锻炼能够提高身体各项机能的主要原因。

6．有氧运动

人体需氧量和吸氧量达到动态平衡的运动称为有氧运动。做有氧运动锻炼时，体内不产生乳酸堆积，心率、心输出量和肺通气量等保持稳定状态，因此可持续运动时间较长，脂肪消耗量较多，并能提高人的心血管机能。常见的有氧运动项目有：步行、快走、慢跑、滑冰、游泳、骑自行车、打太极拳、跳健身舞、跳绳/做韵律操等。有氧运动特点是强度低、有节奏、不中断和持续时间长。同举重、赛跑、跳高、跳远、投掷等具有爆发性的非有氧运动相比较，有氧运动是一种恒常运动，是持续 5min 以上还有余力的运动。

7．最大心率

最大心率是指达到最大运动强度时的心率，最大心率随年龄逐渐增加而减少。最大心率一般可以用 220 减去年龄来推算。

8．靶心率

通常把心率作为指标，设定的强度为心率强度，以心率强度设定的心率称为靶心率或目标心率，它是目前国际上通用的确定运动强度的最好方法之一，可以用以下方法计算靶心率：

靶心率＝（最大心率－安静心率）×（0.6～0.8）＋安静时心率

对于体质较弱人群，如儿童、中老年人可采用：

靶心率＝（最大心率－安静心率）×0.5＋安静时心率

9．极限运动

极限运动是指能够激发人体最大潜力，使人的生理和心理承受能力得到最大限度发挥的运动，极限运动具有挑战自我、冒险性、刺激性、创造性等无穷的魅力，如蹦极、攀岩、登山、跳伞等项目。通过进行极限运动，能够帮助人们重新认识自我，并挖掘自身潜力，能够唤起人们面对困难和挑战的勇气。

二、体育锻炼的原则

体育锻炼可以增进健康，提高人体的身体素质和心肺功能，长期坚持体育锻炼，还能够有效预防一些疾病。但是，如果不能科学安排好体育锻炼，往往事倍功半，相反有害健康。

体育锻炼原则是体育锻炼经验的概括和总结，又是体育锻炼客观规律的反应。它是人们参加体育锻炼所必须遵守的准则。它包括从实际出发原则、循序渐进原则、持续性原则、全面锻炼原则。

1．从实际出发原则

（1）因人而异

每个参加锻炼者的主客观条件都不相同，如性别、年龄、体质和健康状况、生活条件和锻炼目的，另外人体在锻炼时所承受的生理负荷也不尽相同，因此，不能运用一个模式的运动量和运动方法来锻炼身体。体育锻炼要从自身的实际出发，有目的地选择和确定自己的运动项目和练习方法，合理地安排好运动时间和生理负荷量，使自己的身体能够承受运动项目的难度和强度。一般情况下，肌体对适量的负荷产生反应，负荷太小，人体得不到适量的刺激，功能变化不明显，效果就不好。如果肌体负荷量过大，肌体负担不了，近而有损健康。

（2）实事求是

进行体育锻炼时，一方面要根据自身的实际情况，另一方面还要从地理环境、气候条件、季节、场地器材等外界条件出发，按照科学锻炼的方法，选择适合于自身锻炼的锻炼方法，这样才能收到良好的锻炼效果，如在冬季应着重发展身体的耐力和力量素质，在春秋两季多进行技术性较强的项目，在炎热的夏天，游泳是比较理想的运动项目，不要在强烈阳光下进行长时间的练习，防止中暑。进行力量练习训练前，要认真检查运动器械，尽可能两人结合，可以相互保护和帮助，防止伤害事件的发生。

2．循序渐进原则

循序渐进原则是指体育锻炼时必须根据身体素质发展的规律和超量恢复原理，结合个人实际情况，科学安排锻炼内容、方法、项目及运动负荷，使人体不断适应的同时，使肌体功能不断得到改善和提高。

人体机能的提高是一个缓慢的由量变积累到质变的过程。因此，进行体育锻炼不能急于求成。

（1）锻炼内容的循序渐进。

在锻炼内容上，要根据自身状况和体质不同进行选择，练习内容由简到繁，在技术动作要求上应由易到难，在节奏上先缓后快，逐步增加难度。开始锻炼时可以选择慢跑、徒手操、乒乓球等一些较缓和的项目，随着身体不断适应，锻炼内容逐步增加一些较为剧烈的运动。

（2）运动量的循序渐进。

进行体育锻炼时，如果运动量长时间停留在一个水平上，肌体在不断适应，肌体的反应就越来越小，身体机能的提高是按照“刺激—适应—再刺激—再适应”的规律进行的。我们进行体育锻炼时也应遵循这个规律，只有适宜的运动强度、持续时间和频率，才能达到能量消耗和恢复过程的超量补偿，即超量恢复，从而更快更好地发展体能，提高身体素质。

3．持续性原则

持续性原则是指体能锻炼必须持续地科学系统地进行，使之符合体育锻炼规律，并成为日常生活中不可或缺的内容。

从运动生理学角度来看，体质的增强是一个不断积累、逐步提高的过程，不可能在短时间内取得显著成效，体育锻炼具有连续性和系统性，只有经常参加体育活动，根据自己的兴趣和爱好，安排1～2个项目的运动，科学制订计划，才能逐步提高各项身体素质。实践表明，不经常参加体育活动或中断体育锻炼的人会使原来的身体素质和技术水平明显下降，中断体育活动时间越长，消退越明显。如力量素质提高较快，但消退也较快。研究表明，力量增长后若每周训练一次，力量就能基本保持增长后的水平。

另外，坚持体育锻炼，身体各机能可以达到良好的状态，运动兴趣逐渐增加，并达到身心愉快，从而养成经常锻炼的习惯。

4．全面锻炼原则

全面锻炼原则是指体育锻炼应该全面发展身体的各个部位和各个器官的机能，提高身体素质，从而达到全面而和谐地发展。

人体是一个有机统一的整体，人体各部位、各器官系统的机能都是互相联系和互相影响的，人体在体育活动中所表现出来的力量、速度、耐力、柔韧和灵敏等素质是通过肌肉活动表现出来的，但同时也反映着神经系统和运动器官的协调，运动器官和内脏器官的配合协调。

我们在体育锻炼过程中，应结合自身特点选择1～2项作为锻炼内容，并辅以其他锻炼手段，既可以保证各个运动对身体素质发展的独特性，又可避免局限于锻炼身体的某个部位。如长跑锻炼有益于发展人的心肺功能，可再结合一些徒手体操和力量训练就可发展人的灵敏、柔韧和力量素质。又如在健美运动中进行肌肉力量训练后，应增加一些发展速度的球类练习，既可以尽快缓解肌肉黏滞度，又可发展人的速度素质，使身体得到全面锻炼。

第四节 体育锻炼的内容与选择

对于正处青春活力的大学生来说，如何选择自己喜爱的体育运动项目？正确的选择可以对心理和生理产生良好影响，并且通过长期练习，也为今后的体育锻炼打下坚实基础，终身受益。为此，体育锻炼所选择的项目不同、内容不同、方法不同，对人体产生的影响也不相同。不同的运动项目具有各自不同的特征，有的可以提高身体素质、增进健康；有的可以强身自卫、调节精神、丰富文化生活；有的可以防病、治病、消除生理功能障碍。所以大学生参加锻炼的人应根据个人年龄、性别、身体条件、兴趣爱好、专业和时间、场地、器材等不同情况，选择适宜的锻炼的项目。

一、体育锻炼的时间选择

什么时间进行体育锻炼才能达到最好效果？这要由人体一天中的生理变化规律、每天工作学习、生活秩序安排和锻炼目的等条件决定。

大部分学生认为早上锻炼最好，其实不然。人体刚从睡眠中醒来，机体没有达到最佳工作状态。从晚饭到清晨有十余个小时，机体还处于基础代谢阶段，能量贮备较低，因此，晨练运动量不宜过大，如果要进行时间较长，运动量较大的活动，如登山、越野跑等，应补充一些富有热量的食物和水。早晨的空气质量也不好，早晨锻炼应选择开阔地带，远离污染源。对于有心血管系统病的人和年纪较大的人来说还要格外小心，清晨是心血管疾病的高发时间，尤其是寒冷的冬季，血管变细变脆更要注意。早晨适宜做些慢跑、散步、早操等活动。

上午学习与工作两个小时以后，即常说的课间操、工间操时间，这时大脑出现疲劳，尤其在多人听课的大教室上课，经过两节课后，教室空气质量很差，到室外做做广播操、韵律操、打打拳、跳跳绳，这对松弛高度紧张的神经，产生愉快的心情大有益处。此时进行锻炼可以使头脑清晰，思维灵活，记忆增强，为下一阶段学习提供良好条件。

下午课外活动时间，是大学生进行体育锻炼的最佳时间。此时人体的适应能力和全身协调能力均较强，尤其是心率、血压都较稳定，人体运动系统也进入最佳状态，适合进行负荷较大的体育锻炼，每天的一两个小时锻炼最好安排在这个阶段。从外界环境讲，此时植物进行了一天的光合作用，氧气含量比较充足，气温也比较适中，也有利于身体锻炼。

此外，双休日和节假日的调整，给人们更多的自由支配时间，可以开展丰富多彩的体育活动，如郊游、爬山、滑雪、攀岩及各种各样的比赛活动。

有的同学还喜欢晚上进行锻炼，这要自己体会，锻炼后睡觉质量如何？第二天醒来是否有精神？是不是感到锻炼后很难入睡，大脑兴奋，就应该考虑调整锻炼时间了。

二、运动项目的选择及科学的锻炼方法

大学生运动项目选择的原则，应该根据自己的身体状况、场地及可能的条件来确定。就现在校园建设情况来看可以提供给大学生进行体育锻炼的场地设施相当齐全：运动场、体育馆、网球场、羽毛球场、健身房、健美操场等。

体育锻炼的内容丰富多彩，为便于合理的选择锻炼内容，有必要对内容进行科学的分类。

（1）按竞技体育项目可分为：球类、田径、体操、游泳、举重、摔跤等项目。

（2）按体育保健形式分为：广播操、健美操、韵律操、武术、气功、及民间体育项目等。

（3）按自然力锻炼可分为：日光浴、空气浴和水浴等。

各项运动项目简单介绍如下。

（一）素质类运动项目锻炼方法

通过体育锻炼发展身体素质，身体素质主要包括速度、力量、耐力、灵敏和柔韧性等几个方面，这几方面素质的强弱是由机体的形态结构、机能水平、代谢水平、能量物质的储备、各种化学物质的比例所决定。其中力量、速度、耐力是最基本的三项身体素质。身体素质发展愈充分，机体就能发挥出愈大的活动能力，表现出愈好的运动技能。

1．速度素质

速度素质是指人体进行快速运动的一种能力。它的表现形式有反应速度、动作速度和位移速度等。反应速度是指人体对各种刺激发生反应的快慢，如短跑时从发令到起动的时间，它以神经过程中反应时为基础，反应时短，则反应速度快，反应时长，则反应速度慢。动作速度是指完成单个动作或成套动作的时间长短，如投掷运动员器械出手的速度，武术运动员冲拳、踢腿的速度等。位移速度是指在周期运动中，人体通过一定距离的时间，如跑步、游泳、速度滑冰等的速度。

发展速度素质的方法很多，如听信号起动可发展反应速度，减轻器械重量加快动作速度的练习，下坡跑可以发展速度素质。在发展速度时，要注意力量、灵敏和柔韧等素质的发展，还要注意提高肌肉的放松能力。大学生阶段（17～22 岁）是速度素质发展和稳定增长期，要抓住这一有利时机，加强发展速度素质的练习。

2．力量素质

力量是指肌肉紧张或收缩时表现出来的能力。这种能力按肌肉收缩的形式可分为静力性力量和动力性力量。

静力性力量是肌肉做等长收缩所产生的力量，即人体维持或固定一定的位置或姿势，不产生明显位移的动作如单杠悬垂、体操中的支撑、倒立等动作。

动力性力量是肌肉在等张收缩时产生的力量，人体产生明显位移，使人体或器械产生加速度运动，如跑、跳、投、游泳等。动力性力量又分为重量性力量和速度性力量。

重量性力量是动作的速度基本不变，由肌肉工作时所推动的器械重量来衡量力量的大小，如举重。

速度性力量是由人体或器械运动的加速度来评定的一种力量，靠肌肉快速收缩，使重量恒定的人或器械获得加速度来衡量速度性力量的大小。如投掷、跳跃等。

在此介绍一下用负重练习发展等长力量的练习手段：

（1）用接近本人极限负荷重量，重复1～5次，共2～3组，发展绝对力量；

（2）用中等负荷（60%～80%）重量，重复快速动作，发展速度力量；

（3）用轻重量尽量多次重复，发展力量耐力；

（4）用中小重量（大约只能重复8～12次的重量）使肌肉工作到极限，共3～5组，增加肌肉的围度，此外，还有等长力量练习、等动力量练习等方法。

注意事项：

（1）随着肌肉力量的提高，必须不断加大负荷来提高肌肉负荷能力；

（2）练习时间安排，以隔日练习为好；

（3）注意全身协调发展，大、小肌肉群、上、下肢肌肉群应均衡发展；

（4）力量训练必须注意安全，有人保护，练习后要做肌肉放松练习；

（5）做完下肢负重练习，应快速奔跑30m或纵跳8～10次。

3．耐力素质

耐力也称为耐久力，是指人体在尽可能长的时间内活动的能力，也可视为抗疲劳的能力。它是人体各器官系统机能和心理素质的综合表现，也是人体机能水平、体质强弱的重要标志。“渐进的极限负荷”原则是发展耐力素质的主要依据。理想的负荷应接近个人机能极限又最大限度地在有氧代谢的范围内工作，通常掌握在最大强度的70%～85%，运动心率为140～160次。

（1）持续训练法。中等强度，匀速跑较长的距离。

（2）间歇训练法。以60%～80%强度快跑几段距离，中间间隔较长距离慢跑。

（3）重复训练法。以中等强度重复跑几段较长距离。

4．灵敏和柔韧素质

灵敏素质是人体的运动技能和各种素质在运动过程中的综合表现。要发展灵敏素质，首先是提高大脑皮质神经过程的灵活性。采用体操、技巧、球类等非周期性项目进行锻炼，效果较好。

柔韧性素质由关节的结构、关节周围组织体积大小、韧带、肌腱、肌肉与皮肤的伸展性等因素来衡量。柔韧性能练习要注意以下几点：准备活动要充分，尤其在冬季；压腿、踢腿等活动幅度由小到大。动静相结合；不同部位要交替进行，要有间歇和放松。

（二）竞技类运动项目锻炼方法

1．跑步

时间应选择在早晨或课外活动时间，每周应进行3～4次，短时间、快速跑可发展速度素质，长时间，长距离慢跑可发展耐力素质。

2．定时跑

如 5min、10 min、12 min 等，一般健康人应该将心率控制在每分钟 140～170 次为宜。锻炼初期体质较弱者锻炼时间和距离不要太大，可根据身体状况逐渐增加次数、时间，加长距离，加大强度，也可走跑交替进行练习。

3．间歇跑

由跑的距离、速度、次数和间歇时间组合成的练习跑。例如，距离 400m 的间歇跑，要求 90 s 完成，间歇时间 4～5 min，间歇的时间可视心率恢复情况而定，就是当心率恢复到 120 次 / min 左右进行下一组练习。这种练习对提高 800m、1 000m、1 500m 等达标测验项目的成绩效果显著。

4．变速跑

采用快跑与慢跑放松交替进行，水平差的可采取快跑距离稍短、慢跑距离稍长的方法，当达到一定水平后，可加长快跑距离，缩短慢跑距离。可发展耐力，提高心血管系统、呼吸系统功能。

5．越野跑

可在公路、田野、公园进行的自由跑，可随意变换跑速，距离也可视自己身体状况而定，但要注意距离从短逐渐加长，循序渐进。穿着合适的有弹性的运动鞋，并注意交通安全。

（三）健身类运动项目选择锻炼方法

1．广播操、健美操、韵律操

可在早操或课间进行，如伴有音乐会感到更轻松和愉快。做操时注意动作幅度和质量。健美操越来越向节奏快、力度大的方向发展，普遍受到青年们的青睐。它融健身、健心、健美为一体，对增强体质、塑造体型美有明显效果。

2．太极拳

太极拳是我国传统项目，它动作柔和、体态舒松、呼吸自然、运动量不大，尤其适合体质较弱的人锻炼，终身锻炼终身受益。应该注意基本功练习、姿态优美和动作质量。

3．球类、体操、器械活动

对发展灵巧性、速度、力量、耐力等有明显作用。应注意掌握基本技术、规则，器械练习应注意安全保护。

（四）自然力类运动项目锻炼方法

生活在现代城市里的人们由于人们长期远离大自然，导致神经系统与内脏器官功能紊乱，长期受噪音、缺氧、阴暗、拥挤的环境损害，身心机能的发展都受到了干扰。到空旷的远郊，面对清新的绿草青枝、俊秀的山川河流，充分利用大自然的日光、空气、水进行锻炼非常有益身体健康，一定会心情舒畅，而且徒步旅行也锻炼了身体。对长期在室内从事脑力工作的人来说尤其必要，充分利用自然条件锻炼，不仅经济简便，还可收到意想不到的结果。

1．日光浴

充分利用日光锻炼（日光浴）。日光能引起生物细胞组织内许多复杂的物理、化学变化。合理地利用日光，可以促进身体细胞组织的新陈代谢。刺激神经系统的活动，促进肌肉和骨骼的发育，促进血液循环和呼吸消化等机能的提高。日光中的紫外线有杀菌作用，合理地利用日光可以预防很多疾病，日光浴时应尽量使皮肤裸露，先晒背部和四肢，再晒胸部和腹部，但不要让日光直接照晒眼睛和头部，可用白色遮阳帽和墨镜遮盖头部和眼部。夏末秋初的上午 9～11 点钟都是日光浴的好时间，每天每次晒 30～50 min 为宜，当户外气温低于 17℃或高于 30℃时就不要裸露照晒了，可以多在户外游玩以沐浴日光，但要注意着凉和中暑。

2．空气浴

空气的温度、湿度和流动速度对人体有很大影响，新鲜空气中氧气丰富，负离子含量多，对人体神经系统、循环系统、呼吸系统有良好作用，加以低温刺激能改善体温调节功能。同时，能活跃机体组织代谢和提高内脏器官功能，减少呼吸道疾病，增强肌体对外界适应能力与抗病能力。进行空气浴必须注意从温暖季节开始逐渐过渡到冷空气浴，服装宽松单薄透气性好为宜，选择空气新鲜场所，尽量增加皮肤与空气的直接接触机会。利用空气锻炼的基本方法是每天到户外活动 1～2 次（天气异常时除外），每次 30～40 min，尽可能穿得单薄透气些。另外，住室应采光好，且经常开窗通气，20℃以上时全天开窗，15℃以上时开一半窗子，10℃开 1/4 窗子，睡觉时也开 1/4，10℃以下时也要留一个通气口或定时开窗换气。

3．水浴

包括热水浴、温水浴、冷水浴和游泳。

热水浴和温水浴能扩张血管，减弱肌肉张力，加速血液循环，消除疲劳。冷水浴能提高神经兴奋性，调节皮肤毛细血管的收缩与舒张，提高机体适应外界温度变化的能力，增强意志力，提高抵抗疾病的能力，并能有效增强心血管系统的功能，使血管弹性增强，减少血管壁胆固醇的沉积。

冷水浴是用凉水擦洗身体的一种身体锻炼，它有刺激肌体新陈代谢，提高身体适应气温变化能力、预防感冒等作用。还有助于防止动脉硬化，对促进健康、增强体质大有益处。

冷水浴或冬泳应注意以下几点：

（1）根据本人身体状况、地区条件区别对待，不能盲目追从时尚；

（2）冷水浴或冬泳应循序渐进，从夏季开始一直坚持到冬季；

（3）剧烈运动后、饭前饭后、发烧感冒时均不宜进行，以防不测；

（4）自觉进行自我医务监督。

游泳是全身在水中的一种体育运动，这时水温低于体温，应在 18℃以上，游泳时的气温应在 25℃以上，一次游泳的时间以 15～30 min 为宜。运动后经常水浴能够有效地提高人体的心肺功能和适应环境能力。

第五节　运 动 处 方

一、运动处方简介

运动处方早在 20 世纪 50 年代美国生理学家卡波维奇曾提出过这个概念。1969 年世界卫生组织使用了运动处方术语，从而在国际上得到确认。运动处方的完整概念可概括为：对从事体育锻炼者或病人，根据医学检查资料，按其健康、体力以及心血管功能状况，结合生活环境和运动爱好等个体特点，用处方的形式规定适当的运动种类、时间及频率、并指出运动中的注意事项，以便有计划地经常性锻炼、达到健身或治病的目的，即为运动处方。

我们常说，生命在于运动，运动有益于健康。但是，并非所有的运动对身体都有良好的作用，也并非所有的人从事某种同一的运动都有同样好的效果。

对于同一种运动量，不同的个体所产生的反应可以有极大的差异。例如，一种运动量对一般健康人来说正好可以对机体产生良好影响，但对运动员就可能达不到效果，而对于一些患有疾病的人来说，可能已超过他最大机能限度，因而可能导致疾病的加重，甚至危及生命。因此，不同的个体应有适合他本人机能需要的不同运动。可见，运动处方是针对个人的具体身体状况而制定的一种科学的定量化周期性的体育锻炼计划。具体讲就是体育指导者针对准备从事体育锻炼的人，根据体检资料，按健康的体力情况及心血管功能状态及个人特点用处方的形式，制订适当的运动种类、强度、时间、频率，使其进行有计划的周期性锻炼，这种指导性的方案，称为运动处方。运动处方被认为是体育科学化的重要标志。

运动处方并非一套一成不变的方程式，它是根据个人的体能、需要和进度而灵活制订的。也就是说，每个人都有适合自己的时间表和计划。对个别人而言，最合适的运动处方就是可以帮助他将运动融为一种生活习惯，从而增加运动次数的那一种。

运动处方种类繁多，可根据不同的目的分为健身性运动处方、预防保健性运动处方、治疗康复性运动处方、竞技性运动处方等。制订运动处方的基本内容包括：运动目的、运动种类、强度、时间、实施的时间事带和运动频度等要素。

二、运动处方的目的

运动处方的目的可以说是因人而异，并不是一成不变的。一般根据大学生不同人群的兴趣需要、背景和身体状况而定。一般来说，主要表现以下方面。

（1）增强体能，即增强体质，激发活力，提高工作学习效率；

（2）增进健康，预防保健，治疗疾病，康复身体，减低发病率；

（3）促进生长发育、延缓衰老，健身美体；

（4）丰富文化娱乐生活，调节心理状态，提高生活质量；

（5）学习掌握运动技能和方法，提高竞技水平。

三、运动处方的制定

为某个人制定运动处方时，首先应该按照一定的程序进行系统的检查，获得为制定运动处方所必需的全面资料，这样所制定的运动处方才能切实符合个人的身体条件。

第一步，一般性体检：收集病史、运动史。

（1）了解运动的目的，对运动的期望。

（2）询问病史，如既往史、家族史。

（3）运动史，如运动爱好，现在运动情况等。

（4）社会环境条件，如职业、工作与劳动条件、生活环境、经济、营养等条件，周围能够利用的运动设施，有无指导等。

第二步，临床检查，这里所指的临床检查相当于所谓成人病的检查。检查的目的如下。

（1）对现在的健康状况进行评价。

（2）判断能否进行运动、运动负荷试验。

（3）有否潜在性疾病或危险因素，预防事故。总之，医学检查的基础目的在于掌握个人的状况，为制定运动处方提供必要的信息。

第三步，运动试验及体力测验。

运动试验是制定运动处方的基本依据之一。运动负荷试验的方法很多，根据检查的目的，被测者的特点来选择适合的方法。现在最普遍常用的方法是递增负荷运动试验。

第四步，制定运动处方，安排锻炼计划。

通常根据以上检查结果，可以根据锻炼者的健康状况，体力水平及运动能力的限度等，按其具体情况制定运动处方，处方中主要是规定出运动强度的安全一次必要运动量以及一周的运动频率等内容。

第五步，善后工作与复查。

原则上要当面为需要的人员制定运动处方，不宜只按体检资料或由他人代替办。首先要说明医学检查结果的概要，要正确对待体检异常结果；其次指出注意事项，如何按运动处方锻炼进行运动教育，咨询指导；再次是隔一段时间要与实施运动者接触，询问运动情况，判断有无副作用或疲劳。

四、运动处方的基本原则

在制定和实施运动处方的基本原则上，要注意处理好以下几个问题。

1．运动处方要个体化

由于每个人的身体条件千差万别，不可能预先准备好适应各种情况的处方，即使可能，而个人的身体或客观条件也在经常变化，严格来说，今天的处方明天就不一定适合。所以，必须根据每个人的具体情况，因人制宜，个别对待。

2．运动处方及时修订调整

书刊杂志上所介绍的运动处方，应用于多数人时，有的人适应、也有的人不适应。即使从检验结果用计算机所谓科学算出的处方，也不一定就是此人在所有点上都是最适合的处方。因此，对于初定的处方在实施过程中、要进行一次或多次的微调整，使之成为符合自己条件的运动处方，一个安全、有效、愉快的运动处方，不是别人给予的，而是自己制定的。

3．以全身耐力为基础

在制定运动处方时，体力的差别比性别和年龄的差别更为重要。因此，即使不根据性别、年龄，而只以体力（全身耐力）情况作基础来制定运动处方也是适宜的。

4．保持安全界限和有效界限

为了提高全身耐力水平，必须达到改善心血管和呼吸功能的有效强度，这就是靶心率范围。如果运动超过这个上限，就可能有危险性，这个运动强度或运动量界限，称为安全界限。而达到这个有最低效果的下限，称为有效界限。安全界限和有效界限之间，就是运动处方安全而有效的范围。如果身体条件差的人（年老、体弱、成人病者），容许的运动条件受限制多些，制定处方时必须严格规定运动内容；反之，身体强健的壮年，从跑步到所有的运动都是处方的内容。

5．体制基础和运动效果的特异性

锻炼前体质差的人，从事强度小的运动也能收到显著效果，而锻炼前体质强健的人则要求更高运动强度的刺激，才能见效。运动时身体的生理的适应，根据运动种类或方法有所不同，这称为运动效果的特异性。一般认为运动效果是有特异性的，因此根据锻炼目的而选择适合的运动种类很重要。例如，以自行车训练程序的效果，只在自行车运动时才有特异的发挥。仅一条腿进行训练时，只在训练的腿出现生理学变化等。故想进行增强体力运动的人，应自己知道要什么方法训练身体的那个部分，而不必盲从教练、指导者的指导。明确自己锻炼的目的、意义和方法，这是坚持长期锻炼并收到效果的重要前提。

五、运动处方中运动种类的选择

在运动处方中，对锻炼者提供最适宜的运动项目是最终的目标。运动种类是确定运动处方性质的重要因素，必须根据运动目的来选择，一般遵循全身性、持久性运动种类比局部性和短时间性效果要好。

1．选择运动种类的条件

（1）经过医学检查已许可。

（2）运动强度和运动量符合本人的体力。

（3）过去的运动经验和本人喜爱的项目。

（4）进行运动的环境和场所。

（5）运动设备用具齐全。

（6）有同伴。

（7）有指导者。

2. 运动处方的种类：现代新兴的运动处方要求包括三种主要运动型，即有氧耐力性运动、抗阻力性力量运动和伸展柔韧性运动

（1）第一类，有氧运动的耐力性运动主要是改善和提高人体的有氧工作能力，这类运动包括：步行、慢跑、走跑交替、游泳、自行车、滑冰、越野滑雪、划船、跳绳、上下楼梯及室内功率自行车等。

（2）第二类，抗阻力性力量运动是以增强力量、健美肌肉形体为主和运动，如利用杠铃、哑铃、弹簧、橡皮筋等负重法和阻抗法，增进臂力和腰腹力量，健美体形。这类运动包括：体操和举重等。

（3）第三类，伸展柔韧性运动是以调整呼吸节奏、伸展肢体、增大各关节活动幅度为目的的压、伸练习，这类项目包括：健美操、广播体操、太极拳、太极功、气功、五禽戏、健身迪斯科、跳舞及各矫正体操等。

六、运动处方的分类

在制定运动处方中，根据自己想要达到的目的来选择不同方法的练习，比较常应用的运动练习的分类有以下几种，大家可以根据自己的具体情况进行选择不同的练习方式。

1. 按肌肉活动特征分类

以肌肉收缩形式表现的性质，可分为动力性练习与静力性练习。动力性练习时，身体有多数关节移位，如走跑跳等。这类练习出现疲劳较晚。静力性练习时，身体多数节节相对固定，肌肉处于持续性紧张收缩状态，如十字悬垂、平衡、静态姿势等，这类练习出现疲劳较早。

2. 按肌肉工作的相对强度分类

按肌肉工作的相对强度可以分为极量强度、次极量强度、大强度和中等强度。极量强度又叫最大速度，指持续最大速度在10～30 s的练习，如100m跑、200m跑、50m游泳、跳高、跳远、投掷、举重、跳马等，次极量强度指肌肉紧张工作能持续5秒至30秒钟至3～5 min左右的练习，如400～1500m跑、100 ～200m游泳、自由体操、武术、散打、拳击；大强度指肌肉紧张工作能持续5 min到30 min左右的练习，如1 500～10 000 m跑、400～1 500 m游泳；中等强度，指能持续11 min以上的周期性练习，如马拉松跑（42 195 m）、公路自行车、长距离游泳。

3. 按动作结构特征分类

以动作的结构特点，可以将运动练习分为周期性非周期性和混合性三大类。周期性练

习是按一定程序周而复始地重复相同动作的练习，如走、跑、跳、游泳和骑自行车等。它结构简单，强度容易控制，在运动处方中较多采用。非周期性练习是按一定顺序进行，前后不相似的连续动作的练习，如体操、武术、羽毛球、乒乓球。这类练习可提高兴趣，容易保持运动中的兴奋性和协调性。混合性练习是既有周期性成分，又有非周期性成分的练习，如跳高、跳远、篮球、足球。运动中的跑动属周期性，跳跃投篮射门抢球属非周期性。

4．按运动中能量供应的特点分类

可分为有氧练习和无氧练习。

无氧供能为主的练习称为无氧练习，包括极量强度和次极量强度的运动，如短跑类练习。有氧供能为主的练习称为有氧练习，如竞走、慢跑、健美操类运动。

5．按机能和素质分类

以发展力量为主的练习称为力量性练习，如举重、摔跤；以发展速度为主的练习称为速度性练习，如短距离跑、冲刺、30 米疾跑；以发展耐力为主的练习称为耐力性练习，如长距离跑、竞走、赛车、游泳等，韧性练习则以发展柔韧性为主，主要是发展关节活动的幅度、范围、肌肉与韧带的伸展能力，如压腿、劈叉等，灵敏性练习以发展随机应变的灵敏度为生，如对抗性的球类、击剑、散打等。

七、运动强度

运动强度是单位时间内的运动量。运动强度选择不当也会导致不良的后果，这是非常危险的。运动强度又是运动处方定量化与科学性的核心问题。

运动强度＝运动量/运动时间，运动强度可分为绝对的强度和相对的强度两种。

对身体健康的人来说，运动时的适宜强度应当是最大心率的 60%～80%。最大心率比较简单的计算方法是：最大心率＝220－年龄×0.5，根据计算运动时的适宜心率应当是120～160 次/min 左右。健身运动中，强度的设定以控制人体在有氧代谢工作的范围内为原则，60%～80%HRmax，120～160 次/min 为适宜强度。强度太低达不到运动锻炼的效果，过高对心功能反而有损害，并且不能保持相当的运动时间。

八、运动时间带

运动时间带指每次持续运动的时间，由于运动时间和运动强度的乘积决定运动量，即运动量＝运动强度×运动时间，因此，即使等量运动量，因运动目的不同而有运动强度和时间不同的处方。以健身为目的的运动，相同的运动量，中老年人应以强度小而时间长的处方效果好，对于青少年来说短时间的激烈运动反复多次的处方，对增进健康有很好的作用。

根据研究每次进行 20～60 min 的耐力性运动时比较适宜的。从运动生理来说，5 min是全身耐力运动所需的最短时间，60 min 对于坚持正常工作的人是最大限度的时间，经研究认为，心率达到 155 次/min 以上时，最少持续 5min 即可开始收到效果，如果心率在 145 次/min 以下，那就需要 5 min 以上才会有效果。

1．必要的运动时间

一次必要的运动时间，也是根据运动强度、运动频度、运动目的、年龄及身体条件等而不同，不能一概而定。这要看某种强度的刺激对呼吸、循环功能，从运动开始到达到恒常运动所需的时间。为了给予呼吸、循环系统有效的刺激，使各种生理功能充分发动起来，达到恒常运动的时间轻运动时为 5min 左右，强运动时需 3min 左右。由此可见，5min 以内的运动对呼吸、循环系统的刺激还是比较充分的。因此，在达到恒常运动以后需要继续运动一些时间，这样合计运动时间则为 10min 以上。再加上准备活动及整理活动至少需要 5～8min，所以，实际所需要的时间为 15～20min。这是比较客观的最低限度。

一般可在持续有氧运动 20～60min 范围内，按运动强度及身体条件决定必要的运动时间，便是运动处方的要点。

2．运动时间与强度的配合

每次持续时间和运动强度的配合，可明显的改变运动量。一般来说。健康成年人宜采用中等强度，长时间的运动；体力弱而时间充裕的人，可采用小强度，长时间的运动；体力好但时间不富裕者，可采用大强度，短时间的运动。

每次进行体育锻炼持续的时间，是组成运动量的重要因素。日本体育科学中心建议人们采用三种中等运动量的锻炼：用 70%运动强度锻炼 15min；60%运动强度锻炼 30min；50%运动强度锻炼 60min。在持续的周期性运动中，运动时间乘以运动强度就是运动量。健身运动中较适宜的运动时间至少应有 15min 以上。

（1）人体开始运动后 1min 左右，心率即可达到必要的水平，但心输出的原氧量在运动开始后 3min 左右才急剧增加，逐渐增加到较高水平需 5～7min。

（2）从相对安静状态到进入适宜强度的运动状态只是克服生理惰性，要使心血管功能得到改善提高，必须使心脏功能在较高的机体状态下持续一定时间的工作，所持续的时间最少在 5min 以上才开始有效果。

（3）完成正式练习后应逐渐减少强度，继续运动 5min 以上，以利于身体机能的恢复。这是完整运动处方中的放松整理活动。

若是减肥运动，则应持续运动在 30～60min。对大部分人而言，运动量强而时间短的运动是不值得推荐的。多数人都适宜运动量较低而时间较长的运动，并且可以减少受伤的机会。根据研究，每次持续运动 20～60min，对于提高心血管系统的功能和有氧工作能力较适宜。

运动强度和运动持续时间是相互联系的，如果活动的总能量消耗相等，则在较低强度和较长时间完成的活动与较高强度和较短时间相比，其身体素质的提高是相似的。由于较高强度的运动和较低强度相比，存在着较大的心血管意外的危险性和较多创伤的可能性，因此，向大多数人推荐的计划中，应强调较低到中等强度和较长时间的锻炼方式。

九、运动频率

运动频率指每周的锻炼次数。每周锻炼几次为好？有人研究观察到：（1）当每周锻炼多于 3 次时，最大摄氧量的增加逐渐趋向于平坦，当锻炼次数增加到 5 次以上时最大摄氧量的提高就很小；（2）每周锻炼少于 2 次时，通常不引起改变。由此可见，每周锻炼 3～4 次是最适宜的频度。但由于运动效应和蓄积作用，间隔不宜超过 3 天。作为一般健身保健或处于退休和疗养条件者，坚持每天锻炼一次当然更好。

关于必要的运动频度，据日本池上的研究结果是：一周运动一次时，运动效果不蓄积，肌肉痛和疲劳每次都发生，运动后 1～3 天身体不适、且容易发生伤害事故；一周运动 2 次，疼痛和疲劳减轻，效果一点一滴蓄积，但不显著；一周运动 3 次，基本上是隔日运动，不仅效果可充分蓄积，也不产生疲劳，如果增加频率为每周 4 次或 5 次，效果也相应提高。体育运动的效果是在每次运动对人体产生的良性作用的逐渐积累中而显示出来的，是一个量变到质变的渐进过程。所以，要求经常性的锻炼，而不能仅凭一时兴趣，“三天打鱼，两天晒网”。如果一次运动后，运动对机体的良性作用完全消退后再进行第二次运动，则前一次运动的效果不能被蓄积；一次运动后，运动对机体的良性作用还未出现就紧接着进行第二次运动，则前一次运动的疲劳被蓄积。以上两种运动间隔形式都不能取得满意的效果，后一种形式如长期进行下去容易造成机体过度疲劳，容易引起运动损伤及厌恶运动。

十、运动的时间

指一天中什么时候进行运动，特别是饭后间隔时间和运动的开始时间。例如，高血压患者运动的时间带，白天比早晚要好，其理由是脑溢血的发病有早晚多而白天少的倾向。特别是冬天，由于与温低，血压也容易上升，这个时间锻炼有潜在的危险。对人体五小时血液流变学指标检测表明，在凌晨至 8 点血液黏度显著增高。国内资料报道，人体血液流动变化各项指标从 11 点至凌晨 6 点呈不同程度上升趋势。其中血粘度、红细胞压积和红细胞聚集指标呈线性上升，尤其零点至 6 点升高明显。这种生理节奏变化引起的血液黏度增高是激发脑和心肌梗塞的主要原因，也是在凌晨脑溢血发病增多的主要原因。所以，心血管运动处方的时间带应避免在清晨 8 点以前。当然，清晨在空气清新的环境中做一些轻松的活动，如散步、练气功、打太极拳、做柔韧体操等，对增进健康是非常有益的。

在所有康复体育中，空腹时进行运动问题出现很多，其中特别是胰岛素依赖型糖尿病患者，有可能导致低血糖的危险，所以不宜清晨空腹进行剧烈运动。关于饭后的运动，由于影响消化和吸收，所以在饭后半小时内不宜进行剧烈的运动。

十一、注意事项

运动处方的效果取决于锻炼得次数、运动强度、持续时间、活动形式及锻炼者的身体素质水平，1990年4月美国运动医学学会对健康成年人发展并保持心肺与肌肉素质的运动量的建议，在制定实施运动处方时主要注意三方面问题。

1．不选择禁忌的运动项目和某些易发生危险的动作。

2．在运动处方实施中，注意指标自我监控和出现指标异常时停止运动。

3．是每次锻炼前后都要做好充分地准备活动和整理活动。

由于个人的身体条件千差万别，不可能预先准备好适应各种场合的处方。接受运动处方的人，首先按处方锻炼，在实行过程中可能出现不适合自己条件的地方，可以自己进行微调整，以求达到适合自己的条件。如一次微调整不成功，便可从反复实践中进行修正，最终就可能找到自己独特的且最适合自己条件的运动处方。这样有自己的加工，才会安全、有效并且愉快地运动。

十二、运动处方的实施

运动锻炼由三个阶段组成，即准备阶段、正式锻炼阶段（或训练阶段）和整理阶段。

准备阶段是通过准备活动，使身体机能由相对安静状态过渡到适宜强度的运动状态的过程。任务是提高神经中枢和肌肉的兴奋性，加强心脏活动和呼吸功能，增加肌肉的血流量和供氧量，逐步升高体温，加速机体新陈代谢速度，使肌肉黏滞性下降、弹性增强，避免运动损伤。时间一般在10min以上，强度应低于正式活动。

锻炼阶段是使身体维持在相对较高机能状态下持续运动锻炼的过程。任务是达到和保持适宜的运动强度，促使心血管呼吸系统及有氧代谢系统等持续高效率的工作，从而提高机体潜力，尤其是心脏功能储备力。时间至少应在15min以上，否则达不到健身效果。

整理阶段指把激烈运动状态逐渐过渡到相对安静状态的过程。目的降低心肺系统的工作强度，使心率降到120次/min之下，并逐步过渡至安静状态时的心率。在此期间可做一些较轻松的身体练习，尽量使肌肉放松，还可做一些拉长肌肉伸展关节的练习，有利于疲劳的消除。时间一般在5～10min。

1．运动量的自我监控

运动时间和运动强度共同组成了运动量，如果活动的总能耗相等，则在较低强度和较长时间完成的活动与较高强度和较短时间相比，其身体素质的提高是相似的。由于较高强度的运动和较低强度相比，存在着较大的心血管意外的危险性和较多创伤的可能性，因此多采用较低到中等强度和较长时间的训练。

训练者应根据运动过程中和运动后身体的反应情况，掌握运动量的自我监测和调节。首先要学会估算自己的心率，熟练地测定自己的脉搏。主观强度感觉判定法是目前欧美国家研究较多并已广泛应用的一种简单而有效的评价运动量的方法。观察每次运动后疲劳的恢复情况，运动量适宜的标志是第二天早晨起床疲劳感完全消除，感觉轻松愉快，睡眠良好，体力充沛。运动后次日基础心率每分钟波动不超过3～4次，呼吸频率每分钟不超过2～

3 次，血压变化上下在 10mmHg（1.33kpa）以内，体重减少在 0.5kg 以内如数日内有脉搏、血压明显的持续上升，或肺活量、体重等明显的持续下降，则说明运动量偏大，有疲劳积累的征兆，应及时减少运动量。

2. 如何选择适合自己身体条件的锻炼项目

由于大学生处在特殊的年龄，精力充沛，喜欢的运动项目多而杂，但从长远目标来看，选定一个长久的运动项目就显得至关重要，也为今后终身锻炼打下基础。下面就是根据自己的具体情况来选择合适运动项目。

（1）根据爱好选择锻炼项目爱好长跑的就可选择长跑，喜欢武术就可选择武术，对打羽毛球感兴趣就可以选择羽毛球为主要项目进行锻炼。

（2）根据身体条件选择锻炼项目。身体条件好的，年纪不太大的，可以选择运动量大的锻炼项目，如踢足球、打篮球、长跑、长距离骑自行车等。如果身体条件不好，年纪大则可选择运动量小的项目，如太极拳、散步、打乒乓球等。再以跑步为例，身体条件好的，可以跑的速度快一些，距离长一些。身体条件差的，可以跑得速度慢一些，距离短一些。身体条件更差的，可以走、跑交替或慢跑。

（3）根据工作的性质选择锻炼项目，如工作需要长时间站立的人，因为长期站立，下肢血液回流不畅，容易引起下肢静脉曲张，宜选择一些活动腿部的运动项目，如跳跃运动、仰卧抬腿等；经常弯腰干活的人需要加强腰部肌肉的锻炼，宜选择一些活动腰部的运动项目，如扭腰转身、仰卧起坐、引体向上等；经常用眼的人，眼睛容易疲劳，除了选择眼睛保健操外，还要结合体育锻炼，开展望远运动；经常伏案工作的人，需要选择一些扩胸伸腰扭头的运动项目。

（4）根据所患疾病选择锻炼项目。有颈椎病及神经性头痛的人，应多练习一些头部运动。肺结核及胸膜炎的人，多练习一些呼吸运动和扩胸运动。下肢静脉曲张的人，多练习一些高抬腿及改变体位的运动。高血压、神经衰弱的人，多练习气功、太极拳等。

（5）根据气候、地点选择锻炼项目。如冬天练习滑冰、滑雪、长跑。夏天练习游泳、球类、体操。山区练爬山、登高。还有些人可以结合上下班练习长跑、竞走、骑自行车等。

十三、健身运动处方

（一）步行

1. 步行的特点与功能

步行是一种简单易行的有氧锻炼方法。从形式上看，可在平路、平路结合坡路或沙地上进行。步行的速度、幅度、时间决定着运动负荷的大小，一般安排在清晨、睡前或饭后（半小时）进行，地点可选择在湖边、公园、林阴道等环境优美、供氧充足的地方。步行是增强心脏功能的有效手段之一，并且减肥效果好。轻快的步行可以缓解神经肌肉的紧张度，对于整天伏案学习，以脑力思维为主的大学生来说，可使其处于紧张状态的大脑皮层细胞得到放松。因此，步行也是一种非常好的积极性休息方式。

2．健身步行方法

当步行以健身为目的时，步幅增大，上体正直，注意力集中，速度逐渐加快，两臂前后摆动，并加大摆幅，呼吸保持自然。

3．步行运动处方

将不同年龄段所适宜的步行时间、距离等指标汇总，制成大学生步行预备性运动处方表（见表 3-1），可参考使用。

表 3-1 大学生步行预备性运动处方

周数	1	2	3	4	5	6
距离（米）	1 600	1 600	1 600	2 400	2 400	2 400
时间（分秒）	15'00	14'00	13'00	21'30	21'00	20'30
每周次数	5	5	5	5	5	5
每周得分	15	15	15	15	15	15

（二）慢跑

1．慢跑的特点和作用

慢跑也叫健身跑，它不同于中长跑，是一种轻松、自如、随意的跑步，强度略大于步行。从运动医学角度看，慢跑比较安全并节省时间，健身效果好，见效快，运动负荷容易控制，不会发生较大的运动损伤。因此，慢跑被列为有益健康、抗病延年的手段之一，被国内外称为“有氧运动之一”。

2．慢跑锻炼方法

（1）走、跑交替锻炼法。适合于缺乏锻炼者，一般可先走 1min，再跑 1min，交替 1～2 周后增加运动量。

（2）间歇健身跑锻炼法。这是慢跑和行走相交替的一种过渡性练习，适合于体弱者。一般从跑 30 s、行走 30～60 s 开始，逐渐增加跑步时间，以提高心脏负荷。这样反复进行 10～20 次，总时间为 10～30min，以后可根据情况逐渐加量。

（3）短程健身跑。可从 50 m 开始，渐增至 100 m、150 m、200 m、400 m。速度一般为 30～40 s 跑 100 m，每 3～7 天适当增加运动量。

3．健身跑运动处方。欲进行健身跑，可结合自身状况参照下表安排计划（见表 3-2）

表 3-2 大学生跑步预备性运动处方

周数	1	2	3	4	5	6
距离（米）	1 600	1 600	1 600	1 600	1 600	1 600
时间（分秒）	13'30	14'	13'45	11'45	11'00	10'30
每周次数	5	5	5	5	5	5
每周得分	15	15	15	15	15	15

（三）骑自行车

1．自行车的运动特点和作用

自行车是一种经济实惠且普及性大的交通工具。中国是自行车王国，用自行车健身具有广泛的群众基础。骑自行车还可以说是融娱乐和健身为一体的高效率健身方法，它能提高心肺功能，锻炼下肢肌力和增强耐力。缺点是受天气影响较大。

2．自行车运动锻炼方法及注意问题

刚开始骑自行车锻炼者应达到每分钟蹬 60 次，同散步节奏。对于消遣骑车者来说，蹬速在每分钟 75～100 次最合适。计算蹬速，只需记下 15 s 内一条腿的圈数，再乘以 8 就是每分钟所蹬次数。

骑车锻炼时要掌握正确的骑车姿势，蹬出节奏（指每分钟一条腿蹬车的次数），并时刻注意安全不要顺坡滑行。

3．自行车运动处方

自行车人人会骑，但若要获得理想的健身效果，则应遵循科学指导。表 3-3 中列举了大学生骑自行车健身的适宜时间、距离指标，可以参照执行。

表 3-3 大学生骑自行车健身运动处方

周数	1	2	3	4	5	6
距离（米）	3 200	3 200	3 200	4 800	4 800	4 800
时间（分秒）	10′30	9′	7′45	11′50	11′00	10′30
每周次数	5	5	5	5	5	5
每周得分	15	15	15	15	15	15

（四）确定运动强度（生理负荷度）

运动强度对运动效果和人体运动安全有直接影响。运动强度掌握是否合适，是制定和执行运动处方的关键。运动强度常用心率作为定量化指标，也可用跑速作为强度指标。运动处方规定的心率数，多采用计数脉搏的方法来掌握（测 10 秒钟脉搏数乘以 6）。

表 3-4 是根据年龄推算出的相应运动强度（心率）。体育锻炼者确定运动强度时应注意：以健身为目标的耐力性运动通常采用中等强度；体质健壮且运动基础好的年轻人，运动强度可稍大；放松性活动一般采用小强度。肢体功能锻炼和矫正体操的运动强度及运动量，应依肌肉疲劳程度而定，不用心率来判定。

表 3-4 运动强度表

强度＼年龄		20～29 岁	30～39 岁	40～49 岁	50～59 岁	60 岁以上
大强度	100%	190	185	175	165	155
	90%	175	170	165	155	145

（续表）

强度 \ 年龄		20～29岁	30～39岁	40～49岁	50～59岁	60岁以上
中等强度	80%	165	160	150	145	135
	70%	150	145	140	135	125
	60%	135	135	130	125	120
小强度	50%	125	120	115	110	110
	40%	110	110	105	100	100

注：该表引自（日）体育科学中心资料

（五）确定运动时间（每次运动时间）

健身运动时间不得少于5min，通常推荐30～60min为宜。医疗体操可根据具体情况而定，运动强度和运动时间共同决定运动量，运动量确定后，运动强度大时，持续时间则较短。所以，采用同样运动量时，青年人或体质较好者，强度可稍大，持续时间相应缩短些；而中老年人或体质较差者，则宜较小强度，持续时间要相对长些。

（六）确定频率（周锻炼次数）

每周锻炼的次数与运动效果密切相关。对运动员而言，每天安排一次训练是必要的。但以增强肌肉力量为目的的体育锻炼，无需每天进行，初始每周安排三次锻炼即可（隔天进行）。据有关学者研究表明，每天锻炼和隔天锻炼，其肌肉力量增长效果是一样的；但耐力锻炼的效果与频率的关系是频率愈多，收效愈大。实践证明，以增进健康、保持体力为目标的体育锻炼，可结合个人学习、生活和工作情况，每周3～5次为好，重要的是养成锻炼的习惯。

第六节　运动性疲劳的产生与消除

长时期以来，人们曾从多种角度去研究疲劳，探讨疲劳产生的机制，并提出了几种假说。如巴甫洛夫学派的“保护性抑制”学说，19世纪兰克等人的“培塞”或“窒息”学说，以及“衰竭”学说、“内环境稳定性失调”学说等。虽然自1880年莫索（Mosso）研究人类的疲劳开始，距今已有100多年历史了，但至今人类尚未阐明“运动性疲劳”产生的根本原因。现代运动学研究得出：运动性疲劳是指人体运动到一定的时候，运动能力及身体功能暂时下降的现象。运动性疲劳是人体运动过程中发生的正常的生理现象，对人的身体并无害。它是一种警报信号，或者是一种健康的保险阀。生理学家通过研究认识到，运动性疲劳是一种综合性的生理过程，它是以中枢神经系统的作用为主导，在中枢神经和周围组织相互影响下发生的神经和感觉系统、运动系统、内分泌系统及内脏器官活动出现的复杂而相互联系的变化。

一、运动性疲劳的生理本质

运动性疲劳是指人体运动到一定的时候，运动能力及身体功能能力暂时下降的现象。运动性疲劳分为两个阶段：一是代偿性疲劳。这个阶段的运动能力靠增强中枢神经系统的兴奋性和机体其他系统更加紧张的活动得以维持，这时每一工作单位的能量消耗多，动作的结构也发生变化。例如，在步幅缩小的情况下，通过增加动作速率维持跑速；二是非代偿性疲劳，这个阶段的特点是运动能力下降，尽管运动员越来越用力，但仍无法克服这种状态。

造成运动性疲劳的原因主要有以下三个方面。

1．运动能力与身体素质的变化导致了运动性疲劳

运动能力与身体素质是时刻发生着变化的、是一种动态平衡，不是一成不变的。长时间肌肉活动导致肌肉功能下降时，力量、速度等当然下降，于是在完成练习时，往往会力不从心而觉得疲劳；在耐力性运动中，如果心肺功能下降，承受耐力负荷的能力就会下降，机体就会疲劳而降低工作能力。

2．体内能源贮备的减少和身体各器官功能的降低导致运动性疲劳

当人体从事运动导致疲劳时，往往伴随体内能源物质大量消耗，如极量运动 2～3min 至非常疲劳时，肌肉内的磷酸肌酸（能源物质）可降至接近最低点；长时间的持续运动中，由于糖的大量消耗，肌糖元及血糖均下降。能源贮备的消耗与减少，会导致各器官功能的降低。加之肌肉活动时代谢产物（如乳酸等）的堆积及水盐代谢变化等影响，机体工作能力就会下降而出现疲劳。

3．精神意志因素与疲劳密切相关

运动中人体各器官系统的活动都是在神经系统指挥下完成的，神经系统功能的降低会使疲劳加深。例如，在一定强度和一定持续时间的体育活动过程中，会出现胸闷、呼吸困难、心率急增、肌肉酸软无力、动作迟缓而不协调、情绪低落甚至想停止运动等主客观的变化，这种状态称为“极点”。此时，如果依靠意志力和稍缓速度继续运动下去，不久这种难受感觉会减轻或消失，动作变得轻松有力，呼吸变得均匀自如，心率减慢，这种现象称为“第二次呼吸”，这样就可以推迟疲劳的出现或减轻疲劳的程度。

“运动性疲劳”发生的原因很多，不同的运动项目与内容导致疲劳的原因侧重面会有所不同。

一般来说，疲劳的发生是属正常的生理现象。运动过后，适度疲劳，说明运动有效果，经过休息和调整，疲劳消失后工作能力将获得进一步提高。但是过度疲劳却是不正常的，它会对人体产生危害。

二、运动性疲劳的判断

科学地判断运动性疲劳的出现及其程度，对合理安排体育教学和运动训练具有重大实际意义。有关评定方法很多，归纳起来可分为三个方面。

（一）观察法

这是在体育教学和体育训练时较常用的方法，通过观察运动员和学生的面色表现、精神和运动能力等变化来大致判断疲劳程度，如出现脸色苍白、目光呆滞、表情淡漠、连打哈欠、反应迟缓、精神不集中、情绪改变（易激动或沉默寡言）、运动成绩下降，就可初步判断为疲劳。

（二）生理指标测定法

（1）膝跳反射阀法。疲劳时，叩诊锤叩击股四头肌腱加大力量才引起反射，即反射阀上升。

（2）呼吸耐力测定。连续测 5 次肺活量，每次间隔 30s。疲劳时，肺活量一次比一次下降。

（3）心率测定法。心率测试法是评定运动性疲劳的最简易的方法。一般常采用基础心率和运动后心率对疲劳进行测试。

（三）自我感觉（主观感觉）

人体在运动时，体力和主观感觉与工作负荷、心脏功能、耗氧量等诸多因素密切相关，因此，运动中的自我感觉是判断运动性疲劳的重要标志。在运动性疲劳时表现出：疲乏、腿疼、心悸，甚至头痛、胸闷、恶心，同时还表现运动能力下降、疲劳感和某些客观生理指标发生改变等几个方面的变化，而且这些变化随所观察对象的年龄、性别、训练水平、思想、情绪和运动条件等方面的差异而各有不同，所以不能单独用一种方法评定疲劳，只有综合观察，才能比较可靠。

三、推迟运动中疲劳出现的措施

在体育锻炼中，如果运动性疲劳出现得迟一些，对提高锻炼效果会有裨益，解决这个问题一般可从下列几个因素考虑。

（1）应坚持长期不懈的锻炼，努力提高自己的运动能力和身体素质。

（2）应合理安排训练内容和运动量，避免因局部负担过重而产生局部疲劳。

（3）注意发展与运动项目相适应的供能能力。不同的运动项目，供能系统各有特点，这里以短跑、中长跑、长跑为例进行说明，如表 3-5 所示。

表 3-5 不同运动项目供能系统对比

项　目	短　跑	中长跑	长　跑
主要体能系统	ATP～CP 系统	乳酸能系统	有氧代谢系统
训练手段	10s 以内的全速跑进行重复练习，间歇 30s 以上。	全速或接近全速跑 30～60s，间歇 2～3min。	较长时间的中等或较低强度的匀速跑，或较长距离的中速间歇训练等。

发展不同的供能系统的练习方法各有特点，在锻炼中如能了解这些特点，着重发展该系统能力，对该项目疲劳的推迟会有帮助。

（4）加强意志品质培养与心理训练，提高心理素质，有利于疲劳时精神意志因素改善，从而推迟疲劳的现象。

（5）饮食营养的合理安排和科学的饮食方法对体内能源的储备有积极意义。

四、消除疲劳的方法

疲劳是一种生理现象，也是承载运动负荷的标志。疲劳是体育锻炼和运动训练的媒介，没有疲劳的训练是无效的训练，没有恢复的训练也是危险的训练，所以说恢复和训练是同等重要的，忽视任何一方都不能取得好的运动成绩。因此，疲劳的消除对提高机体工作能力，提高运动成绩具有重要意义，同时也是预防由于疲劳的累积而导致过度疲劳的积极措施。一般我们可采用以下几种方法。

（一）合理补充营养

疲劳是运动中能源物质大量消耗引起的，为了补充因活动而消耗的物质，恢复正常机体功能，消除疲劳，补充适当的营养是非常必要的。人体运动中的基本能源物质是糖，肌糖元贮量的多少会直接影响到运动能力，所以运动后多食用果糖类食物。蛋白质是细胞和组织结构的重要成分，是生命的物质基础，运动训练时应注意蛋白质的补充，特别是氨基酸的补充。此外，人体在运动后维生素（如B1、B2、C、E）、微量元素（例如蜂蜜、人参蜂王浆和花粉等）以及矿物质（如钙、铁）等。

（二）充足的睡眠

没有充分安静的睡眠，不可能有充分的休息。锻炼导致身体疲劳之后，保证良好而充分的睡眠是使身体得到恢复的重要措施。成年人每日一般要睡眠7～9小时，儿童需要的时间较成年人长，而老年人则较短。为保证正常充足睡眠，必须遵守一定的作息制度。

（三）活动性休息

所谓活动性休息就是指人们在休息时有针对性在进行其他活动，也叫积极性休息。当局部肌肉疲劳后，可利用未疲劳的另一些肌肉进行一些适当活动，借以促进全身代谢过程，加速疲劳消除。当全身疲劳时，也可通过一些轻的、兴趣高的体力活动，来达到加速消除肌肉代谢产物的目的。因此，我们在体育课中应多采用转换活动内容的方法作为休息手段。

应当注意，作为活动休息而安排的练习，应是习惯的练习，同时强度不应过大，时间不宜过长，否则将影响活动性休息的效果。

（四）心理调节疗法

运动员抵抗疲劳能力与运动员的个性特征、情绪状态和意志品质有密切的关系，较大的情绪波动会造成心理上的不稳定，因而也影响到运动成绩和锻炼效果。每个人都有被别人赏识的心理需要，尤其是运动训练本来就是一件辛苦的工作，教练员要了解运动员的心理需要，对运动员成绩、表现及时进行表扬，提高他们对运动训练的兴趣，同时经常欣赏优美的音乐、进行自我心理调控与放松调节等，快乐的情绪可大大加速运动员体力恢复和疲劳缓解，对运动员的成绩提高很有帮助。常用的方法如下。

1．意念放松法

选一可站、可坐、可躺安静的地方，尽量选择舒适的姿势。若站立，手自然垂于身体两侧；若坐，双手放松地置于腿上；若躺下时，手放于身体两侧或放松置于腹部均可。闭上双眼，在深呼吸三至五次的同时，脑子里开始想象最喜欢的安静、祥和，令人心怡的自然景象。如果喜欢大海，就要想象金色的沙滩，蔚蓝平静的海面，低飞的海鸥，远处的白帆，而不要让波涛汹涌的海面进入的意念。在想象的同时，要尽量寻找并体验安宁、舒服、放松的感觉，将这种感觉保持几分钟后，深呼吸二三次，慢慢地睁开眼睛，此时感觉一定会很不错。

2．音乐放松

音乐可以使中枢神经系统的疲劳得到缓解、可调节呼吸、循环系统的功能，对骨骼肌产生影响，有镇静、镇痛、增强记忆力和转移注意力的作用。在紧张的比赛或大运动量训练后，在舒适、幽雅的环境中选一些节奏轻快的音乐对消除精神上的疲劳，加速机体的恢复过程，对增进健康有特别好的作用。

（五）物理恢复法

物理恢复法能促进疲劳肌肉的代谢过程，加速疲劳的消除。物理恢复的方法很多，其常用方法有以下几种。

1．浴疗法

运动训练后进行水浴、桑拿浴和蒸汽浴，可以放松肌肉，促进血液循环加速新陈代谢。温水浴的水温度以 37～40℃，淋浴时间 10～15min，最长不超过 20min，每天不要超过两次最为适宜。

2．负氧离子疗法

这种方法是通过负氧离子发生器生成大量负氧离子，人将其吸入呼吸道后，通过神经体液调节机制对机体产生影响。大量负氧离子进入体后能改善和提高肺的换气功能，增加氧吸收量，加快二氧化碳的排出速度，刺激造血功能，使红细胞、血红蛋白、血小板、嗜酸细胞增加，心搏出量加大，血流速度加快，从而提高机体运动后的“氧债”偿还速度。

3．按摩

按摩是消除运动性疲劳的重要手段之一。按摩的方法多种多样，目前国内外使用的有气压按摩、振动按摩和水力按摩等，一般采用简单易行的手法按摩，进行全身或局部肢体的按摩，对改善机体血液循环，放松肌肉，消除肌肉酸痛和恢复体力，预防损伤还可以兼作治疗，均有良好效果。

第七节　大学生体质健康标准测试与评价

一、进行体质健康标准测试的目的

（一）贯彻落实“健康第一”的指导思想

学校教育，特别是学校体育直接肩负着“增强全体学生体质”和“促进全体学生健康”的使命。1999 年，第三次全国教育工作会议和《中共中央国务院关于深化教育改革全面推进素质教育的决定》明确指出：“健康体魄是青少年为祖国和人民服务的基本前提，是中华民族旺盛生命力的体现，学校教育要树立健康第一的指导思想，切实加强体育工作。”江泽民在关于教育问题的谈话中也强调：“正确引导和帮助青少年学生健康成长，使他们能够德、智、体、美全面发展，是一个关系我国教育发展方向的重大问题。”但是，用“健康第一”的指导思想和素质教育的理念来审视目前所采用的体育锻炼标准的手段和方法，还存在一些不完善的地方或在实际操作上的缺陷。如，用身体运动素质的测试指标来反映学生的健康水平是否合理？如何解决体育教学中测什么教什么，教什么练什么的应试教育倾向？如何解决测试项目过于繁杂、重复的问题？如何能使测试内容的科学性、合理性、可操作性相结合？为了解决上述问题，使学生体质健康的评价在学校体育工作中起到正确积极的导向作用，教育部和国家体育总局研制了符合“健康第一”指导思想的（学生体质健康标准）（以下简称《标准》)。《标准》作为促进学生体质健康发展、激励学生积极进行身体锻炼的教育手段，是学生体质健康的个体评价标准，也是学生毕业的基本条件之一。因此，它的实施必然会促进学生积极锻炼，不断纠正和改变目前学生体质健康状况出现的突出问题，从而使学生拥有健康的体魄和健全人格，将“健康第一”的指导思想落到实处，充分发挥学校体育在素质教育中的作用。

（二）满足社会发展对人体健康的需要

现代文明在带给人们充分物质享受的同时，也给人类的健康带来了新的威胁。由于精神紧张、营养过剩或运动不足、环境污染等因素所引发的非传染性疾病在全球不断蔓延，处于“亚健康状态”人群不断地扩大。人们对于健康的要求越来越高，随着科学研究的不断深入，人类对于健康的认识发生了深刻的变化，在世界卫生组织推动下，健康的新概念在全球得到了传播并日益为人所接受，普遍认识到健康不再仅仅是没有疾病或不虚弱，而是生理的、心理的健康和社会适应的整体完美状态，这就是生理—心理—社会三维健康观，体育对于促进健康有着不可替代的作用。同时人们对如何通过体育锻炼提高体质健康水平在理念和认识上也有了进一步的提高，在手段和方法上也有所改进和创新，在测量与评价方面也发生了一些新的变化。

标准的实施将促进学生体质健康的测量与评价工作更加科学化、简捷化和实用化；将更加符合我国的国情和社会的发展，并具有更强的可操作性。《标准》中选择的测试内容，突出了对发展和改善学生健康有直接影响关系密切的身体成分、心肺循环系统的功能、肌肉的力量和耐力以及柔韧性，体现了现代社会对健康的具体要求，从而满足社会发展对于体质健康评价的要求。

《标准》是激励学生积极进行身体锻炼的教育手段，不是为测试而测试，特别是《标准》采用个体评价标准，能够清晰地看出学生个体差异与自身某些方面的不足，这十分有利于通过测试促进学生积极参加体育锻炼，通过锻炼改善健康状况，促进健康发展。与以往的学生体质评价标准相比，这一评价体系将更加有助于促进青少年学生积极参与体育锻炼，成为具有正确的体育意识和健康的生活方式的高素质的人才，使学校体育在促进国民健康方面起到应有的作用。

学生体质健康评价是学校体育工作中的重要环节，也是学校教育评价体系中的重要组成部分。正确、合理地对学生进行体质健康评价，对于促进学校体育和教育工作有着重要的意义。《标准》从建立和完善我国学校教育评价体系的目标出发，体现了学校体育的价值，回答了学校体育为什么要以“健康”为本和怎样以“健康”为本的问题，明确了“健康”不仅应是学校教育和学校体育追求的目标，而且还应是学校体育课程存在的根本理由。

《标准》的实施将对我国深化学校体育改革，完善体质健康评价体系，促进全体学生综合素质的提高，具有深刻的影响。

二、测试方法介绍与测试指标评价

在实行标准的过程中，各项目正确的测试方法是所有体育教师所迫切需要了解的内容。测试工作必然和所使用的测试仪器有一定的关系，现在测试器材多种多样，有全手工操作的，也有电子仪器。但无论使用何种仪器，对测试人员的基本的操作要求是一致的。本节将对标准中各个项目基本的测试方法及其操作要求进行介绍，并给出评价标准，对于不同的测试器材，可参考测试器材的说明书。

表 3-6 《大学生体制健康》测试项目

测试项目		备　注
身体形态	身高	必测项目
	体重	必测项目
身体机能	肺活量	必测项目
	台阶试验	台阶试验、1 000m（男）、800m（女）任选
身体素质	握力	男生必测
	坐位体前屈	女生必测
	50m	任选一项
	立定跳远	
	1 000m（男）、800m（女）	1 000m（男）、800m（女）、台阶试验任选

1．身高

（1）测试目的。

测试学生身高与体重测试相配合，评定学生的身体匀称度，评价学生生长发育与营养状况的水平。

（2）场地器材。

身高测量计。使用前应校对 0 点，以钢尺测量基准板正面至立柱前面红色刻线的高度是否为 100cm，误差不得大于 0.1cm。同时应检查直立柱是否垂直，连接处是否紧密，有无晃动，零件有无松脱等情况，并及时加以纠正。

（3）测试方法。

受测者赤足，立正姿势站在身高计的底板上（上肢自然下垂，足跟并拢，足尖分开约成 60° 角）。足距、骰骨部及两肩胛区与立柱相接触，躯干自然挺直，头部正直，耳屏上缘与眼眶下缘是水平位。测试人员站在受测者右侧，将水平压板轻轻沿立柱下滑，轻压于受测者头顶。测试人员读数以双眼皮与压板水平面等高进行读数。记录员复述后进行记录。以 cm 为单位，精确到小数点后一位。测试误差不得超过 0.5cm。

（4）注意事项。

a．身高计应选择平坦靠墙的地方放置，立柱的刻度尺应面向光源。

b．严格掌握“三点靠立柱”、“两点靠水平”的测量姿势要求，测试人员读数时两眼一定与压板等高，两眼高于压板时要下蹲，低于压板时应垫高。

c．水平压板与头部接触时，松紧要适度，头发蓬松者要压实，头顶的发辫、发结要放开，饰物要取下。

2．体重

（1）测试目的。

测试学生的体重，与身高测试相配合，评定学生的身体匀称度，评价学生生长发育的水平及营养状况。

（2）场地器材。

杠杆秤或电子体重计。使用前需检验其准确度和灵敏度。准确度要求误差不超过 0.1%，即每百千克误差小于 0.1kg。

（3）测试方法。

测试时，杠杆秤应放在平坦地面上，调整 0 点至刻度尺水平位。受测者赤足，男性受测者衣着短裤；女性受测者衣着短裤、短袖衫，站在秤台中央。测试人员放置适当砝码并移动游标至刻度尺平衡。读数以 kg 为单位，精确到小数点后一位。记录员复述后进行记录，测试误差不得超过 0.1 kg。

（4）注意事项。

a．测量体重前，受测者不应进行剧烈的体育活动和体力劳动。

b．受测者站在秤台中央，上下杠杆秤时动作要轻。

c．每次使用杠杆秤时均需校正。测试人员每次读数前都应校对砝码重量避免错误。

3．台阶试验

（1）测试目的。

测试学生的心血管机能。

（2）测试器材。

台阶或凳子、节拍器（或录音机及磁带）、秒表、台阶实验仪。

（3）测试方法。

男生用高 40cm 台阶（或凳子）；女生用高 35cm 的台阶（或凳子）做踏台上、下运动。测验前测定安静时的脉搏，然后受测者做轻度的准备活动，主要是活动下肢关节。上、下台阶（或凳子）的频率是 30 次/min，因而节拍器的节律为 120 次/min（每上、下一次是四动）。受测者按节拍器的节律完成试验。被测试者从预备姿势开始，a．被测试者一只脚踏在台阶上；b．踏左腿伸直成台上站立；c．先踏台的脚先下地；d．还原成预备姿势。用 2 秒上、下一次的速度（按节拍器的节律来做）连续做 3 min。做完后，立刻坐在椅子上测量运动结束后的节律，0 至 1.5min，2 min 至 2.5 min，3min 至 3.5min 的 3 次脉搏数。并用下列公式求得评定指数，计算结果包含有小数的，对小数点后的个位进行四舍五入取整进行评分。

评定指数＝踏台上、下运动的持续时间（s）×100/2 ×（3 次测定脉搏的和）

（4）注意事项。

a．有心脏病者不能测试。

b．按 2s 上、下一次的节奏进行。当受测者跟不上节奏时应及时提醒，如果三次跟不上节奏应停止测试，以免发生伤害事故。

c．上、下台阶时，膝、髋关节都应伸直。

d．被测试者不能自己测量脉搏。

e．如果受测者不能完成 3 min 的负荷运动，以实际上、下台阶的持续时间进行计算，计算公式和方法同上。

表 3-7　大学生台阶指数评价标准

级别＼等级		优　秀		良　好		及　格		不及格
		成绩	成绩	成绩	成绩	成绩	成绩	成绩
台阶试验	男	59 以上	58～54	53～50	49～46	45～43	42～40	39 以下
	女	56 以上	55～52	51～48	47～44	43～42	41～25	24 以下
分值		20	17	16	15	13	12	10

4．肺活量

（1）测试目的。

测试学生的肺通气功能。

（2）场地器材。

电子肺活量计。

（3）测试方法。

房间通风良好；使用干燥的一次性吹嘴（非一次性吹嘴，则每换测试对象需消毒一次。每测一人时将吹嘴朝下倒出唾液，并注意消毒后必须使其干燥）。肺活量计主机放置平稳桌面上，检查电源线及接口是否牢固，按工作键液晶屏显示“0”即表示机器进入工作状态，预热5s后测试为佳。首先告知被测者不必紧张，并且要尽全力，以中等速度和力度吹气效果最好。令被测试者面对仪器站立、手持吹气吹嘴，面对肺活量计站立试吹气至2次，首先看仪表有无反应，还要试吹嘴或鼻处是否漏气，调整吹嘴和用鼻夹（或自己捏鼻孔）；学会深吸气（避免耸肩提气，应该像闻花式的慢吸气）；深吸气后屏住气再对准吹嘴尽力深呼气，直到不能呼气为止，防止此时从吹嘴处吸气，测试中不得中途二次吸气。

被测试者进行一两次较平日深一些的呼吸动作后，更深地吸一口气，向吹嘴处慢慢呼出至不能再呼出为止，吹气完毕后，液晶屏上最终显示的数字即为肺活量毫升值。每位受测者测三次，每次间隔15s，记录三次数值，选取最大值作为测试结果，不保留小数。

（4）注意事项。

a．由于肺活量计的计量部位的通畅和于燥是仪器准确的关键，吹气筒的导管必须在上方，以免口水或杂物堵住气道。

b．每测试10人及测试完毕后，用棉球及时清理和擦干气筒内部。严禁用水、酒精等任何液体洗气筒内部。

c．导气管存放时不能打折。

d．定期校对仪器。

表3-8　大学生肺活量指数评价标准

项目＼等级		优秀		良好		及格		不及格
		成绩	成绩	成绩	成绩	成绩	成绩	成绩
肺活量指数	男	75以上	74～70	69～64	63～57	56～54	53～44	43以下
	女	61以上	60～57	56～51	50～46	45～42	41～32	31以下
分值		15	13	12	11	10	9	8

5．50m跑

（1）测试目的。

测试学生速度、灵敏素质及神经系统灵活性的发展水平。

（2）场地器材。

50m直线跑道若干条，地面平坦，地质不限，跑道线要清晰。发令旗一面，口哨一个，秒表若干块（一道一表）。秒表使用前应用标准秒表校正，每分钟误差不得超过 0.2s。标准秒表的选定以北京时间为准，每小时误差不超过 0.3s。

（3）测试方法。

受测者至少两人一组测试。站立起跑，受测者听到“跑”的口令后开始起跑。发令员在发出口令的同时要摆动发令旗。计时员视旗动开表计时。受试者躯干部到达终点线的垂直面停表。记录以 s 为单位，精确到小数点后一位，如 10.11s 读成 10.2s，并记录之。

（4）注意事项。

a．受测者测试时最好穿运动鞋或平底布鞋，赤足亦可。但不得穿钉鞋、皮鞋、塑料凉鞋。

b．发现有抢跑者，要当即召回重跑。

c．如遇有风时一律顺风跑。

表 3-9 大学生速度评分标准（单位：s）

等级 / 项目		优秀		良好		及格		不及格
		成绩	成绩	成绩	成绩	成绩	成绩	成绩
50 米跑	男	6.8 以下	6.9～7.0	7.1～7.3	7.4～7.7	7.8～8.0	8.1～8.4	8.5 以上
	女	8.3 以下	8.4～8.7	8.8～9.1	9.2～9.6	9.7～9.8	9.9～11	11.1 以上
分值		30	26	25	23	20	18	15

6．立定跳远

（1）测试目的。

测试学生下肢肌肉爆发力及身体协调能力的发展水平。

（2）场地器材。

沙坑、丈量尺。沙面应与地面平齐，如无沙坑，可在土质松软的平土地上进行。起跳线至沙坑近端不得少于 30cm。起跳地面要平坦，不得有坑。

（3）测试方法。

受测者两脚自然分开站立，站在起跳线后，脚尖不得踩线（最好用线绳做起跳线）。两脚原地同时起跳，不得有垫步和连跳动作。丈量起跳线后缘至最近着地点后缘的垂直距离。每人试跳三次，记录其中成绩最好一次。以 cm 为单位，不计小数。

（4）注意事项。

a．发现犯规时，此次成绩无效。三次试跳均无成绩者再跳至取得成绩为止。

b．可以赤足，但不得穿钉鞋、皮鞋、塑料凉鞋测试。

表 3-10　大学生下肢肌肉爆发力评分标准（单位：cm）

项目 \ 等级		优　秀		良　好		及　格		不及格
		成绩	成绩	成绩	成绩	成绩	成绩	成绩
立定跳远	男	255 以上	254～250	249～239	238～227	226～220	219～195	194 以下
	女	196 以上	195～187	186～178	177～166	165～161	160～139	138 以下
分　值		30	26	25	23	20	18	15

7．坐位体前屈

（1）测试目的。

测量学生在静止状态下的躯干、腰、髋等关节可能达到的活动幅度，主要反映这些部位关节、韧带和肌肉的伸展性和弹性及学生身体柔韧素质的发展水平。

（2）场地器材。

坐位体前屈测试计。

（3）测试方法。

受测者两腿伸直，坐在地上，两脚平蹬测试纵板，两脚分开 10～15cm，上体前屈，两臂伸直向前，用两手中指尖逐渐向前推动游标，直到不能前推为止。测试计的脚蹬纵板内沿平面为 0 点，向内为负值，向前为正值。记录以 cm 为单位，保留一位小数。测试两次，取最好成绩。

（4）注意事项。

身体前屈两臂向前推游标时两腿不能弯曲。

表 3-11　大学生身体柔韧素质评分标准（单位：cm）

项目 \ 等级		优　秀		良　好		及　格		不及格
		成绩	成绩	成绩	成绩	成绩	成绩	成绩
坐卧体前屈	男	18.1 以上	18.0～16.0	15.9～12.3	12.2～8.9	8.8～6.7	6.6～0.1	0.0 以下
	女	18.1 以上	18.0～16.2	16.1～13.0	12.9～9.0	8.9～7.8	7.7～3.0	2.9 以下
分　值		20	17	16	15	13	12	10

8．握力

（1）测试目的。

测试学生上肢肌肉力量的发展水平。

（2）测试器材。

电子握力计或合格的弹簧式握力计。

（3）测试方法。

被测试者两脚自然分开呈直立姿势，两臂自然下垂。一手持握力计全力紧握（此时握力计不能接触衣服和身体任何部位），记下握力计指针的刻度（或握力器所显示的数字）。用有力手握两次，取最大值，以公斤为单位，测试时保留四位小数。

（4）注意事项。

保持手臂自然下垂姿势，手心向内，不能触及衣服和身体。

表 3-12　大学生握力体重指数评价标准(单位：kg)

项目＼等级		优　秀		良　好		及　格		不及格
		成绩	成绩	成绩	成绩	成绩	成绩	成绩
握力体重指数	男	75 以上	74～70	69～63	62～56	55～51	50～41	40 以下
	女	57 以上	56～52	51～46	45～40	39～36	35～29	28 以下
分　值		20	17	16	15	13	12	10

9．800m 跑（女）或 1 000m 跑（男）

（1）测试目的。

测试学生耐力素质的发展水平，特别是心血管呼吸系统的机能及肌肉耐力。

（2）场地器材。

400m、300m、200m 田径场跑道，地质不限。也可使用其他不规则场地，但必须丈量准确，地面平坦。发令旗一面，秒表若干块，使用前需要校正，要求同 50m 跑。

（3）测试方法。

受测者至少两人一组进行测试，站立式起跑。当听到“跑”的口令后开始起跑。计时员看到旗动开表计时，当受测者的躯干部到达终点线垂直面时停表。

（4）注意事项。

a．测试人员应向受测者报告剩余圈数，以免跑错距离。

b．测试人员应告诉受测者在跑完后应继续走动，不要立刻停下，以免发生意外。

c．受测者不得穿皮鞋、塑料凉鞋、钉鞋参加测试。

d．对分、秒进行时间换算时要细心，防止差错。

表 3-13　大学生耐力评分标准（单位：min's）

项目＼等级		优　秀		良　好		及　格		不及格
		成绩	成绩	成绩	成绩	成绩	成绩	成绩
1 000 米 800 米	男	3:39 以下	3:40～3:46	3:47～4:00	4:01～4:18	4:19～4:29	4:30～5:04	5:05 以上
	女	3:37 以下	3:38～3:45	3:46～4:00	4:01～4:19	4:20～4:30	4:31～5:03	5：04 以上
分　值		20	17	16	15	13	12	10

10．仰卧起坐

（1）测试目的。

测试腹肌耐力。

（2）场地器材。

垫子若干块（或代用品），并铺放平坦。

（3）测试方法。

受测者全身仰卧于垫上，两腿稍分开，屈膝呈 90°角左右，两手指交叉贴于脑后。另一同伴压住其踝关节，以便固定下肢。受测者起坐时两肘触膝或超过双膝为完成一次。仰卧时两肩胛必须触垫。测试人员发出“开始”口令的同时开表计时，记录上 1min 内完成次数。1min 到时，受测者虽已坐起但肘关节未达到双膝者不计该次数，完成次数精确到个位。

（4）注意事项。

a．如发现受测者借用肘部撑垫或臀部起落的力量起坐时，该次不记数。

b．测试过程中，观测人员应向受测者报数。

c．受测者双脚必须放于垫上。

表 3-14　女大学生仰卧起坐评分标准（单位：次数/min）

等级 / 项目	优　秀		良　好		及　格		不及格
	成绩	成绩	成绩	成绩	成绩	成绩	成绩
仰卧起坐	44 以上	43～41	40～35	34～28	27～24	23～20	19 以下
分　值	20	17	16	15	13	12	10

第四章　体育保健与卫生

第一节　体育卫生与保健

体育运动卫生与保健是对不同年龄、性别、体质的锻炼者提出运动时所必需注意的卫生安全措施。防止和减少意外损伤事件的发生，以达到更好地增强体质，增进健康的目的。

一、建立合理的生活制度是保健的基础

生活制度是指对一天内的睡眠、饮食、工作学习、休息和体育锻炼等各项活动做出基本固定的时间安排。人体的一切活动都是在大脑皮质的支配下进行的。在进行各种活动时，大脑皮质都有一定的兴奋区，当某一活动停止时，这些兴奋区就由兴奋转向抑制。一旦建立了合理的生活制度，养成有规律的活动习惯，大脑有关神经细胞就会建立有规律的生活秩序。这就是大脑皮质活动的动力定型，动力定型建立后，机体就会在一定的时间内，对即将进行的活动在生理上做出准备。

睡眠是人的一种生理需求，约占人生三分之一的时间。睡眠时，大脑皮质产生广泛的抑制，使工作后的大脑得到充发的休息。同时由于睡眠抑制过程的扩散，机体各器官的功能活动也相应减弱，从而获得良好的休息和调整。睡眠不足，可使大脑皮质工作能力下降，长期睡眠不足，会使大脑皮质细胞的功能失调，严重影响身体健康。

人每天应保证一定的睡眠时间，年龄越小需要睡眠的时间也就越长。一般来说，成年人每天应有 8 小时的睡眠，中学生约需 9 小时，小学生则需 10 小时左右。除了应有一定的时间保证外，还应有一定的睡眠深度，为了提高睡眠的质量，应保持睡眠环境的安静和具有良好的通风。睡前不要吃过多的食物和饮水过多，以免增加肠胃负担。睡前 1 小时内应避免较强烈的体力和脑力劳动，以免引起神经细胞的过度兴奋。此外，睡前到户外做适当的散步、听轻音乐、温水洗脚等都有利于机体加速进入睡眠状态。

良好的饮食卫生习惯，对保证消化系统的正常生理活动和营养物质的吸收具有重要的意义。这包括注意各餐的定时定量，不要饥饱无度，饮食不定时或进食一些具刺激性的食物，如咖啡、酒、过酸或过辣的食物，都会损害胃的功能。还要平衡膳食，保证营养物质的全面合理补充，以免造成营养的缺乏。现代人由于生活节奏快，精神紧张，精神紧张，工作压力大和工作过劳，导致胃酸分泌增加，刺激胃黏膜特别容易患上胃病。

情绪是一个人的心理状态在情感方面的外在反应。具有乐观性格的人，长期保持轻松愉快的心境，有利于保护脑的功能，有利于神经系统的兴奋和抑制的调节，可以促进内分泌系统、免疫系统、心血管系统、消化系统等方面发挥正常效能，达到机体最佳状态。这样就能延缓重要脏器的衰老进程，减少疾病的发生。不良的情绪则有害于身体，有碍学习，有碍进步。因此，防止情绪危机，提高调节情绪的本领是人们学会心理保护的必修课。

二、充足的营养是体育锻炼的保证

一般来说，只要在日常生活中没有偏食的习惯，足够而均衡的饮食便可提供足够的营养和能量。然而，对于参加体育锻炼的人来说，由于消耗的能量较大，所以，补充足够而均衡营养保证体育锻炼所需是至关重要的，这也需要引起足够的重视。

我们每天所需的营养主要来源所吃的食物，主要包含了以下几种营养成分：碳水化合物、脂肪、蛋白质、维生素和矿物质。所谓均衡营养，就是从饮食中摄取适量的能量和各种维生素。碳水化合物主要来源于糖和淀粉，蛋白质主要来源于牛奶鸭蛋、肉类、豆类和鱼。维生素的来源很多，不同的维生素也有不同的食物来源，如维生素 A 在动物肝脏、蛋黄、奶类中含量丰富，维生素 B1 主要来源于麦胚，维生素 C 则主要分布在蔬菜和水果中。

人体细胞活动都需要消耗能量，我们只有靠不断摄取食物中的营养来产生能量。没有参加运动的人，一天大约需要 1 000～2 500 kK 的能量。而经常参加体育锻炼的人，每天则需要大约 2 000～5 000 kK 的能量以保持正常的生命活动。碳水化合物（糖类）是长时间运动的主要能量来源。蛋白质虽然是身体的组成成分，但并不是吃得越多，肌肉就越发达。其实，增加肌肉及肌力是需要靠训练才能达到的，人体只需摄入提供总能量 1%～6%的蛋白质就足够了，摄入过多的蛋白质反倒会身体加重肥胖的负担。

三、体育锻炼的注意事项

（1）正式开展体育锻炼前应进行一些身体状态的适应训练，因为肌肉经过适应性的训练后，可减低在持久及剧烈运动时的受伤机会。而良好及平衡的肌肉发展，对关节及内脏器官有一定的保护作用。有规律性地做伸展练习更可改进身体的柔韧性，从而减低受伤的机会。

（2）在运动中要掌握正确的呼吸方法（尽量避开空气不好的环境锻炼），养成用鼻呼吸的习惯。注意动作和呼吸的配合，即屈曲和复原时应呼气，伸展身体时应吸气。

（3）进行剧烈运动或比赛后，要做好整理活动，目的是让心血管功能恢复正常，并帮助排除肌肉内的代谢废物。剧烈运动或比赛后一定不要马上坐下或躺下休息，此时如立即停下来休息，肌肉的节律性收缩也会停止，原先流进肌肉的大量血液就不能通过肌肉收缩流回心脏，造成血压降低，出现脑部暂时性缺血，引发心慌气短、头晕眼花、面色苍白甚至休克昏倒等症状。所以，剧烈运动后要继续做一些小运动量的动作，呼吸和心跳基本正常后再停下来休息为宜。

（4）餐前和饭后的半小时不宜进行剧烈运动。

在运动与进餐之间要有一定的间隔时间。运动结束后，应进行休息，使心肺的活动基本上平静下来，胃肠做好适当的准备时再用餐。饭后如果剧烈运动，因胃中充满食物，膈肌上顶，影响呼吸系统功能，从而影响运动成绩。此外，饭后的剧烈运动会交感神经高度兴奋，腹腔内脏器官的血管收缩，肌肉中的血管舒张，大量血液进入肌肉，血液进行重新分配，以保证剧烈运动时肌肉工作的需要，使腹腔器官的血管收缩，供给消化器官的血液减少，因而消化腺的分泌减少，同时，副交感神经的活动受到抑制，兴奋性降低，胃肠运动受到抑制，甚至还会引起腹痛和呕吐，造成消化能力下降。

（5）睡前不要做剧烈的运动，要建立良好的睡眠制度，年轻精力旺盛的大学生一般应每天保持最低 8 小时的睡眠时间。

（6）剧烈运动后要及时擦干汗水，适当增添衣服防止伤风感冒。

（7）在运动量的掌握上要循序渐进，不要突然加大运动量，特别是初参加锻炼的老年人，更要注意这一点。因为他们神经系统的指挥功能不够灵活，心脏的功能也比较差，肌肉也处于软弱无力状态。如果突然加大运动量，身体就不能很好地适应。除了肌肉酸痛之外，往往发生头晕、心慌气短、食欲不振等不舒服的感觉。发现这种情况时，要适当地减少运动量，并继续坚持下去，等身体逐渐适应了就会慢慢好转。正确的锻炼方法是运动量由小到大，动作由简单到复杂。比如跑步，刚开始练时要跑得慢一些，距离短一些，经过一段时间的练习，再逐渐增加跑步的速度和距离。练习体操也一样，先练习简单的动作，再练复杂的动作，逐渐增加运动的强度和动作的难度，让身体有一个适应的过程，以便逐步提高。运动量怎样可算掌握得合适呢？由于每个人的性别、年龄、身体强弱锻炼基础不同，运动量的大小也不完全一样。一般来说，以每次锻炼后感觉不到过度疲劳为宜。也可以这样衡量，锻炼一天后，第二天早晨的脉搏每分钟比原来不应超过 5 次，如果超过 5 次，说明运动量过大了，应适当减少。

四、肌肉痉挛的保健知识

肌肉痉挛即我们常说的抽筋，是肌肉不自主的强制收缩。运动中最容易发生的部位是小腿腓肠肌（即小腿肚子）。抽筋多发生在运动过程中，尤其是游泳或长跑等项目中。发生抽筋的主要原因如下。

（1）寒冷刺激。在寒冷环境中运动时，准备活动不足，肌肉受寒冷刺激后，兴奋性增高，如游泳时受到冷水刺激容易引起肌肉痉挛。

（2）大量排汗。身体排汗过多时，会使大量的电解质丢失，从而导致肌肉兴奋性过高，而发生痉挛。如长跑举重等运动时，有时可发生痉挛。

（3）肌肉连续性收缩过快。肌肉过快地持续性收缩，放松时间太短，二者不能协调地交替，可引起肌肉痉挛，如自行车运动和短跑运动中可发生这种现象。

（4）身体疲劳，运动时间过长或健康情况欠佳，均可影响肌肉的正常功能而发生痉挛性收缩。

出现抽筋时不要惊慌失措，应积极采取措施，假如在陆地上运动，应立即停止运动，牵引痉挛的肌肉，一般可缓解。例如，小腿腓肠肌痉挛时，可以伸直膝关节，用力将足背伸直。此外，还可以配合局部按摩。游泳时出现腓肠肌痉挛时，应先吸一口气，仰浮水面，用对侧的手握住抽筋肢体的足尖，用力向身体方向拉，同时用同侧的手掌压在膝盖上，帮助将膝伸直，痉挛即可缓解。

肌肉痉挛是可以预防的，要在运动前做好准备活动，使全身各关节、韧带和肌肉充分活动开，心血管系统、呼吸系统的机能加强，以便适应运动时的需要。夏季进行较长时间的运动时，要注意补充盐分和维生素 B。疲劳和饥饿时不宜进行剧烈运动。在游泳下水前，应先用冷水淋湿全身，使身体对寒冷有所适应，水温低时游泳时间不要太长，尤其不要在水中停止活动。游泳结束后，要做整理活动，以便消除疲劳和恢复体力。

五、运动中出现“极点”的保健问题

在一些耐力性运动中，如长跑、长距离游泳等，运动后有一段时间感到特别气急难受，此时感到呼吸困难、肌肉酸痛、动作迟缓、精神低落，甚至心慌、头晕、四肢无力，想停下来，不想再继续运动下去了。这种现象，在运动生理学上叫做“极点”。产生的原因是，运动时支配肌肉、关节的运动器官的神经兴奋性较高，启动较快，能迅速地进入工作状态，而支配血液供应、气体运输的心肺等内脏器官的神经兴奋性较低，启动较慢，不能迅速地由安静状态进入工作状态，造成体内氧供不足，大量乳酸等代谢产物在血液中积累，刺激呼吸中枢和血液循环系统，引起心慌气短、头晕、胸闷、四肢无力等一系列不适应的现象。

极点出现后，应继续坚持运动。只要坚持下去，并适当减小运动的强度，有意识地加深呼吸，让身体吸进较多的氧气，极点就会被克服，难受的感觉就会消失。随之而来的是心跳和呼吸正常，动作重新轻松协调，这种现象在运动生理学上称为“第二次呼吸”。

运动前做好充分的准备活动，使内脏器官的神经提高到一定兴奋程度，以便使内脏器官适应身体剧烈运动的需要，可有效地防止极点现象的出现。

第二节　体育运动的监督

一、自我监督

自我监督是指体育运动参加者在训练和比赛期间采用自我观察和检查的方法，对健康状况、身体反应、功能状况及比赛成绩进行记录和分析。

自我监督既是体格检查的重要补充，也是间接评定运动量大小、预防运动性伤病及早期发现过度训练的有效措施。因此，自我监督是合理安排体育教学、调整训练计划的重要

依据。它还能促使参加运动者遵循科学的锻炼和训练规律，培养良好的运动卫生习惯。自我监督包括主观感觉和客观检查两个方面。

1．主观感觉

（1）精神状态。

精神状态反映了整个肌体的功能状态，尤其是中枢神经系统的状态。身体健康者，精神状态好、精力充沛、心情愉快、积极性高。患病或过度训练时，常会感到精神萎靡不振、疲倦、乏力、头晕及容易激动等。

（2）锻炼的情绪。

锻炼的情绪是指对体育运动的兴趣程度，与精神状态密切相关。身体健康、精神状态良好的人，总是乐于参加体育运动。如果出现对运动不感兴趣，表现为冷淡或厌倦，或特别厌烦与运动有关的场地、器材、人物和语言，可能是教学训练方法不当或疲劳的表现，也可能是过度训练的早期征象。根据个人的运动心情，可表现为渴望训练、愿意训练、不愿训练等。

（3）不良感觉。

不良感觉指运动或比赛后的不良感觉，如肌肉酸痛、关节疼痛、四肢无力等。在剧烈运动或比赛后，由于肌体疲劳，大部分人会产生一些不良的感觉，但这些现象经过适当休息后就会消失，训练水平越高，这些现象消失得越快。但是，在运动中或运动后，除了出现上述现象外，还伴有心悸、头晕、头痛、气喘、恶心、呕吐、胸痛或其他部位的疼痛时，则表示运动负荷过大或健康状况不良。

（4）睡眠。

经常参加体育活动的人，睡眠应该是良好的，表现为睡得快、睡得熟、少梦或无梦，醒后精神良好。如果长时间出现睡眠不佳，如失眠、易醒、睡眠不深、多梦、嗜睡或清晨醒后精神不佳等，一般表示健康状况不佳、对运动负荷不适应或是过度训练的早期征象。

（5）食欲情况。

健康的青少年学生和运动员食欲应当良好。在参加体育运动过程中，能量消耗较多，故食欲应该更好些。如果在正常进食时间内，出现食欲减退，表明健康状况不良或有过度训练倾向，应作进一步检查及调整教学训练计划。

（6）排汗量。

排汗量的多少与气温、湿度、饮水量、衣着有关，也和训练水平、身体机能状况、神经系统紧张程度、运动负荷等有关。如果在适宜的外界条件和适宜的运动负荷下，出现大量出汗或安静时出汗，甚至夜间盗汗，则表明身体机能状况不良、健康状况下降或近期运动负荷过大。训练良好的运动员，在同样条件下大量出汗，可能是过度训练的征象或极度疲劳。在高温环境中或大运动负荷下出汗减少可能是肌体脱水的表现，会引起体温升高、中暑等。

2．客观检查

（1）脉搏。

在自我监督中常用晨脉来评定训练水平和身体机能的状况。晨脉是早晨醒来后起床前测的每分钟脉搏数。因为晨脉反映了基础代谢下的脉搏，健康人的脉搏基本是稳定的。晨脉还随训练水平的提高呈缓慢减少的趋势，如果晨脉加快，尤其超过 12 次 / 10s 以上，表明肌体功能状况不良，如睡眠不足、患病或过度疲劳尚未恢复。如果晨脉经常在较快水平，可能与过度训练有关，在测量脉搏时，除注意频率外，还应注意脉搏的节律，如果发现节律不齐，表明可能有心肌损害，应进一步做心电图、超声心电图检查。

（2）体重。

正常成年人体重比较稳定，健康人在大负荷运动后，由于体液的丧失，会有一时性体液下降，但在一两天后就能恢复正常。如果体重持续下降，并伴有其他异常现象，可能是健康状况不良或过度训练。

（3）血压、肺活量、心电图。

健康运动爱好者的血压应趋于稳定，锻炼后收缩压上升 2.6～3.3 kPa（20～25mmHg），舒张压下降 0.6～1.3kPa（5～10mmHg），应视为正常。测肺活量时应连续 5 次，每次测的结果是逐渐上升的，说明呼吸机能良好，若逐渐下降或前后显著下降，说明呼吸肌耐力差，是反应不良的表现。若血压突然升高、肺活量明显下降、心电图异常则应减少运动量并到医院进行检查。

（4）运动成绩。

根据运动成绩稳步提高、运动成绩保持原有水平、运动成绩下降或动作协调性破坏等情况，判断健康状况不良或过度训练。

二、医务监督

医务监督的常用指标如下。

1．脉搏

常人安静时一般脉搏（心率）70 次 / min 左右，正常范围是 60～100 次 / min。如果安静时心率超过 100 次 / min 称为心动过速。正常人运动训练期间安静时心动过速或心率比平时明显加快，表示肌体功能状态不良、过度疲劳或早期过度训练。此时，更应注意晨脉变化。必要时进行临床医学检查，以便查出原因，及时调整训练计划。

经常检查定量负荷运动后的心率，有助于了解肌体功能状况。如运动后即刻心率增加的幅度不变或下降，说明肌体功能状况提高，体育教育和训练中运动负荷安排得当。如运动后即刻心率增加的幅度明显上升，说明肌体功能状况较差或训练安排不当，可能是过度训练。

2．血压

正常成人动脉收缩压＜18.6 kPa（140mmHg），舒张压＜12 kPa（90 mmHg），如果收缩压＞21.3 kPa（16 mmHg）和 / 或舒张压＞12 .6 kPa（9 mmHg），则称为高血压。高血压分为原发性高血压和继发性高血压两种。

除原发性高血压外，正常人训练期间血压增高可能是过度训练或过度紧张的表现，也可能由力量训练（如举重、健美、投掷等）引起，对青少年可能是由神经、内分泌改变引起的青少年性高血压。血压偏低可能由于心肌收缩力下降、脱水导致的血容量减少，炎热导致外周血管扩张等原因引起。

出现血压异常应调整训练计划，注意休息。如果血压异常不能改善，并伴有头晕、头痛等症状就应做进一步检查。

3．尿蛋白

正常人尿中无蛋白或偶有微量蛋白。因运动导致的蛋白尿，称为运动性蛋白尿。正常情况下运动性蛋白尿于数小时至 24 小时内恢复正常。

运动性蛋白尿出现率及恢复情况与锻炼时的强度、运动负荷、训练水平和机能状况有关。如果运动后尿蛋白排泄率比以往高，说明锻炼时运动强度大或身体机能状况不良。锻炼后第二天尿蛋白排泄率仍很高，特别是锻炼期间尿中蛋白排泄率高，说明锻炼时运动负荷太大或身体机能状况不良，应及时调整锻炼计划，加强休息及营养，以防发生过度训练和身体伤害。

运动性蛋白尿经休息、调整负荷后会逐渐减少、消失，如仍不消失，甚至不运动仍有蛋白尿，提示可能是病理性蛋白尿，如肾炎等，此时应停止锻炼，并做进一步检查。

4．血红蛋白

血红蛋白是红细胞中具有携氧功能的含铁蛋白质。我国标准正常男子血红蛋白含量为 120～160g / l，女子为 105～150g / l。血红蛋白是评定运动员身体机能状况的一个重要生理指标。在训练期间，血红蛋白正常，成绩提高，说明肌体功能状况好；如果血红蛋白下降至男子低于 120g / l，女子低于 105g / l，称为运动性贫血，此时一般均有运动成绩下降，自我感觉不良，说明肌体功能状况不良，可能有过度训练和过度疲劳，应当注意调整训练，并应注意在饮食中多补充铁和蛋白质，以弥补运动训练中过多的消耗。

5．心电图

心电图反映了心肌的生物电变化，与心肌的自律性、兴奋性和传导性有关，能较敏感地反映心肌的电生理变化。心电图既是临床上检查心脏疾病的一种重要方法，又是观察运动员机能状况的重要指标。经长期运动训练后，心电图可表现出迷走神经张力增高的表现，如窦性心动过缓，表明心泵功能较好，是心脏对长期运动的适应。但少数情况下，训练过度、运动负荷过大、心脏功能不良时也会出现上述变化，这时运动员自我感觉不良，会伴有胸闷、乏力等。

如果心电图出现多发性早搏、显著窦性心律不齐、ST 段与 T 波变化，提示有过度训练、过度疲劳等引起的心肌损害、心功能下降。此时往往会有更明显的不良感觉，应进一步作临床检查，调整锻炼计划，或暂停锻炼。

6．最大吸氧量

最大吸氧量是反映人体在有氧极量运动负荷时心肺功能水平的一个重要指标。

研究表明，最大吸氧量值的高低，主要取决于最大心输出量，即与心泵功能的强弱关系最大。我国普通青年男子最大吸氧量约 50ml / kg • min，女子约 45 ml / kg • min，而有良好训练的男女运动员分别约为 70 ml / kg • min、55 ml / kg • min。当由于过度疲劳或过度训练引起心肺功能下降时，最大吸氧量会明显下降，成绩也下降。经过运动负荷调整和相应的休息后，其值会回升。

刚参加锻炼的人，在训练期间最大吸氧量值稳步升高，说明锻炼计划得当，心肺功能提高明显，肌体功能状况良好。

第三节　常见运动反应与处置

由于运动，使人体生理活动过程的有序性受到暂时性的破坏，因而常常出现某种生理反应。

一、肌肉酸痛

（1）原因。刚开始或间隔较长时间后再锻炼，由于运动量较大，从而引起的局部肌纤维及结缔组织的细微损伤，以及部分肌纤维的痉挛所致。

（2）症状。局部肌肉疼痛、发胀、发硬。

（3）处理。可对酸痛的肌肉进行热敷，促进肌肉血液循环及代谢过程加快，以助于损伤组织的修复和缓解酸痛。另外还可进行肌肉按摩，按摩可放松肌肉，促进血液循环，缓解肌肉酸痛。

二、肌肉痉挛

（1）原因。在体育锻炼时，肌肉受到寒冷的刺激；准备活动不够充分，肌肉猛力收缩；局部肌肉处于疲劳、大量出汗、疲劳过度、体内缺少氢化物时都可能引起肌肉痉挛。

（2）症状。肌肉突然变得坚硬和隆起，疼痛难忍，且不易缓解。

（3）处理。当出现肌肉痉挛时，立即对痉挛部分进行牵引，如小腿痉挛时，伸直膝关节并做足背伸动作，还可配合按摩、揉捏、扣打等手法，症状即可缓解和消失。

三、运动中腹痛

（1）原因。主要是准备活动不充分，运动过于激烈，内脏器官的功能不能满足运动器官的需要，造成脏腑功能失调，引起腹痛。

（2）症状。两肋处有胀痛感或腹部疼痛。

（3）处理。减慢运动速度，加深呼吸，疼痛常可减轻或停止；若无效应停止运动，口服十滴水或揉按内关、足三里等穴位；若仍无效，则应送医院治疗。

四、运动性昏厥（休克）

（1）原因。由剧烈运动或长时间运动使大量血液聚在下肢，回心血量减少，脑供血不足所致。另外有人空腹运动，血糖含量较低，造成能量供应不足而引起头昏。

（2）症状。全身无力，头昏耳鸣，眼前发黑，肤色苍白，失去知觉，突然昏倒，手足发凉，脉搏慢而弱，血压降低，呼吸缓慢。

（3）处理。应立即使患者平卧，足略高于头，并由小腿向大腿、心脏方向进行按摩，同时手指掐人中、百会、合谷等穴位。

五、中暑

（1）原因。在高温环境中（温度高、头部缺少保护），被烈日直接照射，因体温调节功能障碍易发生中暑。

（2）症状。轻度中暑时会出现面部潮红、头晕、头痛、胸闷、皮肤灼热、体温升高；严重时将出现恶心、呕吐、脉搏快而细弱、精神失常、虚脱抽搐、血压下降甚至昏迷。

（3）处理。将患者迅速移至通风、阴凉处，冷敷额头，温水抹身，并喝含盐饮料或十滴水，数小时后即可恢复。

六、极点和第二次呼吸

（1）原因。由于内脏器官的活动跟不上运动器官的需要，能量消耗大，氧供应不足，下肢回流血量减少，血乳酸大量堆积，细胞呼吸、循环系统活动失调，而导致动力定型的暂时混乱，从而使动作慢而无力，也不协调。

（2）症状。呼吸困难，胸闷难忍，下肢沉重，动作不协调，甚至有恶心现象，简直不愿意再继续运动下去。

（3）处理。适当减慢速度，加深呼吸，坚持运动下去。无需疑虑和恐惧，这是一种正常的生理现象，随着训练水平的提高，这种生理反应将逐步推迟和减轻。

第四节　急　　救

急救是对一些突发的疾病、意外伤害、急性中毒和一些慢性疾病骤然转急所采取的一系列紧急治疗措施。掌握一些简单的急救方法对挽救生命、改善病情、预防并发症与进一步治疗有着极其重要的作用。

一、急救的基本原则

（1）急救时必须抓紧时间迅速进行，对一些危重病人一边进行抢救，一边通知医生（或打 120 急救电话）。

（2）急救一般就地进行，如有出血则立即止血，窒息病人应立即施行人工呼吸，心脏骤停的病人应立即进行心肺复苏。

（3）如需紧急手术治疗或需转送医院者，应就近转送。

（4）在急救时必须保持清醒的头脑，抓住重点，首先处理最有可能危及生命的情况。

（5）熟练掌握各种急救方法，在缺乏急救设备时，要善于就地取材。

（6）抢救病人时动作要轻，尽量避免增加不必要的痛苦。

二、急救常用的措施和步骤

1．人工呼吸

患者呼吸运动停止，急需用人工方法帮助呼吸，以保证脑、肝、肾等重要器官的功能。常用口对口人工呼吸方法：病人取仰卧位，双肩垫高、松解衣领及裤带按压的方法进行，胸外按压的部位是胸骨下半段处。操作方法是：急救者将一手掌根部放在按压区与病人胸骨长轴方向平行，另一手掌重叠放在前以手掌背，按压时肘应伸直，依靠上半身的压力，垂直向下按压，使胸骨压低约 3～5cm，随后突然放松，按压频率 60～80 次/min，和人工呼吸必须同时进行。如单人复苏，每按压心脏 15 次，人工呼吸两次；如有两人参加复苏，则按压心脏 4～5 次，人工呼吸一次。心脏胸外按压时，要求平稳、均匀、有规律、不间断；按压不宜太重或太轻，过重有可能导致骨折、脏器撕裂，过轻效果差；按压部位要正确，按压要有耐心，直到脉搏和血压都有一定的恢复为止；需要暂时停止时，时间不能超过 15s。当脉搏和血压都有一定的恢复后，送医院做进一步治疗。

2．止血

常用的止血方法有指压止血法、加压包扎止血法、止血带止血法等。

指压止血法：是一种迅速而有效的临时止血法。即在出血点的近心端，根据出血部位及情况，用手指或手掌在有关动脉上加压，阻断血流以止血。颜面部出血的压迫点在下颌角前上 5cm 处；颈部出血的压迫部位是在胸锁乳突肌内侧，将颈总动脉朝着第六颈椎横突方向压迫；上肢出血时在上臂内侧，对着枕骨压迫枕动脉；手指出血在手腕部压迫桡动脉；下肢出血根据出血部位，分别在腹股沟韧带中点、腘窝及踝关节前后方压迫股动脉、腘窝动脉及膝前后动脉等。

加压包扎止血法：是抢救时最常用的止血法，用于一般伤口，先在伤面上盖无菌纱布，再盖上无菌棉垫或纱布垫，用绷带或三角巾加压包扎；四肢出血但无关节损伤时，可利用关节的极度屈曲压迫血管止血，如在肘关节、膝关节的屈侧放一棉垫或纱布卷，然后屈曲肢体用三角巾或绷带缚紧固定。

止血带止血法：常用于四肢较大动脉出血或用于加压包扎止血无效者。止血带多用橡皮带或橡胶管等有弹性的条带。现场急救如无橡胶管，可用干净的布条、三角巾、毛巾等，但禁用绳索。止血带的部位，上肢应在上臂的上 1/3 处，下肢应在大腿的上 1/3 处，用止血带应先加衬垫如纱布、棉垫或毛巾，以防止止血带勒伤皮肤或软组织，止血带松紧要适宜，以伤口不再出血为原则，每隔 1 小时应放松 1～5min，以免时间过长导致肢体坏死。

3. 包扎法

包扎的目的是保护伤口，固定敷料和压迫止血。多用三角巾或绷带进行包扎。绷带包扎法有环形包扎法、蛇形包扎法、矿字形包扎法、人字行包扎法、扇形包扎法。

4. 固定法

用于骨折和骨关节损伤，目的是防止休克，减轻痛苦，便于搬运，防止损伤周围组织及大血管、神经。常用固定法有小夹板固定和石膏绷带固定。小夹板固定可用木制夹板或就地取材，用树枝、木棍、木板或进行伤员自体固定法。石膏固定法多在医院进行。

第五节　大学生的运动卫生

一、重视准备活动和整理活动

体育运动过程是人体静态—动态—静态的变化过程。准备活动和整理活动就是实现这种“变化”的过渡手段。

（一）准备活动

准备活动是体育锻炼前进行的有目的的身体练习，它能有效地克服人体的生理惰性，使人体从相对安静状态（有序状态）过渡到运动状态（无序状态），并对整个机体产生积极影响。

1. 准备活动的作用

（1）能克服机体的生理惰性。人体各器官都具有一定惰性，一般来说，运动器官的发动较快些，而内脏器官则需 3～4min 的动员才能进入较高工作状态。运动前做好准备活动，能提高心血管系统和呼吸器官的功能，使机体逐步适应剧烈运动需要。

（2）能加速肌肉组织的新陈代谢，提高氧的利用率。准备活动使体温升高，增强了肌肉组织的新陈代谢过程，进而提高氧的利用率，为人体进入运动状态提供了良好的物质基础。

（3）能调节运动情绪。节奏快、强度大的练习，可提高锻炼的兴奋性，节奏慢、强度小的练习，可降低其过高的兴奋性，适当的准备活动能使人体进入适宜的运动状态。

（4）能预防运动损伤。准备活动能增强肌肉、肌腱和韧带的弹性和伸展性，使关节滑膜液分泌增多，关节活动范围加大，从而避免运动损伤和肌肉痉挛。

2. 准备活动的要求

体育锻炼前必须做准备活动，切勿不做准备活动就投身到紧张剧烈的运动中去。准备活动有两种：一种是一般准备练习，如跑步、徒手操、活动肢体各关节等；另一种是专项准备练习，如在打篮球以前先做投篮、传球、运球等练习，在长跑之前先慢跑一段，在游泳之前先在陆地上练习划臂、蹬腿、呼吸等。准备活动的运动量和时间的长短，应根据锻炼的项目、内容、气候变化和自己的身体状况而有所区别，一般使身体发热或微微出汗为宜，心率上升到 130～160 次 / min，使内脏器官、肢体的活动幅度和肌肉力量等方面达到适宜工作状态。

（二）整理活动

整理活动是人体由运动状态（无序状态）过渡到相对安静状态（有序状态）的活动过程，这是促进体力恢复的一种有效手段。

1. 整理活动的作用

（1）有助于人体机能尽快恢复常态。由运动引起的一系列生理、心理变化需要有一个逐步恢复的过程，整理活动可促使这一过程的转化。

（2）有助于偿还氧债。整理活动是一个轻松、活泼、柔和的活动过程，有助于肌肉的血液畅流，排出二氧化碳，消除代谢产物，以达到偿还氧债、减轻肌肉酸痛、消除疲劳的效果。

2. 整理活动的要求

整理活动应着重于全身性放松，尽量采用轻松、活泼、柔和的练习，活动量逐渐减少，节奏逐步减慢，以促使呼吸频率和心率下降。如在长跑到达终点后，再慢跑一段，或边走边做深呼吸运动和放松徒手操。特别在紧张剧烈的运动之后，一定要进行全身放松活动，以免身体受到损伤。整理活动之后，还要注意身体保暖，以防身体着凉，引起感冒。

二、运动饮食卫生

人体每天都必须摄取食物，以维持人体正常生理功能和新陈代谢等生命活动。体育锻炼更需科学地安排饮食，养成良好的卫生习惯。

（一）运动与营养卫生

人体所需要的营养素主要有糖、脂肪、蛋白质、维生素、矿物质和水。这些营养素各有独特的营养功能，在代谢过程中又密切联系，共同参与、推动和调节生命活动。营养供给不足或过量都不利于健康。经常从事体育锻炼的人，需要保证足够的营养和营养素之间的平衡。运动中的营养平衡，应从以下几方面考虑。

1. 粮食类食物

这是热能供给的主要来源，每天进食的数量应与一天热能的消耗相适应，并以粗细粮搭配为宜，多种粮食混合食用。据调查，我国男大学生每天能量消耗约 10 .4 ×103 kJ，女生约 8.7×103 kJ。积极参加体育锻炼的男生可达 13.8×103 kJ，女生为 10.4×103 kJ。如长期热量供给不足，会引起身体瘦弱、抵抗力减弱，但摄取热量过多，也易引起脂肪过多而发胖。

2．蛋白质食物

这是人体肌肉的主要原料，主要来自瘦肉、鱼虾、蛋类、乳类和豆制品等。一般成人每天每千克体重需蛋白质量 12～15 g，经常从事锻炼者比一般人高 50%～80%。如果长期蛋白质摄入量不足，会引起营养不良和贫血等症。

3．蔬菜类食物

这是维生素的主要来源。维生素对经常锻炼的人来说非常重要，它不仅为保证身体健康所必需，而且直接影响人体活动的能力。维生素主要存在于新鲜蔬菜中，最好每人每天能吃 400～500 g 蔬菜，有条件者每天食用一定量的水果。

（二）运动后的卫生习惯

1．运动后不宜立即进餐

这是因为运动时大量血液流入运动器官，胃肠器官的血液量相对减少，胃液分泌亦少，消化系统功能处于相对抑制状态。运动后立即进餐，必然影响食物消化和吸收，长此以往，会酿成消化不良或其他消化道疾病。合理的进食时间，是锻炼后半小时。

2．饭后不宜立即进行剧烈运动

饭后立即进行剧烈运动，不仅易产生消化不良，还可出现腹痛、恶心等症状，也可酿成胃下垂等。

3．合理安排一日三餐

俗话说："早餐要好，午餐要饱，晚餐要少。"是有一定科学道理的。据调查，凡是不吃早餐的人，上午握力减少，神经肌肉震颤增强，血糖降低，出现注意力不集中、头晕、心慌等现象。另外，空腹时间过长，也是引起肠胃病的主要原因。因此，早餐一定要吃好，有条件的可增加一些奶类、蛋类食品。午餐一定要吃饱，因为下午的工作、学习和活动量都较大。晚餐不应吃得太饱，以免影响晚间的学习、工作效率和睡眠。应注意的是，由于运动后易产生饥饿感，用餐时不要狼吞虎咽，更不能暴饮暴食。另外，在比赛前或疲劳时，也不宜吃太油腻的食品。

4．运动中提倡少量、多次的饮水方式

水在人的生命活动中具有重要作用，水占成人体重的 60%～70%，人体与外界环境交换中以水为最多。在运动时出汗多，体内缺少水分，必须及时补充，否则会影响人体正常生理机能活动。为此应注意：运动前和运动中不宜一次性大量饮水，饮水过多，会使胃膨胀，妨碍膈肌活动，影响呼吸，使血液浓度稀释，

血流量增大，增加心脏负担，这样既有碍健康，也不利于运动。另外，运动后亦不宜一次性大量饮水，否则会加重心脏负担，影响整理活动的正常进行，影响生理机能的恢复。

三、运动环境卫生

良好的运动环境，可以激发锻炼者的运动情绪和锻炼效率。反之，可抑制锻炼情绪，还可引起生理异常反应或诱发运动损伤。运动环境的因素是多方面的，这里主要阐述空气、噪音、光线和运动场地等因素对运动的影响。

（一）运动与空气卫生

空气是人类赖以生存的条件之一，氧是人体生命活动的重要物质，新鲜空气中含有大量负离子，它能调节大脑皮层功能，促进腺体分泌增加，改善呼吸功能，振奋精神，消除疲劳，有效地提高锻炼效果。

然而，空气中一旦存在有毒气体，被人体摄入后，常引起某些器官、系统的损害和病变。如一氧化碳与人体内血红蛋白结合，会形成碳氧血红蛋白，而导致人体缺氧；二氧化碳会损害人体肝脏。因此，体育锻炼时应注意避免在空气污浊和恶劣的环境中锻炼。如气压过低、空气湿度过大，易使机体的散热机能受到阻碍；气温过高易中暑；风速过大，会影响运动正常进行。二是尽可能在室外锻炼，特别是在空气新鲜、环境幽雅的地方锻炼。在室内锻炼时，要开窗通风，室内禁止吸烟。

（二）运动场地卫生

（1）田径场卫生。跑道应平坦、坚实而有弹性，无灰尘，并保持一定湿度。跳跃沙坑要有 50～60 cm 厚度的沙，保持松软，没有杂物。沙坑周围宜用木质制作，并用橡皮包扎与地面齐平。投掷区应有明显标记，以免造成伤害事故。

（2）球类场地卫生。足球场最好铺有草皮，场地平坦、整洁、无杂物。篮、排、网球场地要平整，硬度适中，不应有浮土，球场周围应有余地。

（3）室内运动场馆卫生。除力求光线充足外，室内应保持整洁卫生。

（4）滑冰场卫生。冰面必须平坦。天然冰场冰层厚度不少于 10cm，人工冰场厚度在 15cm 以上。冰场整洁无障碍物。滑冰人数不宜太多，并注意向同一方向滑行。夜间滑冰时，灯光要充足、均匀。

（5）游泳池卫生。最重要的是水质符合卫生部门的要求，水中含氯量应达到 0.3～0.5 mg/l，每毫升水中杂菌数不应超过 100 个，大肠杆菌值不超过 3 个。水质透明度应在静水时能看到池底的任何地方。为了保持池水清洁，游泳前必须全身淋浴，并通过消毒池后进入游泳池。此外，深水区要有明显标记。

到江河湖海里游泳时，必须事前查清水质和有否传染病菌，并注意水深，水的流速低于 0.5m / s 为宜。不要到受污染的江河里游泳，也不要单人去游泳。

四、运动衣着与器材卫生

运动衣着和运动鞋应符合运动项目的要求，并具有透气性、吸湿性等性能。运动衣着选择要轻便、舒适、美观大方。夏季应以浅色单薄运动衣裤为好，冬季注意保暖，但又不妨碍运动。运动衣裤要勤换、勤洗，以免汗液和细菌污染机体。

运动器械要坚固，安装得当，并注意检查维修，防止生锈以及连接处脱落。健美、举重室器械用后归回原处，体操垫硬度适中，并保持整洁、美观。

第六节 女大学生体育运动中的注意事项

女大学生由于身体生理特点成为一特殊群体，在体育锻炼过程中，为了预防运动性疾病和运动损伤的发生，提高身体机能，在体育锻炼中还应特别注意以下几方面。

一、循序渐进

根据机体对外环境刺激的适应规律及运动条件反射的建立和巩固规律，锻炼要由慢到快，掌握运动技术要由易到难，运动量要由小到大。

二、系统全面

体育锻炼要保持经常性和有规律性，合理安排锻炼、学习和休息时间，不要“三天打鱼，两天晒网”，要持之以恒，并有计划安排。体育锻炼应使身体形态、各器官系统的功能得到良好发展，不仅要提高身体对外界环境变化的适应能力和对疾病的抵抗力，而且在身体运动素质方面也要提高，如速度、力量、耐力、灵活性、柔韧等方面，同时还要培养学生良好的意志力。

三、区别对待

个人有各自的特点，要根据自己的具体情况，如健康状况、身体条件、爱好采取不同的体育锻炼方式，如游泳、打球等。

四、合理安排饮食

经常参加体育活动，既可保持健美体型，对健康也有极大好处。营养要求日益受到人们重视，根据女子生理特点，在一些物质要求上有其特殊性。运动量越大，身体需要补给的能量要求越多。研究表明，一般成年女子，每日能量消耗约为 2 200 kK 左右。目前国内外专家又提出，这一推荐值过高，女子锻炼运动量较大时，每日对蛋白质的需要量平均为 94 g，约占总耗能量的 35%，对糖的需要量平均为 300 g，约占总耗能量的 494%。女性在参加体育锻炼时，除了要注意能量摄入的合理性之外，还应注意铁、钙、维生素等营养素的补充。女子青春期对铁的要求量比男子多，主要是由于月经期失血造成的。经常参加体育锻炼的女子每日铁的需要量为 10～208 mg，平均为 145 mg，含铁质丰富的食物有豆类，包括豌豆、蚕豆、大豆、扁豆等，新鲜的水果、谷类，家畜的血、肝等，动物类食品所含的铁，人体较易吸收，吸收率可达 25%，同时，它也不受其他食物干扰，而植物性食品中所含铁不易被人吸收利用，吸收率仅 3%，而且还受食物中其他成分的影响，但是如果同时吃富含维生素 C 的食物，将有助于机体对铁的吸引，如饭后吃一个含丰富维生素 C 的水果，铁的吸收即可提高 3～5 倍。

经常参加体育锻炼的女子还应注意补钙，并在补钙的同时注意补镁。镁是细胞中重要的阳离子，它可激活多种酶系，参加体内蛋白质的合成和肌肉的收缩，直接影响运动能力，因此，应多吃些奶制品、虾米、虾皮、鱼贝类水产品、豆类、粗粮、水果等含钙丰富的食品。国外专家证明，运动女子也应该补充维生素比，它在人体的蛋白质、脂肪和糖代谢中起着重要作用。女子在锻炼中想消耗多余脂肪和练就强壮肌肉，就需要补充额外的维生素比，每天的补充量约为 5～50 mg。应多吃动物的肝、肾，以及蛋黄、黄鳝和干豆类等食品。同时，也要注意维生素 B 复合物、维生素 C 及维生素 E 的补充，锻炼后要注意放松运动。

五、保持运动服装宽松、清洁

由于女人天性爱美，平日穿着多以显身材的服装为主，在运动中穿牛仔服和皮鞋大有人在，因而意外经常发生。因此，体育锻炼时穿的运动服装要适合天气变化、符合运动项目的特点要求，清洁宽松，以防意外损伤发生。

六、重视锻炼后的放松活动

每次锻炼结束时，要使运动的速度逐步降下来，不要突然停止。既然力量消耗必须补充，新陈代谢所产生的废物—乳酸必须从肌肉中排出，锻炼后心脏适当的输出还是必要的，而这需要通过肌肉的收缩和放松产生一种按摩作用来完成。假如突然中止剧烈运动，特别是采取站立姿势的时候，就会有大量血液涌到下肢静脉中去，从而减少血液向心脏和大脑的回流，进而出现头晕现象。因此在全部动作做完后，进行慢跑和深呼吸（最好三步一呼），伸展四肢，在单杠上做悬垂动作，能使脊柱尽量伸展，使脊椎间盆前突得到还原和彼此按摩，使肌肉特别是大脑神经得到放松，从而促使体力得到更快恢复。

七、经期体育锻炼与卫生

月经周期是成年女子的正常生理现象，是生殖器官的周期性变化，是在内分泌腺作用下子宫周期性出血的现象。月经期是在这种正常生理现象中的一个特殊反应，有轻度不舒服的感觉，下腹部发胀，腰酸，乳房发胀，属于正常反应。有人会出现全身性反应，如食欲不好，疲倦，嗜睡，情绪激动或感到头痛；也有人容易感冒，出现腹泻症状，这些反应都属于正常现象。

在正常情况下，月经期适当参加体育锻炼是有益无害的。参加体育锻炼能改善人体的机能状态，改善盆腔的血液循环，改善盆腔内生殖器官的血液供应，减轻盆腔的充血现象，运动时腹肌与骨盆盆底肌肉的收缩与放松活动对子宫有柔和的按摩作用，还有助于经血的排出，丰富多彩的体育活动还可以调节大脑皮层的兴奋与抑制过程，从而减轻全身的不适反应，对身体会产生良好作用。调查表明，从事一些体操运动，对月经失调的女子能起到一定的治疗作用。有人也曾对我国业余体校 99 名女运动员进行调查表明，有 66%的人月经期运动对运动成绩无影响，有 25%的人比平时成绩有提高。只有 9%的人运动成绩下降。因此，作为女大学生循序渐进地养成在月经期参加运动的习惯是非常有益的。

大学阶段少女月经周期还未完全稳定，容易受干扰，所以月经来潮时，应适当减少体育锻炼的时间，合理安排活动内容，不可过于激烈，一般在月经期运动时负荷量不宜过大，负荷强度也不宜过强，要循序渐进，逐渐提高强度使之逐渐适应。经期不宜安排剧烈活动，如跳跃、速度跑和腹压力加大的练习，因生殖器充血绵软，韧带松弛，易使子宫位置改变和经血过多，调查表明，有的人在月经期运动时的经血量与月经期不运动时的月经量变化不大，多数人经期运动时月经量增多，少数人月经量减少，也有个别人经期从事训练出现月经失调、经量过多、痛经、闭经、月经周期紊乱等现象，对于月经量过多、过少、周期紊乱及痛经的女生，经期前半段稍加体育锻炼，在经期后半期根据不同体质的特点酌情参加适量的体育锻炼是很有益处的。

从事专业运动的女子出现痛经、闭经或月经失调较多见，痛经常伴有易激动、腰痛、下腹痉挛、头痛、恶心、呕吐等症状。月经期参加比赛或大强度的训练，只有专业运动员和平时月经期训练有素的人才可以，不提倡一般大学生这样做。如果有严重的痛经、经血量过多、子宫功能性出血、生殖器官炎症等不宜参加体育锻炼。

月经是女性正常的生理现象。身体健康、月经正常者，一般不出现明显的生理机能变化，在经期可参加适量的体育活动，这不仅可以改善盆腔血液循环，减少盆腔充血，而且由于运动可以调整大脑皮质的兴奋和抑制过程，有利于人体机能的正常运行。但在运动时应注意下述几点。

（1）运动量要适当减少。活动时间不宜过长，一般不参加比赛，因为比赛时运动强度大，精神十分紧张，对体力和神经系统都会带来负担，以致不能适应，易造成经血过多和月经紊乱。

（2）应避免做剧烈、大强度或震动大的跑跳动作，如疾跑、跨跳、腾跃等，以及推铅球、后倒成桥、收腹、倒立、俯卧撑等动作。

（3）不要游泳。因为出血，子宫内膜脱落后，子宫内形成较大的创面，子宫颈口有所开大，宫腔与阴道口位置对直，此时，身体对病菌侵袭的抵抗力下降，易引起炎症。

（4）区别对待。对月经紊乱，经量过多、过少或经期不准以及痛经和患有内生殖器炎症的女生，月经期应暂停体育锻炼。

（5）注意习惯。对于身体健康，月经正常，并且有一些训练水平的学生，可根据个人习惯进行活动。如经期第 2 天可进行轻微的体育活动，如做广播操、垫排球等；第 3～4 天可逐渐加大运动量，如慢跑和进行球类活动；第 5～6 天便可正常参加锻炼。为了及时了解和掌握女性月经情况，可建立“月经卡”制度，以便合理安排运动量。

表 4-1　月经登记卡（月经卡）

行经日期	年　　月　　日至　　年　　月　　日共　　天										
经期身体反应											
月经日程	第一天	第二天	第三天	第四天	第五天	第六天	第七天	第八天	第九天	第十天	第十一天
月经量											
月经期参加体育活动情况											
备　注											

注：1．经期活动情况分为全休、减量活动、轻微活动、见习。
2．月经量少填“＋”，中等填“＋＋”，多填“＋＋＋”。
3．经期活动中情况反应分为差、一般、良好。

第五章　营养与健康

第一节　运动与营养

人们习惯认为，吃的好就是营养。实际上营养是一种均衡，达到均衡供给人体所需的各种物质才是营养。营养是指人体摄取、消化吸收和利用食物中的养料以维持生命活动的整个过程。它是保证人体正常生长发育，增进健康，预防疾病，提高学习、工作效率的重要因素。人体在运动过程中会消耗一定的能量，这些能量需要及时的补充，而合理的营养膳食，是人体能量补充的主要渠道。

一、大学生营养的特点

大学生是祖国的未来，他们的健康影响着祖国未来的发展，但是大多数大学生仍有不好的饮食规律，从而导致一些严重的后果，甚至使他们终生留有遗憾。大学生身体发育趋于成熟期，繁重的学习任务、同学之间交往频繁，追求时尚和刺激。因为是这样的一个特殊时期，新陈代谢快，体能消耗大，这些都需要通过食物均衡营养来补充。如果此阶段营养摄取量不均衡，将会造成体力下降，引起肌体疲劳，精力不集中，抵抗疾病能力降低，由此影响正常的学习和生活。

因此，从营养学的角度讲，大学生的膳食除保证足够的糖、蛋白质和脂肪等能量的供给以外，还要注意维生素、其他矿物质和微量人体所需物质的供给。

二、营养的补充

1．水

水是人体的重要组成部分，是人体赖以生存的最基本物质。水是一切生命之源，没有水就没有生命，人体里还有 95%的水分，如果没有食物你可以维持 1 个多星期，但没有水三天就不行了，人体里的新陈代谢、血液循环都需要水分来供给。一般成人体重的 1 / 3 是由水组成的，血液，淋巴，脑脊液含水 60%～80%，脂肪组织和骨骼含水 30%以下。肥胖者体内的水分比瘦人少。水具有保证和参与物质代谢、调节体温、体内物质运输和保持腺体正常分泌等功能。

人体水的需求量取决于排出量。每日摄入的水量应与机体经过各种途径排出的水量保持平衡，称为“水的平衡”。成年人每日对水的最低生理需求量是 1 500ml，大学生每日每 kg 体重需 40ml 水，高温、运动出汗多时应相应增加。近些年一些专家研究表明，多喝水对于美容皮肤有好的效果，这一成果也被越来越多的人认可。

2. 蛋白质

蛋白质使人体细胞的重要组成部分。蛋白质对于人体的生长、发育、新陈代谢、生殖等具有相当重要的作用。蛋白质在人体内的储存量甚微，其中部分来自体内蛋白质分解后重新生成，大部分需要从食物中摄取。营养充分时人体可储存少量（2%）蛋白质，人体内的蛋白质每天有 3%要更新。每天必须供给一定量的蛋白质，才能满足人体的需要量。蛋白质供给的热能，应占日膳食总热能的 10%～14%，成人为 10%～12%。

影响人体运动能力的许多因素，如肌肉收缩，氧的运输与贮存，物质代谢与生理机能的调节等，都与蛋白质有密切的联系。

体育运动中的蛋白质代谢变化，根据不同性质的运动，作用又有着差异。耐力性运动使体内蛋白质分解加强，合成速度减慢，机体尿氮和汗氮排出量增加；力量性运动使蛋白质分解加强的同时，活动肌群蛋白质的合成也增加，并大于分解的速度，因而肌肉壮大。若蛋白质摄入不足，不仅影响体育锻炼的效果，而且会发生运动性贫血及生理疾病。不仅对肌肉壮大和提高肌肉功能有负作用，而且对正常代谢有不良影响。

3. 糖（碳水化合物）

人的绝大部分能量是由糖供给的。糖的供给量依赖于饮食习惯、生活水平等因素，目前我国正常人的碳水化合物供给量以占总热能的 50%～70%为宜。

糖在能量代谢中十分重要，是运动中的重要能量物质。运动时肌肉的摄取量为安静时的 20 倍以上。体内糖原贮藏量与运动能力成正比关系。运动前和运动中合理补充糖，可减少糖原消耗，提高血糖水平，有利于提高运动能力。运动后补充碳水化合物可促进糖原贮备的恢复。

4. 脂肪

一般人的食物中脂肪占总热量的 17%～25%为宜。从事大运动量的年轻人食物中脂肪量不应超过 35%。膳食中脂肪总摄取量与动脉粥样硬化症的发病率、死亡率呈正相关，与乳腺癌的发病也呈正相关，摄取脂肪过多还会引起大量脂肪在肝脏存积而形成脂肪肝。摄入量过多，还可以导致体内热量过剩。过剩的热能转化为脂肪存于体内，使机体肥胖，容易产生心血管疾病。

脂肪是长时间运动的主要能源，但必须在氧充足的情况下，一般是在运动小于最大耗氧量 55%时，脂肪酸才能氧化供能。运动水平与氧化脂肪的能力有关。通过训练，可以改善体内脂肪代谢酶的活性，从而提高氧化脂肪的能力。

5. 维生素

维生素是维护身体健康，促进生长发育和调节生理机能所必需的一类（低分子）有机化合物。人体不能生成，必须从食物中摄取。它对体内生物氧化等代谢过程有重要作用。

当机体中维生素缺乏或不足时，就会引起代谢紊乱，并出现相应的病理症状。

维生素对于体育运动十分重要，它不仅是保证身体健康所必需的，而且有的维生素直接影响人体的运动能力。对人体运动影响较大的维生素有下面几种。

（1）维生素 A。维生素 A 具有多种生理功能，对视力、生长、上皮组织及骨骼的发育、精子的生成和胎儿的生长发育都是必需的。缺少维生素 A，严重的会得坏血病，皮肤发黄缺少光泽免疫力低下。

（2）维生素 B1。它在能量代谢和糖代谢生成 ATP 的过程中起着重要作用，对肌肉耐力有直接影响。它主要来源于粗糙的粮食。如果缺少维生素 B1，除易感疲劳、抵抗力降低外，皮肤也易干燥并产生皱纹。

（3）维生素 B2。它与人体细胞呼吸有关，因此在有氧耐力运动中起重要作用。它集中在少量食物中，其中肝、肾含量丰富，牛奶，大豆中也较多。如果维生素 B2 缺乏，就会影响体内生物氧化，造成代谢障碍，出现口角炎、眼睑炎、结膜炎、唇舌炎、耳鼻粘膜干燥、皮肤干燥脱屑等一系列病症。

（4）维生素 B6。它作用于蛋白质和氨基酸代谢，促进糖、血红蛋白、肌红蛋白和细胞色素的合成，并且是糖原合成和分解过程中糖磷酸化酶的一种成分。缺少维生素 B6 会出现舌苔厚重，嘴唇浮肿，头皮特多，口腔粘膜干燥。

（5）维生素 C。它是一种强有力的抗氧化剂，大运动量训练会使人体维生素 C 的代谢加强。缺少维生素 C 会出现伤口不易愈合，虚弱，牙齿出血，舌苔厚重。

（6）、维生素 D 它是骨骼正常钙化所必需，它能促进肠道对钙磷的吸收，预防佝偻病、软骨症、母畜产后瘫痪、老年动物骨质疏松等症状。儿童缺乏维生素 D，易发生佝偻病，过多服用维生素 D 将引起急性中毒。

（7）维生素 E。它是一种重要的抗氧化营养素，有消除自由基，减少脂肪氧化的作用。维生素 E 防止细胞同类呈磷脂的氧化，从而有助于运动期间保护红血球的完整性。它的主要来源是植物油、麦胚、硬果类及其他谷类食物。

对于维生素补充，应该从饮食和维生素制剂两方面来补充。水果蔬菜的维生素含量高，但由于每种蔬菜和水果的维生素含量都不同，未必能够在各方面均衡补充维生素，蔬菜水果在加工、烹调中维生素也有损失，维生素制剂就能够起到均衡的作用。但维生素制剂不容易吸收，又非天然绿色，因此还是以水果蔬菜的补充为主。

6．无机盐

人体需要的无机盐约有 60 多种，主要有磷、钠、钾、钙等，总量约占体重的 4%左右，它们构成人体组织细胞和维持人的正常生理功能所不可缺少的营养成分。

无机盐对组织和细胞的结构很重要，硬组织如骨骼和牙齿，大部分是由钙、磷和镁组成，而软组织含钾较多。体液中的无机盐离子调节细胞膜的通透性，控制水分，维持正常渗透压和酸碱平衡，帮助运输普通元素到全身，参与神经活动和肌肉收缩等。

有些为无机或有机化合物以构成酶的辅基、激素、维生素、蛋白质和核酸的成分，或作为多种酶系统的激活剂，参与许多重要的重理功能。例如：保持心脏和大脑的活动，帮助抗体形成，对人体发挥有益的作用。

由于新陈代谢，每天都有一定数量的无机盐从各种途径排出体外，因而必须通过膳食予以补充。无机盐的代谢可以通过分析血液、头发、尿液或组织中的浓度来判断。人体内无机盐的作用相互关联，在合适的浓度范围有益于人和动植物的健康，缺乏或过多都能致病，而疾病又影响其代谢，往往增加其消耗量。在我国钙、铁和碘缺乏症较常见。硒、氟等随地球化学环境的不同，既有缺乏病如克山病和大骨节病、龋齿等，又有过多症如氟骨症和硒中毒。

三、营养补充的原则

由于大学生中普遍缺乏营养学知识，其饮食基本处于盲目状态。大学生中营养不良与营养过剩现象普遍存在，常见的有营养失调肥胖症、节制饮食厌食症、长期素食引起的营养缺乏症、暴饮暴食过盛症、挑肥拣瘦的偏食症等。因此要让大学生懂得营养，讲究平衡膳食，科学配食，使饮食更符合人体健康的要求。

正确的科学知识，合理的膳食原则及膳食结构，能够满足人体的正常生理需要，有助于人体对营养吸收与利用，减少因不合理的饮食对机体伤害。更多地了解营养的不足与过剩对身体的危害，有助于大学生讲究平衡膳食，科学配餐，使饮食结构更符合健康的需求营养原则如下。

1．营养原则

（1）平衡性原则。

它是指人所摄取的各种营养成分应与身体的生理需要之间形成相对平衡，反之为营养失衡。营养失衡主要有两种情况。一种是营养不良，即营养摄入量过少，不能满足身体正常需要。其主要表现为：经常头晕、怕冷、易疲倦、身体无力、体重减轻等，长期营养不良会使人体疾病。另一种是营养过剩，其主要表现为：人的体重过量增加，并引起肥胖、高血压等疾病。因此，人体营养的补充要保持相对的平衡，以满足人体的正常生理需求为最佳。

（2）全面性原则。

它是指人们的饮食的摄入量，应保证人体摄取的营养成分的全面，不能偏食。如乳品和蛋类的营养最为丰富，但乳中缺少铁的元素，蛋类中缺少维生素 B2，只有通过摄取多种食物中包含的各类营养成分，才能保证人体健康的需要。

（3）针对性原则。

在实际生活中，每个人受遗传因素、身体状况、所处年龄阶段、生活环境和营养状况等诸多因素的影响，造成身体状况有所不同，因此，在营养摄入和补充方面应区别对待。营养素供给要根据生活和工作环境、生理条件改变等及时给予适当的调整。如因身体活动增多时，能量摄入要有所增加；女生月经期或月经量大时，要注意适当补充铁，而月经量少时，要注意适当补充钙。

（4）调剂性原则。

它是指为了确保人体健康的需要，应随着四季的变化，来变换饮食结构，合理安排膳食，供应充足的营养，满足身体的需要。如春季饮食应温和平淡食物为主；夏季应少吃油腻食物，多吃清淡食物；秋季要适当节制饮食量；冬季出于御寒的需要，可多吃脂肪类食品，并注意多吃蔬菜或补充维生素。总之在调剂膳食的过程中，要注意四季的特点，尽可能地使摄入的营养成分齐全，以满足身体健康的需要。

营养维持生命，生命在于运动，人们对营养与运动的认识过程就是人类健康不断增进的过程，也是人寿命不断延长的过程。由于人体需要的是合理而平衡的营养，因此“合理的营养”和“科学营养”知识的掌握是必不可少的。

2．不同体育运动项目的营养特点

营养对从事体育锻炼的人的体质具有特别重要的意义。体质的好坏，除与先天的遗传和后天的训练有关外，还与长期所摄取的营养素的质和量密切相关。如营养状况差，运动能力下降，便难以承受大强度、大运动量负荷的系统训练，且易发生过度疲劳和疾病；营养过剩，会导致运动者体重不适宜地增长，从而影响到运动成绩。因此，合理的营养是保证人体运动的基本条件。

体育运动的项目很多，由于各个项目的技术结构、运动强度和神经紧张程度不同，运动时的能量消耗和三大能源物质的分配也不一样。

（1）速度性运动的营养特点。

速度性运动的特点是时间短、速度快、强度大。其代谢特点是能量代谢率高，运动中高度缺氧，能量来源主要依靠磷酸原系统和糖无氧酵解。因此，膳食中应含较多易吸收的碳水化合物、维生素 B 和 C，同时还应有足够的蛋白质。

（2）耐力性运动的营养特点。

耐力性运动具有时间长、体力消耗大的特点。其代谢特点是能量与各种营养素消耗比较大，能量代谢以有氧化为主。肌糖原消耗、蛋白质分解加强，脂肪供能比例随运动时间延长而增加。因此，在耐力性运动中应供给充足的糖，以增加体内糖原以及丰富的蛋白质和铁的储备。膳食中应适当增加脂肪含量和维生素 C 及维生素 B 族。

（3）力量性运动的营养特点。

力量性运动要求肌肉有较大的力量和较强的爆发力，所以肌肉对蛋白质的需要量大大增加，特别在训练初期，要供给充足的蛋白质。同时也要保障碳水化合物、铁、钙和维生素 B1、维生素 C 的供给。

（4）灵巧性运动的营养特点。

灵巧性运动要求机体的协调性高，神经系统紧张；为完成高难度动作，对体重的控制有较高的要求。所以膳食中要保障充分的蛋白质、磷、维生素 B1 和维生素 C。

（5）球类运动的营养特点。

球类运动对速度、耐力、灵敏和力量等综合素质有较高的要求，所以球类运动的营养供给应较全面。球类比赛间歇中，一般不应进食，可饮用少量含水果酸及维生素 C 的饮料。如有饥饿时，可在饮料中加些葡萄糖。

（6）游泳运动的营养特点。

游泳运动使运动员散热量增加，能量消耗量增大。所以，膳食中的热能要高，同时要注意有较多的脂肪和维生素，以利于保持体温和保护皮肤。长短距离的游泳项目不同，可参照前面耐力和速度运动项目营养特点，适当调解膳食结构，一日三餐热量的合理分配，早餐占 25%～30%，午餐占 40%，晚餐占 30%～35%。

第二节　平衡膳食

一、平衡膳食

1．平衡膳食的概念与特点

平衡膳食是指膳食中所含的营养素种类齐全、数量充足、比例适当，膳食中所供给的营养与肌体的需要保持平衡。人体所需的各种营养，必须通过每天所吃的食物不断得到供应和补充。那么究竟应该吃什么，吃多少，在这里面就有一个食物的配比关系，即在人体的生理需要和膳食营养供给之间建立平衡的关系，就形成平衡膳食。平衡膳食需具备以下两个特点。

（1）膳食中应该有多样化的食物。

人们知道，人体需要各种营养素，不是几种食物就能包含人体所需的全部营养素。如果只吃一两种或少数几种比较单一的食物，就不能满足人体对多种营养素的需要，长期吃较单一的膳食对生长发育和身体健康造成伤害。因各种食物中所含的营养素不尽相同，只有吃多类食物，才能满足人体对各种营养的需求。

（2）膳食中各种食物的比例要合适。

人的身体需要各种营养素，而各种营养素在人体内发挥作用又是互相依赖、互相影响、互相制约的。如：人体需要较多的钙，而钙的消化吸收必须有维生素 D 参与完成。维生素 D 是脂溶性维生素，如果肠道里缺少脂肪，它也不能很好地被肠道吸收，只有在吃维生素 D 的同时，吃一定数量的脂肪，维生素 D 才能被吸收。而脂肪的消化吸收，必须要胆汁发挥作用，胆汁是肝脏分泌的，要使肝脏分泌胆汁，必须保证另一种重要营养素—蛋白质的供给。那么，蛋白质、脂肪、糖这三大营养素又是怎样相互作用的呢。如果人吃的糖和脂肪不足，体内的热量供应不够，就会分解体内的蛋白质来释放热量，补充糖和脂肪的不足。但蛋白质是构成人体的“建筑材料”，体内缺少了它，会严重影响健康。如果在吃蛋白质的同时，又吃进足够的糖和脂肪，就可以减少蛋白质的分解，用它来修补和建造新的细胞和组织。由此可见，各种营养素之间存在一种非常密切的关系，为了使各种营养素在人体内充分发挥作用，不但要注意各种营养素齐全，还必须注意各种营养素比例适当。

2．膳食与肌体的供需平衡形式

具体地讲，平衡膳食是指同时在四个方面使膳食营养供给与肌体生理需要之间建立起平衡关系，即氨基酸平衡、热量营养素构成平衡、酸碱平衡及各种营养素摄入量之间平衡，只有这样才有利于营养素的吸收和利用。如果关系失调，也就是膳食不适应人体生理需要，就会对人体健康造成不良影响，甚至导致某些营养性疾病或慢性病。

（1）氨基酸平衡。

食物蛋白质营养价值的高低，很大程度上取决于食物中所含的 8 种必需氨基酸的数量及比例，只有数量与比例同人体的需要接近时，才能合成人体的组织蛋白质。反之则会影响食物中蛋白质的利用。世界卫生组织提出了一个人体所需 8 种必需氨基酸的比例，比例越与之接近，生理价值越高。生理价值接近 100 时，即 100%被吸收，就称为全部氨基酸平衡。能达到氨基酸全部平衡的蛋白质，称之为完全蛋白质。利用这个标准可以对各种食物的蛋白质进行氨基酸评分。鸡蛋、人奶的氨基酸比例与人体极为接近，因此可称为氨基酸平衡的食品。而多数食品均属氨基酸构成不平衡，致使蛋白质的营养价值就受到影响。如小米中精氨酸过高，影响了赖氨酸的利用。因此以植物性食物为主的膳食，应注意食物的合理搭配，纠正氨基酸构成比例的不平衡。如将谷类与豆类混食，制成黄豆玉米粉、黄豆小米粉等，可提高蛋白质的利用率和营养价值。

（2）热量营养素构成平衡。

碳水化合物、脂肪、蛋白质均能给肌体提供热量，故称为热量营养素。当这三种物质摄入量适当时，各自的特殊作用方可发挥并互相起到促进和保护作用，这种情况称为热量营养素构成平衡，反之将会对肌体产生不利影响。

通过动物试验和对人体的观察，认为碳水化合物、蛋白质、脂肪三者摄入量的合适比例为 6.5:1:0.7，这样在体内经过生理燃烧后，分别给肌体提供的热量为：碳水化合物占 60%～70%、蛋白质占 10%～15%、脂肪占 20%～25%，即称为热量营养素平衡，反之则可出现不同的后果。当膳食中碳水化合物摄入量过多时，热量比例会增高，破坏三者平衡，出现体重增加，增加消化系统和肾脏负担，减少摄入其他营养素的机会。当膳食中脂肪热量提供过高时，将引起肥胖、高血脂和心脏病。蛋白质热量提供过高时，则影响蛋白质正常功能发挥，造成蛋白质消耗，影响体内氮平衡。相反，当碳水化合物和脂肪热量供给不足时，就会削弱对蛋白质的保护作用。三者之间是互相影响的，一旦出现不平衡，将会影响身体的健康。

（3）各种营养素摄入量间的平衡。

各种营养素之间存在着错综复杂的关系，并且不同的生理状态、不同的活动，营养素的需要量也有所不同，因此中国营养学会制定了各种营养素的每日供给量。我们膳食中所摄入的各种营养素在一定的周期内，保持在标准供给量上下误差不超过 10%的范围，这种相互间的比例，即可称为营养素间的基本平衡。

（4）酸碱平衡。

正常情况下人的血液由于自身的缓冲作用，酸碱度初值保持在 7.3～7.4 之间。人们食用适量的酸性食品和碱性食品，将会维持体液的酸碱平衡，但食品若搭配不当，则会引起生理上的酸碱失调。常见的酸性食品有：蛋黄、大米、鸡肉、鳗鱼、面粉、鲤鱼、猪肉、牛肉、干鱿鱼、啤酒、花生等。常见的碱性食品有：海带、菠菜、西瓜、萝卜、茶叶、香蕉、苹果、草莓、南瓜、四季豆、黄瓜、藕等。当食品搭配不当，酸性食品在膳食中超过所需的数量时，导致血液偏酸性、血液颜色加深、黏度增加，严重时还会引起酸中毒。同时还会增加体内钙、镁、钾等离子的消耗便引起缺钙。这种现象称为酸性体质，将会影响身体健康。

二、食物的营养互补

《黄帝内经·素》问中就明确提出了“五谷为养，五果为助，五畜为益，五菜为亢，气味合而服之，以补精益气”的配膳原则。我们日常生活中的任何一种食物，所含的营养成分都不可能十分全面。在含一种或数种营养成分的同时，可能缺少另外某种成分。例如：谷物主要提供糖类，肉类、蛋类等主要提供蛋白质与脂肪，而蔬菜与水果是维生素、无机盐的主要来源。只有各种食物合理搭配，才能实现营养成分的互补，满足肌体的需要。

1．一般营养的互补

饮食健身的一个重要内容就是多种食物的营养互补。任何一种食物，都不可能将人体所需的营养素尽皆囊括其中，如欲获得各种营养素，就必须将各种不同结构、不同性味、不同品种、不同性状的食物搭配混食，才能起到营养互补、营养“相生”作用。比较常用的搭配混食方法是：动、植物食品搭配，主、副食品搭配，粗、细粮搭配，以及提倡多吃水果、蔬菜，以满足人体对纤维素、维生素和微量元素的需求。我们日常的膳食是由多种食物混合而成的混合型膳食，食物中各种营养成分可以相互补充，取长补短，提高营养价值。合理的膳食必须含有人体所需要的全部营养素，其数量能够满足人体需要，并以一定的比例摄入，保证肌体生长发育和身体健康。

2．蛋白质营养的互补

平衡膳食中一个很重要的概念是蛋白质营养互补。这个营养学的术语指的是两种以上不同蛋白混合食用能互相弥补氨基酸的不足，从而提高整体的吸收率，取得更高营养价值。其中动植物蛋白互相促进也称“动植物互补作用”，是均衡膳食的一条重要准则。由于多种食物混食，所需氨基酸的种类和数量互相补充，满足了人体营养的需要量，使生物价值得到相应的提高，这种现象称为蛋白质的互补作用。生物价是营养学的一个专用术语，主要用来评价蛋白质的价值，它表示食物中的蛋白质成分在人体内真正被利用的程度。

不同食物中蛋白质所含氨基酸的数量和比例不同，因而不同食物中蛋白质所含氨基酸的数量和比例不同，因而不同食物的生物价相差很大，只有食物中的氨基酸比例与人体比较一致时，人体才能够高效利用这些蛋白质食物。也就是说，蛋白类食物中所含氨基酸比例越接近于人体，该食物的生物价就越高。当然，在自然界中要找到完全合乎人体要求的蛋白类食品也不是一件容易的事。营养学家发现，当把不同的含蛋白类的食品搭配起来时，混合食物的生物价就会大大提高，比其中任何单一蛋白食品的生物价都高。这就是蛋白质在营养学中称之为“优势互补”的理论，又称作 1+1>2。如小麦、小米、牛肉、大豆各个单独食用时，其蛋白质生物价分别为 67、57、69、64，而混食的生物价可高达 89。它的内在机理是这样的：当把几种蛋白质混合使用时，由于各种蛋白质所含氨基酸可以相互配合，取长补短，从整体上改变了氨基酸含量的比例，使之更加接近人体所需的最佳的氨基酸模式，因而大大提高了混合食物的生物价，最终提高了混合蛋白食品的营养价值。蛋白质优势互补理论的确立，是蛋白质营养研究中一个重大的进步。

三、膳食中的食物比例

根据“中国居民膳食指南与平衡膳食宝塔” 的内容，它把平衡膳食的原则转化成各类食物的重量，并用宝塔形式表现出来，以直观的方式告诉人们食物分类的概念及每天应吃各类食物的合理范围，便于大家理解和在日常生活中实行。

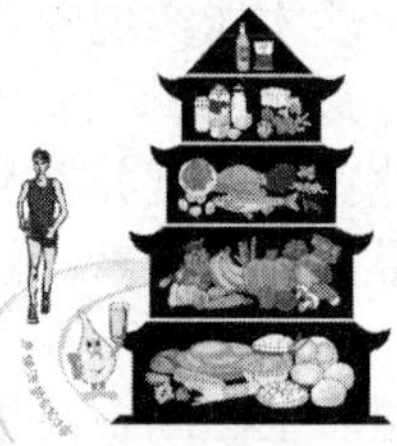

图 5-1 膳食指南与平衡膳食宝塔（中国营养学会）

平衡膳食宝塔共分五层，包含我们每天应吃的主要食物种类。宝塔各层位置和面积不同，这在一定程度上反映出各类食物在膳食中的地位和应占的比重。谷类食物位居底层；蔬菜和水果占据第二层；鱼、禽畜肉、蛋等动物性食物位于第三层；奶类和豆类食物合占第四层；第五层培尖是油脂类。平衡膳食宝塔建议的各类食物摄入量是一个平均值的比例。大学生每日膳食中应当包含宝塔中的各类食物，各类食物的比例也应基本与膳食宝塔一致。

平衡膳食宝塔要求谷类食物每人每天应吃 300～500 g；蔬菜和水果每天应吃 400～500 g 和 100～200 g；鱼、禽畜肉、蛋等动物性食物每天应吃 125～200 g（鱼虾类 50g，畜、禽肉 50～100 g，蛋类 25～50 g）；奶类和豆类食物中每天应吃奶类及奶制品 100 g 和豆类及豆制品 50g；油脂类每天不超过 25 g。但是，日常生活无需每天都样样照着宝塔推荐量吃。例如，烧鱼比较麻烦，就不一定每天都吃 50 g 鱼，可以改成每周吃 2～3 次鱼，每次 150～200 g 较为切实可行。实际上平日喜欢吃鱼的可多吃些鱼，愿吃鸡的多吃些鸡都无妨碍，重要的是一定要经常遵循宝塔各层、各类食物的大体比例。

膳食中用平衡膳食宝塔可达到两个重要的目标，第一是可能产生疾病的膳食比例减少到最小，第二是将营养丰富的食物（如含有高微量营养素的食物）量增加到最大。因此，通过与平衡膳食宝塔的比较，可以得到一个含三大营养素和微量营养素的合理的平衡膳食。

四、大学生的营养

1．大学生的营养特点

大学生脑力劳动紧张，体力活动较多，能量消耗大，这些都需要由食物营养来补充。若此阶段营养摄取不均衡，身体会出现疲劳、精力不集中和容易生病等现象。

大学生的营养特点主要体现在两个方面：一是大学生时期主要以用脑力学习知识为主，大脑的思维、记忆、理解等活动十分活跃，脑力消耗量大，故大脑对各种营养素的需要量也随之大幅度地增加；二是大学生时期正处在青春发育的顶峰时期，人体的生长发育需要大量的全面的营养素进行补充，以促进青春发育的完成。

因此，从营养学讲，大学生的膳食除保证足够的糖以外，还要特别注意蛋白质、磷脂和维生素 B1、B2、尼克酸的充分供给，以营养脑细胞，保持记忆力，提高注意力和理解能力，促使大脑机能的活跃，思维敏捷，提高学习效果。现将大学生（18 岁）每日膳食营养素推荐摄入量以表格形式列出，供大学生饮食设计时参考（见表 5-1）。

表 5-1　每日膳食营养素推荐摄入量

类别	热量（mj）	蛋白质 (g)	钙 (mg)	铁 (mg)	钠 (mg)	锌 (mg)	VA (ugRn)	VB1 (mg)	VC (ug)	VD (mg)
男	10.9	80	800	15	1000	15.0	800	1.4	100	5
女	9.6	70	800	20	1000	11.5	700	1.3	100	5

2．大学生的合理营养

（1）热量摄入保持平衡。

大学生的脑力和体力活动强度较大，应保持足够的热量摄入，以应付热量的输出，并有一定的热量储存。大学生每天的平均热量需要，男生为 15 000kJ，女生为 13 400kJ，如每日摄入的总热量达到推荐供给量的 90%～100%为正常。热量摄入低于需要量的 80%为不足，如长期热量不足，会导致疲劳、消瘦、抵抗力下降，影响身体正常的生长发育，以及体力、学习和运动技能的发挥。相反，热量摄入长期超过推荐量的 50%，过量的热能在体内以脂肪的形式储存起来，可引起肥胖。

（2）合理的膳食指标组成。

我国营养学家参照 WHO 的建议和我国的具体情况，提出我国人民膳食组成应达到下列指标：平均每人每月谷类 15kg，薯类 3kg，蔬菜 15kg，大豆 1kg，肉类 1kg，鱼类 500g，蛋 500g 食油 300g，在此基础上再摄入一定量的乳、禽、食糖和水果等。蛋白质 70～72g，其中大豆蛋白占 18%，动物蛋白占 12%，基本达到平衡膳食的要求。

（3）良好的饮食习惯。

合理的膳食包括进餐的次数、时间和热量的分配。因为混合性食物在胃内排空的时间是4～5 小时，所以白天一日三餐的安排是合理的。三餐的热量分配为早餐占 30%，中餐占 40%，晚餐占 30%。一日三餐是人类古已有之的饮食制度，据调查资料表明，有 20%～30%的大学生不进早餐或简单应付，他们宁可把早餐的时间用来睡觉也不重视早餐，起床后即匆忙赶去上课，致使上课时血糖浓度降低，疲劳很快出现，使得学习效率降低，身体也受到损害。不吃早餐的学生自以为可以利用第二节课后去补充食品，殊不知这样正好打乱了自己生物钟的节奏，其结果是午餐没了食欲，不能很好地进食，导致下午不是饥饿就是腹胀，肠胃功能出现紊乱。这就是许多大学生肠胃功能不好，胃病发病率高的主要原因。因此，注重正常的饮食制度，吃好三餐，对保持身体健康有良好的功效。这里必须强调早餐的重要性。

（4）注意饮食卫生。

“病从口入”是人人皆知的常识，注重饮食卫生可以减少各种疾病的发生。从注意饮食卫生的角度讲，在饮食前不仅要判定食品的洁净程度和养成饭前洗手的好习惯之外，还要做到以下几点。

第一，禁吃已经变质的花生、黄豆、玉米、核桃以及各种干果等食物，它们含有大量有毒的黄曲霉素，这类霉素可以在肾脏、胃、直肠、乳腺和卵巢中引起癌肿。

第二，禁吃过期或变质食品。

第三，少吃腌制品食物。

第四，少吃油炸、含糖过多和可能使身体肥胖的食物。

第五，少吃茴香、花椒等辛辣调味品，这些调味品的过量食用可能促使癌细胞的增生，加速癌变。

第六，少喝含酒精的饮料，以防止消化道的癌变。

第三节　肥胖的预防与科学减肥

一、肥胖产生的原因

1．饮食结构不合理造成的肥胖

偏食或饮食结构中所安排的脂肪、谷类及其他碳水化合物含量过大，引起热量入超，导致人体内脂肪沉淀、脂肪细胞增多引起肥胖。人们所需热量的多少依性别、年龄、体型、工作类型、生活方式及各人的生理和病理不同而不同。

一般说来在年龄相同的前提下，男人比女人所需热量多；青年人较老年人所需热量多；体力劳动者较脑力劳动者所需热量多；活动量大的人比活动量少的人所需热量多；所以我们在安排生活时不能单从自己的饮食爱好出发摄食，特别在人民生活水平日益提高、食品的供应越来越丰富的今天更应注意这个问题。

2．运动过少也是导致肥胖的原因之一

现代城市人习惯优裕舒适的生活环境，缺乏运动、锻炼的意识和行为。特别要指出的是很多人晚饭后，长时间地坐在电视机前看电视，一坐就是几个小时，很少走动，长此下去造成肥胖。

3．七情内伤也是肥胖的重要原因

七情内伤使人体中肝、脾、肾、股等功能失调，不能把多余的脂肪转化为热量排泄，而沉积于体内造成肥胖。

4．精神因素，也是肥胖的一个原因

“心宽体胖”，没有思想负担，吃得香，消化吸收也特别好；“借酒消愁”以大吃大喝来缓解自己不愉快的情绪，这些都能使热量大增，导致肥胖。

二、肥胖预防

1．加强运动

主要采取耐力性运动，如步行、慢跑、自行车、游泳、球类、体操、舞蹈等。运动不能太剧烈，时间可以长一些，以消耗多余的能量，这种运动又称“有氧运动”。运动的时间可以根据自己的身体的承受情况采取运动的强度。一般情况下，运动的强度不要过大。长时间的小的负荷的运动可以达到好的减肥效果。因为人体的供能系统动员脂肪的特殊性。脂肪的供能是排在ATP和糖类之后的。只有持续一定时间小负荷的运动才是减肥的最佳选择。国内外现在公认的时间应在40min以上为宜。

2．生活有规律

为预防肥胖，养成良好的生活规律是很有必要的。合理饮食，每餐不要太饱，既满足了生理需要，又避免了能量储备；若睡眠过多，热量消耗少，也会造成肥胖。睡觉前尽量的不要再吃东西。因为这个时候吃完食物马上就睡觉，食物在身体内没有完全消化，而且身体所需的营养已经完全供给，并且拥有大量多余的养分物质。很容易在体内大量的存积，从而时间久了，形成肥胖。

3．提高认识

充分认识肥胖症对人体的危害，改变“胖是福，胖能长寿”的错误观念，了解婴幼儿、青春期、妊娠期、更年期、老年期各年龄阶段过度肥胖的危害。凡事预先都有个迹象，在肥胖还未明显时往往会出现一些预兆，如能提高警惕，便可能及时预防。

4．保持心情舒畅

良好的情绪能使体内各系统的生理功能保持正常运行，对预防肥胖能起一定作用。反之，沉默寡言，情绪抑郁，会发生生理机能紊乱，代谢减慢，加上运动量少，就易造成脂肪堆积。

5．饮食清淡

一些专家认为为了巩固减肥效果，与其严格控制饮食倒不如随意饮食低脂肪的食物。丹麦一科研小组通过以上两种方法分组观察2年，结果随意饮食低脂肪食物组的人平均体重比实验前减少了约8kg，而严格控制饮食组平均只减少2kg。这个实验结果说明低脂饮食减肥效果比严格控制饮食效果好。

三、科学减肥

经研究表明，肥胖是遗传因素和环境因素及行为因素共同作用的结果，属多个易感基因参与的复杂性疾病。因此，其治疗也应同时从几方面着手，才能取得较理想的效果。尽管科学家们已陆续发现或多或少与肥胖有关的20多个基因，但从实验室研究到实际应用的转化还需一段时日，至少目前尚无有效的手段加以干预。而环境和行为因素则是可以通过个人的努力得到改变的。

1．常见的减肥方法

（1）控制饮食、饮水。

这种方法是减少能量的摄入，使体内蓄积的过多能量被消耗，以达到减肥的目的。其关键是限制糖和脂肪的摄取，减肥食谱应为高蛋白、低脂肪、低糖的膳食。这种方法开始时体重下降速度较快，减掉的是体内的糖和水分，脂肪减掉的并不多，而且易造成营养不良，体力不佳，代谢紊乱，基础代谢率低等一系列的不良后果，起不到改善身体成分的作用。因此仅仅靠少热量摄入难以达到长期控制体重的目的。

（2）药物减肥。

药物减肥对体重的控制有一定的作用，但毕竟需要借助药物和一些物质手段，不仅受到条件的限制，长期下去对肌体的副作用较大，而且药物一旦停止，反弹比较严重。从大多数依靠药物减肥的患者反馈的信息来看，达到理想效果的基本没有。因此，药物减肥不能从根本上解决问题。应以适当的饮食控制和运动疗法为主，药物为辅。

（3）运动减肥。

运动减肥的机理运动可以消耗过多的热量来帮助你控制体重，否则过多的热量会在体内以脂肪形式储存。体重的增减是经由热量的摄取和消耗来调节的，每一种食物都含有热量，每做一件事都需要消耗热量，当然包括睡觉、呼吸、消化食物等。从事超出一般活动量的运动将有助于消耗过多的热量。平衡每日所消耗和摄取的热量将有助于达到理想体重。热量和体重有以下三种关系：（a）当摄取的热量大于每天活动消耗的热量，体内会将过多热量以脂肪形式储存，因此体重将会增加；（b）当取的热量小于每天活动消耗的热量，体内会将已储存的脂肪或体组织燃烧以产生热量，因此体重自然降低；（c）当摄取与消耗的热量相等时，体重将不会改变。所选择的任何运动—费力的运动（如：跑步、有氧运动）以及适度的运动（如：走路、家居的工作）都会增加体内热量的消耗。成功地控制体重和改善整体健康的秘诀就是把运动当作每天生活的一部分。

有氧运动减肥的概念与作用：有氧运动是指那些以增强人体吸入、输送氧气，以及以使用氧气能力为目的的耐久性运动。有氧运动减肥是指在不控制膳食的情况下，有规律地进行有氧代谢运动，使肌肉运动消耗掉多余的脂肪。如最大有氧运动可使能量消耗提高10～20倍。运动后数小时内，肌体仍然会保持较高的代谢率，并有食欲减退的现象。有氧运动减肥其好处不仅仅限于降低体重，还可以有效改善肥胖者的心肌代谢，加强心肌的收缩力，增加血管弹性，加速血液循环，防止心脏病的发生；改善肥胖者肺的功能状况，增强呼吸肌的力度，增加肺活量，改善肺的通气能力，更有助于氧化掉多余的脂肪组织；调节肥胖者的血脂，预防与肥胖有关的疾病，研究表明，有氧运动可使血中胆固醇和甘油三酯的含量降低，有利于减少冠心病等发病的危险；增加骨的密度，防止骨质疏松。

减肥的运动处方早在20世纪50年代由美国生理学家提出，1969年世界卫生组织确认它是由医生或体育教师或社会体育指导员根据锻炼者健康状况、体能水平和运动经验等，用处方的方式来确定锻炼项目、运动强度、运动时间、运动次数和注意事项。

（4）有氧运动与膳食控制相结合的方法。

这种方法是在食不过量的正常饮食条件下，通过肌体积极的运动使消耗高于摄入以达到减肥的目的。这种方法不仅可使减肥的效果保持下去，避免单独限食性减肥造成的不良后果，也能提高患者心肺功能和神经肌肉的灵活性，还可以美化形体，培养良好的心理品质。其主要原因是有氧运动可以促进脂肪的分解，同时刺激肌肉蛋白质的合成，这是单纯借助膳食控制来减肥所达不到的。实践与理论证明，有氧运动与膳食控制相结合的方法是最科学合理的减肥方法。

2．减肥应注意的事项

（1）忌运动过度。

运动减肥时运动量不可过度，以前很少运动或运动不足的肥胖者尤其要注意，有冠状动脉硬化的患者还要谨防运动诱发心绞痛及心肌梗死，运动量应逐渐增大，标准为脉搏跳动每分钟110～130次为宜。

（2）忌盲目节食。

有些人（特别是青年女性）为了减肥想方设法地减少进食，除了在量上尽可能控制外，在质上也煞费心机。她们不吃鸡、鱼、肉、蛋，有的人甚至不吃荤，只吃素菜，凡是营养丰富的食品皆不入口。这样，人体必需的营养素无从获取，久之，即可患上神经性厌食症，从而造成低血压、心律失常、电解质紊乱、恐惧症、抑郁症等生理和心理病症，会严重影响身心健康。

（3）忌时断时续。

减肥要持之以恒，坚持不懈，否则将会适得其反，不但起不到减肥的作用，进而会使体重比原来更重。

总之，有针对性的、科学适宜的运动，加上合理的饮食控制，才能达到良好的减肥效果。这样的减肥效果既安全无副作用，又能达到一定的理想效果。

下篇　实践部分

第六章　田　径

第一节　概　述

一、田径运动

田径运动是在人类社会发展中逐步产生和发展的，也是最古老的运动项目。古时代，人们为了生存和获得生活资料，逐步形成走、跑、跳跃，投掷等各种生活劳动技能，并代代相传，而且自发地组织跑、跳跃、投掷等项目的比赛，逐步产生田径运动的雏形。随着人类社会的发展和进步，田径运动竞赛项目、竞赛条件、竞赛办法的逐步改进，形成现代田径运动。

田径运动是由径赛、田赛、公路赛、竞走和越野赛组成的运动项目。田径运动与人类活动基本技能密不可分。从不同角度会对田径有不同的认识，重要的是应掌握田径运动的实质，不能仅从竞技体育一方面来认识问题，而应全面地理解田径运动。尽管田径运动包含了运动竞赛的成分，但绝不能狭义地把它视为田径运动的全部内涵和最终目的。在以增强体质、发展身体素质、提高健康水平和培养意志品质为目的的社会和学校体育中，田径运动的作用是不可替代的，它是学校教育的重要组成部分。

二、田径项目的特点

作为最古老的田径运动项目能延续至含今，是因为它有广泛的群众基础和自己本身的特性。它是在走、跑、跳和投基础上发展深化而来的，而且也是由这些基本活动技能构成的。田径运动的特点如下。

1．广泛的群众基础

田径运动项目是由生活基本技能演变而来的，具有浓厚的生产和生活色彩，现在的运动项目动作中至今还能看到人类初期活动技能，它和人们日常生活有着密不可分的联系。

2．简单易用的动作技术

田径的动作技术和其他运动项目相比，比较简单易行，相对固定和单一，因而学习起来比较容易掌握，但，它是其他运动项目的基础，是大学体育课程的重要内容。

3．实用性强

田径运动项目是由基本生活技能构成的，因此，从事田径运动练习对于工作和生活技能的提高有着很强的促进作用。

三、田径运动项目的分类

田径运动包括男女竞走、跑、跳、投四十多个单项，以时间计算成绩跑、竞走的叫“径赛”，以高度和远度计算成绩的项目称“田赛”，以径赛和田赛部分项目组成的项目称全能运动。通常将田径运动分为径赛、田赛和全能三大类。

表 6-1 田径运动项目分类表

类别	项目	男子组	女子组
田径项目	跳跃	跳远、跳高、撑杆跳高	跳远、跳高、撑杆跳高
	投掷	铅球、铁饼、链球、标枪	铅球、铁饼、链球
径赛项目	短距离	100 m、200 m、400m	100 m、200 m、400 米
	中距离	800 m、1 500 m	800 m、1 500 米
	长距离	5 000 m、10 000 m	3 000 m、5 000 m、10 000 米
	超长距离	马拉松（42.195km）	马拉松（42.195km）
	障碍跑	110 m、400 m 栏、3 000 m 障碍	100、400 m 栏
	竞走	20km、50km	5km、10km
	接力跑	4×100 m、4×400 m	4×100 m、4×400 m
全能项目		10 项全能： 100 m、400 m、110 m 栏、1 500 m、跳远、跳高、铅球、铁饼、标枪、撑竿跳	7 项全能： 100 m、200 m、800 m、跳远、跳高、铅球、标枪

第二节 田径类项目简介

田径运动包括走、跑、跳、投、全能五个大类，本节挑选短距离跑、长跑、接力跑、跳高、跳远、铅球等具有代表性又适合大学生学习、锻炼的几个技术项目讲解。

一、短距离跑

（一）短距离跑的技术要领

短距离跑（简称短跑）是田径赛项目中距离最短、速度最快、用时最少，人体运动器官和内脏器官在大量缺氧情况下完成的极限强度的运动项目。短跑的正式比赛项目有

100m、200m、400m 等三项，儿童、少年和室内田径比赛还有 60m 跑。短跑技术的发展经历了漫长的历史过程，20 世纪 60 年代，由于塑胶跑道的出现，跑的技术有了较大改进，特别是近年来随着训练和运动水平的提高，出现了强调以积极前摆和快速蹬伸为特点的放松、协调、大幅度、富有弹性的现代“摆动式”跑法。

短跑技术：分为起跑、起跑后的加速跑、途中跑和终点跑等四个紧密相连的阶段组成，如图 6-1 所示。

图 6-1 短跑技术

短跑起跑都是采用蹲距式，《田径竞赛规则》规定，短跑比赛时必须使用起跑器。常见的起跑器的安装方法有两种形式“普通式”、“拉长式”。普通式：前起跑器离起跑线后沿一脚半长，后起跑器离前起跑器支撑面一个小腿长。两起跑器中轴线距离 10～15cm，前起跑器支撑面与地面成 40～45° 角，后起跑器成 70～80° 角。拉长式：前起跑器距起跑线后沿约两脚掌长，后起跑器离前起跑器支撑面约一脚长。起跑器支撑面和地面的夹角以及左右间隔大体上和普通式起跑器的安装法相同。无论采用哪一种方式，都应从运动员的实际情况出发，以能发挥最大肌肉力量、获得最大起跑冲力、全部动作舒适和放松为原则。

1．起跑技术

起跑包括“各就位”、“预备”和蹬离起跑器三个动作。

“各就位”动作是：当听到“各就位”的口令下达时，应做1～2次深呼吸，稳定一下自己的情绪，然后轻快的走到起跑器前，俯身，两手撑地，先前脚、后脚依次踏在起跑器上。后膝跪地，四指并拢拇指张开，呈“人”字形撑在起跑线后沿的地面上。两手之间距离略宽于肩，颈部放松，形成双脚、单膝、双手五点支撑地面的姿势，如图6-2所示。

图6-2 起跑技术1

“预备”，听到口令时，随之吸一口气，从容抬臀，使之稍高于肩，身体重心适当前移，两肩稍超出起跑线，体重主要落在两臂和前腿上，抬头看前方3～5m处。前膝角90～100°，后膝角 110°～130°，颈部自然放松，两脚掌蹬紧起跑器。两脚紧贴抵足板，此时，身体应稳定，集中注意力听枪声。当听到枪声以后，两手迅速推离地面双臂屈肘做迅速有力的前后摆动，两脚同时用力蹬离起跑器，后腿蹬离起跑器后以膝先迅速向前摆动。摆动时脚掌不应离地太高，前腿充分蹬直，把身体向前上方有力地送出。此时，后蹬角为42°～45°。上体前倾与地面成15°～20°角，如图6-3所示。

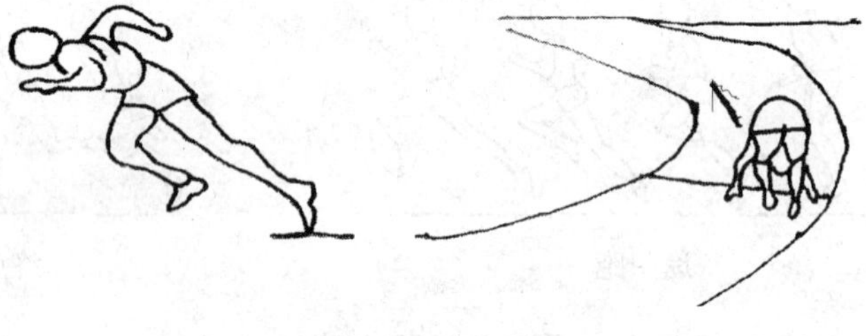

图6-3 起跑技术2

2．起跑后加速跑

加速跑的任务是在最短的距离内（通常在25～30m左右）尽快发挥速度进入途中跑。加速跑开始时，上体保持较大的前倾，双臂摆动幅度大而有力，充分蹬伸支撑腿，与此同时，摆动腿迅速前摆，摆动腿前摆时，大、小腿折叠程度小，前摆幅度大。在整个加速跑阶段，随着速度加快，上体逐渐抬起；步幅逐渐加大；起跑后两脚逐渐落在一条直线的两侧。步幅的增加一般第一步着地点应尽量靠近身体重心投影点，步长不宜过大，一般在三脚半至四个脚掌长，以后每步约增加半个脚掌长，逐渐增至途中跑的最大步长。加速跑阶段完成以后，应顺势做2～3步自然跑进，随即过渡到途中跑。

3．途中跑

途中跑是短跑全程跑中距离最长、速度最快的一段距离，占全程跑的 60%～70%的距离。其任务是继续发挥和保持高速度跑。其动作特点如下。

上体动作：上体稍前倾或正直，头部与躯干在一条线上，两眼平视。面部、颈、肩放松，口微张开。摆臂时，应以肩关节为轴两臂屈肘，两手放松地张开或半握拳，轻快而有力地做前后摆动，前摆时手的高度齐于下颌，上、下臂夹角为 60°～70°；后摆至上臂约与肩平，肘关节的角度约 90°。

摆动腿动作：摆动腿前摆时，以髋关节为轴，快速折叠前摆，当摆动腿膝关节摆过支撑面稍前方时，大小腿的折叠达到最大限度，脚跟几乎触及臀部，大腿前摆的高度与上体接近垂直。前摆结束后，摆动腿积极下压，膝关节放松，小腿自然向前伸出，并稍抬起脚尖，随着大腿继续下压，小腿和前脚掌积极鞭打扒地。着地瞬间，小腿与地面垂直，膝关节稍弯曲。脚着地以后，膝、踝关节继续弯曲，足下沉，有利于身体重心迅速前移和进入后蹬动作。

蹬伸动作：后蹬是获得前移的主要动力，蹬伸动作是以伸展髋、膝、踝三关节组成的。蹬伸动作首先是由伸展髋关节开始的，当摆动腿脚着地后，髋关节继续伸展，形成脚掌积极有力地扒地，带动身体重心迅速前移，使髋关节逐渐伸展。重心移动到支撑腿前的适宜位置时，进一步伸展髋、膝、踝三关节，最后通过踝关节蹬离地面，完成蹬伸动作。

4．弯道跑

弯道起跑、加速跑动作同直道起跑和加速跑。为了起跑后有一段直线加速跑的原因，起跑器必须要装在跑道右侧正对弯道切点的位置上。相应的，在“各就位”动作时，左手应撑在距起跑线后沿 5～10cm 处。

弯道途中跑：为了克服离心力，弯道跑动时，整个身体向内倾斜，摆动腿前摆时，左膝稍向外展，以前脚掌外侧着地；右膝稍向内扣，以脚掌内侧着地，同时，加大右腿前摆的幅度。弯道跑摆臂时，左臂摆动幅度稍小，靠近体侧前后摆动；右臂摆动的幅度和力量稍大，前摆时稍向左前方，后摆时肘关节稍向外。弯道技术变化的程度与跑的速度、弯道半径有关，速度越快、半径越小，技术变化的程度越大。从弯道进入直道时，身体逐渐减小内倾程度，放松跑 2～3 步，然后全力跑完全程。

5．终点跑

终点跑是全程跑最后段落的跑，其技术与途中跑技术基本相同。由于疲劳的出现，此时应保持上体稍前倾的姿势，加强后蹬和两臂摆动，在距终点线前一步时，做上体急速前倾动作。以胸部或肩部先通过终点，然后逐渐减慢跑速。

（二）短跑的练习方法

练习短跑应从途中跑开始学习，然后进行蹲踞式起跑和起跑后的加速跑、终点跑、弯道跑和弯道起跑的学习。练习的重点是途中跑和起跑。

1．直道途中跑的练习方法

（1）弹性的慢跑练习。前脚掌着地，脚离地较高，富有弹性慢跑，练习过程中逐渐加大大腿摆动速度，并要求大小腿折叠前摆。

（2）中等速度反复跑练习。练习距离 60～100m，练习时跑的动作放松协调，步幅开阔，同时注意后蹬和高抬摆动腿的正确技术。

（3）通过牵引跑、下坡跑、变速跑等各种练习方法来提高跑的能力。

2．弯道跑的练习方法

（1）练习进出弯道。直道跑 15～20m，接着跑进或跑出弯道 30～40m。

（2）完整的弯道跑练习。练习距离 150m，体会进出弯道和衔接技术。

二、4×100m 接力跑

接力跑是由短跑和传、接棒技术组成集体配合的径赛项目。它既能发展学生快速奔跑能力，又能培养团结协作的集体主义精神。

（一）接力跑技术要领

1．起跑

起跑技术有持棒起跑技术和接棒人起跑技术，如图 6-4 所示。

图 6-4　接力跑起跑技术

2．传接棒方法

一般有上挑式、下压式和混合式三种，这里主要介绍两种，如图 6-5 所示。

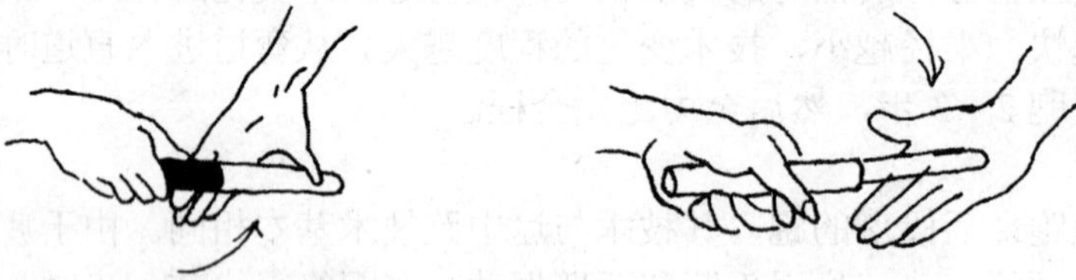

图 6-5　传接棒的方法

3．传接棒位置和起跑标志线的确定方法

接棒人站在接力区的后端到预跑线内区域，传棒人和接棒人之间的速度搭配要经过两人的反复测试才能确定起动标志。接力跑的标志线是第二、三、四棒次接棒人起跑的标志，它是根据传棒人和接棒人的跑速以及传接棒技术熟练程度确定的。起跑标志线设置在预跑线的前面。

4×100m 接力跑多采用混合式传、接棒方法。它综合了上述两种传接棒的优点。第一棒传棒人以右手持棒起跑，沿弯道的内侧跑进，用上挑式将棒传给第二棒接棒人，接棒后沿跑道外侧跑进并以下压式将棒传给第三棒接棒人，接棒后沿弯道内侧跑进，用上挑式将棒传给第四棒接棒人。

（二）4×100m 接力跑的练习方法

学习上挑式和下压式的传、接棒方法。

（1）两人配合，按口令做上挑式和下压式的传接棒练习。

（2）学习每一棒右手握棒的蹲踞式起跑练习，学习第二、三、四接棒人的直道和弯道的站立式和半蹲踞式起跑技术、单手臂撑地起跑技术。

（3）学习在接力区内完成传、接棒技术。

（4）双人传、接棒的速度配合练习。当传棒人用较快的速度跑到标志线时，接棒人迅速起跑，完成传、接棒技术。

（5）学习全程接力跑技术。学习完整的全程技术，熟练掌握各个主要环节。

三、中、长距离跑

中长跑是中跑和长跑的统称。在我国，中长跑已成为一种具有广泛群众基础的运动项目，是广大学生锻炼身体的重要手段。中长跑是以有氧代谢为主的耐力性和周期性运动项目，具有较大的锻炼价值。经常参加中长跑锻炼，能提高呼吸系统和心血管系统的功能，发展耐力素质，培养坚毅、顽强的意志和克服困难的精神。

（一）中长跑技术要领

中长跑是耐力性运动项目，它要求运动员在跑时既能保持一定的速度，有能跑得持久。因此，中长跑的技术总的要求时：动作轻松自然，身体重心移动平稳，节奏性强，肌肉用力和放松交替能力好，做到动作既有实效性，又能节省能量的消耗。中长跑的完整技术包括：起跑、起跑后的加速跑、途中跑和终点跑等，如图 6-7 所示。

图 6-7　起跑和起跑后加速跑

图 6-7 途中跑

1．站立式起跑的技术

（1）“各就位”的动作：两脚前后开立身体重心落在前脚掌，两腿弯曲上体前倾，头与躯干保持一致，目视前下方，前腿异侧臂自然弯曲在体前，同侧臂自然后伸（或两臂同时在体前自然下垂），保持稳定，集中注意力听枪声（或其他信号）。

（2）“跑”的动作：听到枪声或跑的信号时，两腿用力蹬地，后腿蹬地后迅速前摆，前腿充分蹬直，两臂配合两腿动作做快而有力的摆动，使身体迅速向前伸出，在最短时间内达到最快速度。

2．途中跑

上体姿势正直或稍向前倾，摆臂动作时两手半握拳，肘关节自然弯曲，两臂稍稍离开躯干，以肩为轴，前后自然摆动。腿部动作有后蹬与前摆技术、腾空技术和脚的着地与缓冲技术。

3．终点跑

终点跑是临近终点的一段加速跑。动作要求基本上和短跑相同。什么时候开始终点跑，要根据项目和自己的奔跑能力来决定，终点撞线技术与短跑相同。

4．中长跑的呼吸

合理跑的技术取决于正确的呼吸。中长跑能量消耗大，肌体要产生一定的氧债，为了保证肌体对氧气的需求，呼吸必须有一定的频率和深度，还必须与跑的节奏相配合。一般是跑2～3 步一呼气，跑 2～3 步一吸气，随着速度的加快和疲劳的出现，呼吸的频率有所增快，此刻应着重将气呼出，只有充分呼出二氧化碳，才能吸进更多的氧气。

在跑的途中，经常出现呼吸困难、胸闷、四肢无力，产生难以坚持跑下去的感觉，这种现象称为“极点”。产生“极点”的主要原因是由于氧气供应落后于肌体活动的需要，是一种正常的生理现象。“极点”的反应程度与训练水平高低、运动强度大小、准备活动是否充分等有密切关系。训练水平高的运动员，内脏器官和神经系统适应性强，“极点”现象出现得晚，程度轻，持续时间短。跑的强度大，“极点”出现就早，准备活动充分，能缓和“极点”的反应程度，当“极点”产生时，一定要以顽强的毅力坚持跑下去。要加强呼吸的深度，适当调整跑速，这样，“极点”现象就会缓解，“极点”的克服不仅是提高训练水平和锻炼效果的过程，也是培养顽强意志和克服困难的精神的过程。

（二）中长距离跑的练习方法

（1）根据自身情况、训练水平确定匀速跑的距离。

（2）采用变速跑进行练习，奔跑能力强的，快速跑距离段相对长一些。

（3）匀速—加速—加速后的惯性跑循环练习。

（4）反复跑练习。

（5）分段跑练习。

四、背越式跳高

跳高是通过一段距离的助跑，经单脚起跳，越过一定的高度，并安全落在跳高落地区内的一种田径运动项目。它由助跑、起跳、过杆、落地四个部分的几个动作组成，这些动作是紧密相连、相互作用的一个整体。随着跳高的发展，跨越式、剪式、滚式在比赛中已经被淘汰，下面主要介绍背越式跳高。

（一）背越式跳高技术要领

人体通过弧线助跑、起跳、以背对横杆的姿势越过横杆并以背先着垫的方法称为背越式跳高。背越式跳高的优点在于它能充分地利用水平速度使身体向上腾起，并能合理地利用腾起高度做过杆动作，如图 6-8 所示。

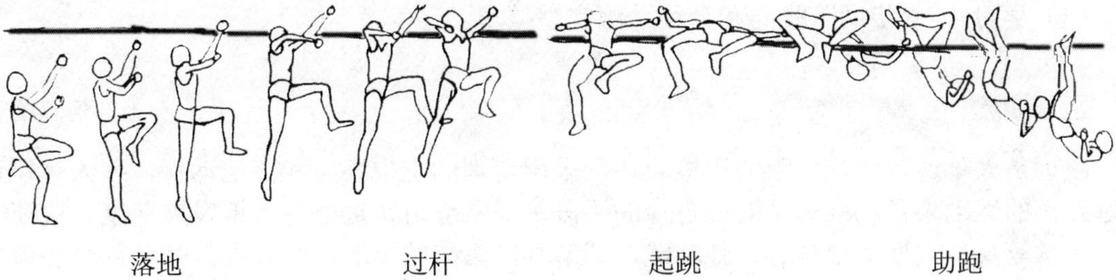

图 6-8　背越式跳高

1．助跑

采用弧线助跑形式，摆动腿一侧靠近横杆进行助跑，助跑步数一般为 8～10 步，前段助跑一般跑直线，跑法接近于普通的加速跑，后段助跑（一般为四步）为弧线跑，跑时身体要向弧心方向倾斜，跑的速度愈快，倾斜度愈大。助跑最后一步的连线与横杆投影线所成的角度为 25°～30°。

助跑步点的丈量：一般采用走步丈量法，从起跳点向助跑一侧平行于横杆的方向，自然地走 5 步，然后向助跑的起点方向（与横杆投影面垂直），用自然步走 6 步，此处做一标志，为直、弧段交界处；再继续向前走 7 步做一标志，该标志是起跑点。

2．起跳

助跑倒数第二步的后蹬应十分积极有力，摆动腿迅速前摆，以前脚掌着地，身体重心没有明显下降，身体保持向内倾斜的姿势，迈步跑起跳腿时，摆动腿用力后蹬，起跳腿大腿积极前摆，然后迅速伸小腿，使脚顺弧线的切线方向跑上起跳点，几乎是全脚掌着地，两臂同时向后引。当摆动腿屈腿摆过起跳腿之后，起跳腿开始蹬伸，摆动腿膝内扣，向起跳腿一侧肩的方向摆动，两臂向前向上摆动，在摆腿、摆臂和伸展躯干的协调配合下，起跳腿快速有力蹬直，身体由倾斜转为垂直，背对横杆。

3．过杆和落地

起跳腾空后，由于身体绕纵轴进行旋转，而背对横杆，随着头和肩过杆，身体主要绕横轴进行旋转，身体在杆上时，应积极向上挺髋，形成“背桥”姿势。同时两小腿向后收起，两膝分开，两臂置于身体两侧，当臀部过杆后，迅速向上甩小腿，使身体全部越过横杆，同时上体稍前屈，以背部落于海绵垫上。

（二）练习方法

（1）原地起跳，转身背对横杆方向，可扶肋木进行练习。

（2）弧线助跑起跳摸高练习。

（3）原地起跳，背越式练习过杆动作。练习时背对有垫子的跳马，跳起后，提髋，引肩，顺着垫子向下落地。

（4）原地背越式过杆练习。

（5）学习 4～6 步助跑跳高和全程助跑完整技术。

五、跳远

跳远是人体通过快速助跑的积极起跳，采用合理的空中姿势和落地动作，使人体跳过更远距离的运动项目。跳远是锻炼身体的手段，经常练习跳远能有效地发展速度、快速力量、灵敏等身体素质；增强心、肺功能，调节神经系统的灵活性，提高身体各部分协调用力的能力；培养勇敢、顽强、果断等意志品质。

（一）跳远技术要领

跳远完整技术包括：助跑、起跳、腾空和落地四个部分。

1．助跑

助跑的目的是使运动员获得可控制的最大水平速度并使身体到达最理想的起跳位置，为强有力的起跳做好充分准备。一般男子的助跑距离为 35～45m 跑 18～24 步，女子为 30～40m，跑 16～22 步，速度发挥得快的，助跑距离相应缩短，反之，适当加长。助跑的开始姿势有静止状态和行进间两种方式。助跑时动作应舒展而富有弹性，身体重心高且移动平稳，摆动腿高抬膝至水平位置时，前脚掌积极着地，在一条直线上，两臂摆动协调有力，助跑开始时上体前倾约 30°，助跑中上体逐渐挺直，起跳时上体与地面基本垂直。

2．起跳

起跳的任务是改变身体重心向前运动的方向，跳远的腾起角是水平速度和垂直速度的合成角（一般在 18°～24°）。起跳是决定跳远成绩的主要因素，起跳要快速积极，柔和富有弹性，支撑移动要快，同时摆动腿积极前摆，并迅速完成起跳腿的蹬伸，跳起蹬伸时，整个身体向上伸展，两臂前后摆起。

3．腾空

运动员结束起跳之后，便进入腾空阶段。腾空后，根据在空中的动作可以把跳远分为三种不同的技术：挺身式、蹲踞式、走步式。由于走步式对练习者的身体综合能力有较高要求，所以下面着重介绍蹲踞式和挺身式跳远。

（1）蹲踞式跳远腾空技术要点：起跳完成后，摆动腿大小腿收紧，迅速高抬，身体躯干垂直，两手臂向前方迅速摆，然后起跳腿向摆动腿靠拢，两腿一并上举，使膝接近胸部，落地时，大腿上抬，小腿前伸，两臂由体前向后摆动，空中要保持身体平衡，防止上体前旋，如图 6-9 所示。

图 6-9 蹲踞式跳远

（2）挺身式跳远腾空技术要点：起跳后，保持腾空步的时间比蹲踞式短，完成腾空步动作后，摆动腿向下摆动，带动小腿完成向前并向后方的弧形摆动，在髋关节伸展的同时，起跳腿在髋下折叠，向下后方摆动，与摆动腿并列，臀部前移，胸腰前挺，两臂向下。后上方摆动超过头部，形成空中展体挺身的动作姿势。准备落地时，两臂由后上方向前、向下、向后方摆动，两腿前摆，收腹举腿，小腿前伸，上体前倾，接落地的动作，如图 6-10 所示。

图 6-10 挺身式跳远

4．落地

正确的落地动作技术，既有利于跳远成绩的保持或提高，又可避免伤害事故的发生。身体在落地前双膝尽可能伸直，上体适当前倾。落地时，两脚平行并拢，当脚距落进沙坑时，膝关节迅速弯曲，臀部前移，两臂屈肘积极前摆，使身体重心迅速移过支撑点，以臀部落在支撑点上完成落地动作。

（二）跳远的练习方法

（1）原地模仿起跳练习。两脚前后站立，摆动腿在前稍屈膝，起跳腿在后，身体重心落在前脚上。动作开始时，摆动腿蹬地，起跳腿积极地由后向前迈步，模仿向下放脚的踏板动作，全脚掌滚动着地，随即缓冲和蹬伸起跳，同时两臂要配合双腿的动作积极摆动。要和身体各部分配合协调，起跳腿蹬伸迅速，摆动腿向前上方摆动积极，身体重心迅速跟上。

（2）在跑道上连续做慢跑三步或五步结合起跳的练习，用摆动腿落地。

（3）利用弹簧板，做短程助跑起跳，成腾空步后，完成空中蹲踞或挺身式姿势，然后做伸腿落地动作。

（4）全程助跑蹲踞式或挺身式跳远练习，体会完整的技术动作。

六、推铅球

推铅球是田径运动的投掷项目之一，是一个以力量为基础，以速度为核心的投掷项目。它对增强体质，特别是发展躯干和上下肢力量有显著的作用。推铅球是站在直径为 2. 135m 的圆圈内，经过滑步（或旋转）单手从肩上将铅球推出，使铅球落在规定的投掷区域内。

（一）推铅球技术要领

推铅球的方法目前主要有两种，即背向滑步推球和旋转推球。现介绍背向滑步推球技术，如图 6-11 所示。

预备　滑步　最后用力

图 6-11　推铅球技术示意图

1．握球和持球

五指自然分开，把球放在食指、中指和无名指的指根上，大拇指和小指自然地扶在球的两侧，手腕背屈，掌心不触球。握好球后，把球放在肩上锁骨窝处，贴着颈部和下颚，掌心向前，肘略低于肩或与肩同高，臂自然放松，如图 6-12 所示。

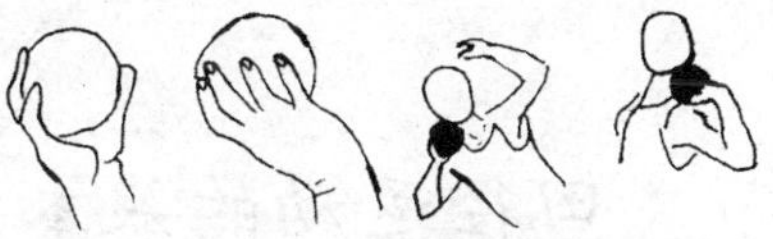

图 6-12　握球和持球

预备姿势：有高姿势和低姿势两种（以右手为例）。

（1）高姿势：持球后，背对投掷方向，站在圈内靠近后沿处。两脚前后开立，右脚在前，脚尖贴近投掷圈后沿，左脚稍后，自然弯曲，前脚掌或脚尖着地，左臂自然上举，上体正直放松，体重落在右腿上，两眼看前下方。

（2）低姿势：同高姿势不同处，就是在圈内站好后，上体前屈探出圈外，右腿弯曲支持体重，左臂自然下垂并稍向内，两眼看前下方。铅球投影点在右脚的右侧前方。高姿势较自然放松，能协调进入滑步，但对腿部、腰背肌力量和平衡能力要求较高。低姿势容易维持身体平衡，但滑步前全身肌肉较紧张，右腿负担量大，多数人采用高姿势。

2．滑步

滑步的目的是使铅球在最后用力之前，获得一定的预先速度，并为最后用力创造良好的条件。以高姿势开始，先做 1～2 次预摆（有的不做预摆），预摆时，左腿稍屈，以大腿带动向后上方缓慢摆起，右腿伸直以全脚掌或前脚掌支撑体重，同时上体前屈，左臂前伸稍向内，左腿摆到一定高度，上体前屈约与地面平行。左腿回收同时，右腿屈膝下蹲，当左腿靠近右腿时，呈团身状态。随后左腿以大腿带动快速向抵趾板方向摆动，同时右腿用前脚掌蹬离地面，并迅速收拉小腿。右脚贴近地面边收边向内转，落在投掷圈中心附近，与投掷方向成 90°～130°。而左脚积极以前脚掌内侧着地，落在中线左侧靠近抵趾板处，恢复成预备姿势，准备最后用力。

3．最后用力和维持平衡

在完成滑步动作左脚落地瞬间时，便开始最后用力。右腿用力蹬地，转髋、送髋、抬体，促使身体向投掷方向移动。这时左臂和左肩向投掷方向牵引，左腿做好左侧支撑，以防止过早转体和向左侧倾倒的现象。当身体重心由右腿逐渐移到左腿时，右腿迅速伸直，上体和头部向投掷方向转动，爆发式地挺胸推球出手，最后用手指快速拨球，出手角度一般为 38° ～42° 。球出手后，右脚向前换步，降低身体重心，维持身体平衡。

（二）推铅球的练习方法

（1）徒手或用实心球做原地推球练习，体会动作要领。

（2）原地推轻球练习，主要体会下肢蹬地力量，然后结合躯干和手臂力量。

（3）原地向上推实心球过横杆，体会推球用力顺序和方向。

（4）原地向下推铅球，体会手指拨球时的动作要领。

（5）徒手背向滑步拨球模仿练习。

（6）持轻球进行完整滑步推铅球技术练习。

第三节　田径运动的基本规则

一、短跑项目

（1）在起跑时没有鸣枪而有跑的动作为犯规，第一次警告，第二次则取消比赛资格。

（2）在直道跑时，由于串道、跌倒或影响他人的动作时，取消成绩。

（3）在弯道跑时，不得踩踏左侧分道线。

二、中、长、短距离跑项目

（1）起跑犯规与短跑同。

（2）推、拉、挤和有意阻挡他人或踩别人脚，为犯规。

（3）未到抢道标志处提前切入内道为犯规。

（4）不合理地从左侧超越或者从右侧超越后而故意阻挡别人的，为犯规。

（5）比赛过程中离开跑道后又返回跑道继续比赛的，取消比赛资格。

（6）运动员不得有陪跑和接受场外指导。

三、接力跑

（1）起跑犯规与短跑同。

（2）4×100m 接力跑，接棒运动员在接力区前 10m 以外的地方起跑为犯规。
（3）不在接力区进行交接棒的，为犯规。
（4）在掉棒后，不是接棒运动员捡起的、徒手跑过终点的，为犯规。
（5）用抛、掷等方式传接棒的视为犯规。
（6）传棒后由于串道或离道时阻碍他人跑的视为犯规。

四、跨栏项目

（1）起跑犯规同短跑。
（2）未跨完所规定全部栏架或跨越邻道栏架的，为犯规。
（3）跨栏时影响他人的，为犯规。
（4）有意用手推倒栏架或用脚踢倒栏架的，为犯规。
（5）腿或者脚未跨过栏架而从栏侧越过的，为犯规。

五、竞走

（1）在出发时裁判员没有鸣枪，运动员即开始出发的，第一次警告，第二次取消比赛资格。
（2）支撑腿在垂直部位时至少有瞬间必须是伸直的动作。
（3）竞走时两脚必须依次着地，不能出现腾空动作。
（4）比赛中不得故意阻挡他人。
（5）在比赛阶段，如有三名裁判员认为某运动员动作不符合竞走定义时，应取消比赛资格，并由主裁判通知运动员停止比赛。

六、田赛项目

（1）跳高与撑竿跳时，运动员在每一高度有 3 次试跳机会，只有过了这一高度后，才能进行下一高度的比赛。运动员可在任何高度免跳，如在一高度失败 1 次或 2 次后也可免跳，但在下一高度时只有 2 次或 1 次机会。在取名次时遇成绩相等时，最后高度上试跳次数少的运动员名次列前。如按上述办法不能分出名次时，则应将比赛中试跳次数（不包括最后高度上的共同失败次数）最少的运动员名次列前。
（2）跳远、三级跳远时分为预赛和决赛。只有在预赛中三次试跳（取其中最远的一跳成绩）进入前 8 名的运动员才有决赛资格。并再有 3 次试跳机会，取其中最好成绩而决定最终名次。
（3）投掷项目与上述基本相同，如遇成绩相等则看第二好成绩，再相同，看第三好成绩，以此类推。如有相同，则令两运动员按比赛顺序进行新一轮试跳或试投，直到决出名次。

第七章 篮 球

第一节 概 述

篮球运动既是一项综合性的活动性游戏，又是一项现代竞技体育的运动项目，是广大学生喜爱的运动项目之一，在我国高等院校里有着广泛的群众基础。它的意义在于它是一项人们喜闻乐见的全民健身活动的手段，具有活跃身心和健身强体的功能；具有复杂多变，竞争激烈，集体性与独立性并存，趣味性、观赏性很强；活动易于开展等特点。

篮球运动起源于美国，是美国马塞诸塞州的詹姆斯·奈史密斯于1891年发明的。当时，他受到民间儿童将从树上摘的桃子往篮子里扔准游戏的启发，将两个“桃篮”分别安装在体育馆的看台栏杆上，将学生分成人数相等的两个组进行攻守，用一个足球向“桃篮”内投，进球多的队为胜。由于这项游戏使用的是“桃篮”和球，故取名为“篮球”。

1932年6月18日，“国际业余篮球联合会”（简称“国际篮联”）正式成立。在第11届奥运会上，男子篮球被列为比赛项目，并正式出版了国际统一的篮球竞赛规则。1951年和1953年，分别举行了第四届世界男、女篮球锦标赛。在1976年第21届奥运会上，女子篮球被列为正式竞赛项目。

篮球运动于1895年传入我国，1914年男子篮球被列为正式竞赛项目，1930年女子篮球被列为正式比赛项目。1946年，中国篮球协会正式成立；1951年，举行了全国篮球比赛；1954年，建立了全国篮球联赛的竞赛制度；1956年，建立了全国篮球联赛升降级制度，并逐步形成了我国篮球运动以“快攻”、“跳投”、“紧逼防守”为制胜法宝的独特风格与打法。

一百年的历史，中国篮球运动在探索中前进着。在国际赛场上，1936年我们第一次参加了第十一届奥运，1949年在匈牙利举行的第十届世界大学生夏季运动会上我们取得了总决赛第六的成绩。1974年在伊朗举行的第七届亚洲运动会上，中国男女篮同时获得第三名，随后中国男篮开始在亚洲称雄，从1975~1983年在亚洲锦标赛上开始了“五连冠”，而1983年我们的女篮更是取得了世锦赛第三的好成绩1986年7月20日，在中国篮球的历史上是值得庆贺的日子，中国男篮在西班牙巴塞罗那举行的世界第十届篮球锦标赛上，在有24个世界的强队比赛中，获第九名的好成绩。被报界称颂为“世界篮坛的东方曙光”。国家队的优异成绩带动了篮球运动在中国的普及，而篮球运动的普及有促使国家队取得更优异的成绩。“94黄金一代”为我们取得了两次世界前八的佳绩，而黄金一代后期涌现的三大中锋更是将中国篮球推向新高度。2002年在CBA联赛中经过磨炼的姚明以状元秀的身份加盟休斯敦火箭队，然后率中国男篮在2004年雅典奥运会上力克欧洲强队塞黑，让中国国家队再次迈进了世界前八。

1995至2008这13年，中国展开了波澜壮阔的中国男子篮球甲A联赛，CBA甲A联赛的成功，大大提升了中国篮球在国际篮坛的地位，也大大推动了篮球运动在国内的普及，13年时间培养了一大批篮球明星，尤其是姚明、易建联等球员进军NBA美国职业联赛，精湛的球艺，让国人感到自豪。此外，街头三人篮球赛如火如荼，校园篮球热潮一浪高过一浪，700多支参赛队，覆盖了全国30多个省、市、自治区的CUBA大学生联赛深受大学生们热爱，群众性的篮球运动从未像今天这样火爆过。但，我们也要清楚地看到我们与国外欧美强队还存在着一定差距，我们应不断总结历史经验，学习和吸收国外强队的先进经验，形成自己独特的技术特点和显明的打法，力求在短的时间内达到世界先进水平。

第二节 基本技术

篮球的基本技术是篮球运动的基础，是进行篮球运动必须掌握的专门技术动作的总称，它分为进攻技术和防守技术两大部分。进攻技术分为：传球、接球、运球、投篮和持球突破；防守技术分为：防守无球队员、防守有球队员、抢、打、断球。在进攻和防守技术中都包括移动和抢篮板球技术。

一、移动

移动是篮球比赛中队员为了改变位置、方向、速度和争取高度等所采用的各种脚步动作方法的通称。移动包括起动、跑、跳、急停、转身、跨步、滑步及后撤步等。

现代篮球移动技术是朝着“快速、灵活、突然、多变”的方向发展。在篮球比赛中，运动员只有不断运用脚步动作的灵活性和突然性，提高动作速率，才能获得快速起动，快速移位，快速停、转、起跳、快速的攻守转换。急起要快速突然，急停要稳固；变速、变向跑要控制好身体重心；踊跃中掌握好身体平衡。这样才能在时间和空间的掌握主动，达到篮球比赛高速的需求。

（一）移动技术要领

1．起动

起动是队员在球场上，由静止状态变为运动状态的一种起始的动作，是获得位移初速度的方法。在进攻中保持或抢占有利位置，运用起动摆脱防守和防守中守住对手。起动时，身体重心向跑动方向移动，以后脚或异侧脚的前脚掌突然有力地蹬地，同时上体迅速前倾或侧转，手臂协调地摆动，充分利用蹬地的反作用力，迅速向跑动方向跨出。

2．侧身跑

侧身跑是队员向前跑动中，为了观察球场上的情况，侧转上体，进行攻守行动的一种跑动方法。其动作方法是在跑动中头部与上体侧转，向球的方向，而脚尖要朝着前进方向，既要保持跑速或加速，又要完成攻守的动作。

3．急停

跨步急停：队员在快速跑动中急停时，先向前跨出一大步，用脚跟先着地过渡到全脚抵住地面，并迅速屈膝，同时身体微向后仰，后移重心。然后，再跨出第二步，脚着地时，脚尖稍向内转，用前脚掌内侧蹬住地面，两膝弯曲，身体稍有侧转（右脚跨出第一步，身体后移），微向前倾，重心移至两脚之间，两臂屈肘自然张开，帮助控制身体平衡。

跳步急停：单或双脚起跳，上体稍后仰，两脚同时落地，用前脚掌内侧蹬地，屈膝，降低身体重心，控制身体重心置于两脚之间。

4．转身

转身分前、后转身两种。

后转身：两脚平行开立，两腿弯曲，重心降低，以左脚为中枢脚为例，转身以左脚为轴，右脚向右侧后跨出，重心移向左脚，上体随着移动脚右转，脚尖指向侧后方，左脚前脚掌内侧迅速蹬地，向前进方向跨出。

前转身：转身前的准备动作于后转身准备动作相同。转身时重心移至左脚上，右脚前脚掌内侧蹬地，以左脚为轴，右脚随着前转身而向左前方向跨出。转身移动时身体重心始终保持在一个水平面上，不能上下起伏。

5．侧滑步

两脚平行站立，两膝深弯曲，上体微向前倾，两臂侧伸。向左滑步时，右脚前脚掌内侧蹬地，左脚向左跨出，同时，右脚紧随滑动，向左脚靠近，两脚保持一定距离，左脚继续跨出。在滑步时，要保持屈膝低重心，身体不要上下起伏，重心保持在两脚之间，眼要注视对手。向右侧滑步时脚步动作与左滑步动作相反。

（二）移动的练习方法

（1）做各种包含急停、急起、加速、躲闪、追逐性游戏。

（2）听信号做急起急停、转身练习。

（3）基本姿势沿边线做滑步、侧身跑。

（4）球场上放置障碍物或站人，队员做各种变向跑练习。

二、抢篮板球

（一）抢篮板球技术要领

篮球比赛中，抢篮板球是获得控制球权和重要手段之一。进攻时，不仅增加了进攻次数和投篮机会，还可以鼓舞士气增强队员投篮信心；防守时，有效控制篮板球，不仅能中止对方进攻，还可以为本队发动快攻创造机会。

1．抢占位置

抢占有利位置是抢篮板球技术的关键，它对能否抢到篮板球有极其重要的作用。无论进攻队员还是防守队员，都应设法抢占对手与篮板之间的有利位置，力争把对手挡在身后。抢占位置时，应根据对手和投篮队员所处的位置，正确判断篮板球的反弹方向、距离，运用快速的脚步动作，配合身体动作抢占有利位置。

2．起跳动作

抢占到有利位置时，身体应保持正确的起跳准备姿势。起跳前，两腿微曲，重心降低，上体稍前倾，两臂屈肘举于体侧，重心置于两脚之间，观察和判断好球的反弹方向，及时起跳。起跳时，两脚用力蹬地，几乎同时两臂上摆，手臂向上伸，腰腹协调用力，充分伸展身体，并控制身体平衡。

3．抢球动作

根据攻、防队员的位置及球的方向，抢球动作可分为双手、单手抢球和点拨球三种。

(二) 抢篮板球练习方法

（1）一人一球，抛球后跳起，做单、双手空中抢球动作。

（2）两人一组，一人投篮一人抢篮板球，投篮未进后互换位置。

（3）一人向篮板投、抛球，两人或多人起跳抢篮板球练习。

三、传、接球

传接球是篮球比赛中进攻队员有目的地转移球的方法。传球技术包括：原地双手和单手传球、行进间双手和单手传球、跳起双手和单手传球。接球技术包括：双手接胸部高度的球、双手接头部高度的球、双手接低于腰部的球、双手接反弹球；双手接地滚球、单手接球。

(一) 传、接球技术要领

1．持球手法

持球手法分单手持球和双手持球两种。

（1）双手持球。

两手手指自然分开，拇指相对成“八字”形，用指根以上部位持球的两侧后下方，手心空出，两臂屈肘，肘关节下垂，置球于胸前。

（2）单手持球。

手指自然分开，用手掌外沿和指根以上部位托球，手心空出。

2．双手胸前传球

五指自然分开，两拇指相对成“八字”形，用指根以上部位持球。手心空出，两肘自然弯曲于体侧，将球置于胸腹之间的部位。身体成基本站立姿势，眼睛注视传球目标。传球时，后脚蹬地、身体重心前移的同时前臂迅速向传球方向伸出，拇指用力下压，手腕前屈，食、中指用力拨球将球传出，出手后两手虎口相对，四指向前，拇指向下，后脚向前迈出制动，迅速调整身体成基本站立姿势，如图 7-1 所示。

图 7-1　胸前传球

3．单手肩上传球

以右手传球为例。双手持球于胸前，两脚平行开立。传球时，左脚向传球方向迈出半步，左肩对着传球方向，同时将球引到右肩上方，肘外展，上臂与地面平行，手腕后屈。右手托球，重心落在右脚上，右脚蹬地、转体、前臂迅速向前挥摆，手腕前屈，通过食指、中指拨球传出。球出手后，随着身体重心前移，右脚向前迈出半步保持基本站立姿势，如图 7-2 所示。

图 7-2　单手肩上传球

4．单手低手传球

以左手传球为例。持球手法与双手低手传球相同。传球时，右脚向球方向迈出一步，右肩斜对传球方向，上体前倾，双手持球于体侧，左臂前摆，屈腕，拨指将球传出。

5．接球技术

接球有双手接球和单手接球两种，不论是哪种，接球时眼睛要注视球，肩、臂都要放松，手臂要迎球伸出，手指自然分开。当手指触球时，屈肘，臂后引，缓冲来球的力量，两手持球于胸腹之间，保持基本的持球姿势。

（二）传、接球练习方法

（1）两人一组做原地传接球练习。

（2）三角传接球练习。

（3）四角形跑动练习。

（4）五角形传接球，传球后向接球队员跑动，并站至排尾。

（5）一人站在三分线孤顶接应，多人站在端线传球给接应队员，然后跑动接回传球跑到对面端线，进行行进间传接球练习。

（6）两人一组行进间传接球练习。

（7）三人快攻传接球练习。

四、投篮

投篮是进攻队员为将球投入篮筐而采用的各种专门动作的总称。投篮是进攻技术，是篮球比赛中得分的唯一手段，是整个进攻的中心环节和最终目的。

（一）投篮技术要领

1．持球方法

（1）单手持球法。

以原地单手肩上投篮为例，持球手五指自然分开，用手掌外沿和指根以上部位托住球的后下方，手心空出，手腕后屈，球的重心落在食指和中指之间，肘关节自然下垂，置球于同侧肩的前上方，如图 7-3 所示。

（2）双手持球法。

以原地双手胸前投篮为例，两手手指自然分开，拇指相对成“八字”形，用指根以上部位握球的两侧后下方，手心空出，两臂自然屈肘，肘关节下垂，置球于胸与颚之间，如图 7-4 所示。

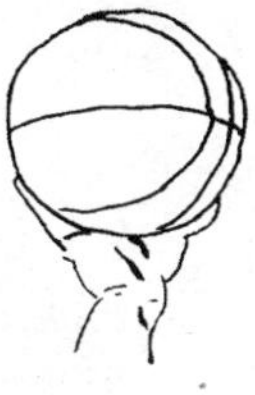

图 7-3　单手持球法

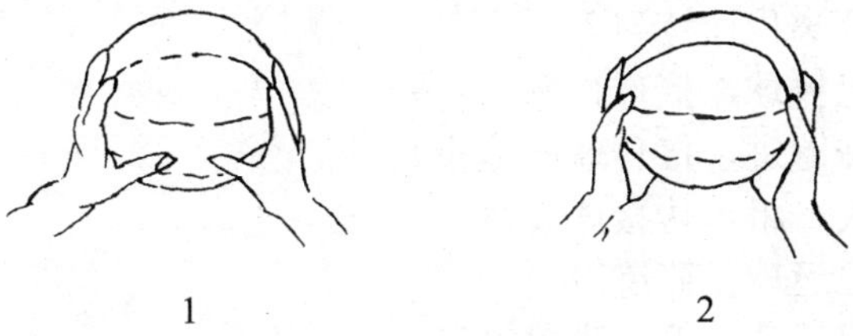

图 7-4　双手持球法

2．投篮方法

投篮是从准备姿势开始，用下肢蹬地发力，腰腹用力向上伸展，手臂向前上方伸直，手腕前屈（或翻转），手指拨球，用全身综合协调的力量将球投出。其中伸臂举球和手腕前屈或翻转与手指拨球的力量，是控制与调节身体各部位用力的关键，也是取得合理的投篮出手角度与速度的保障。通常投篮距离越近身体综合用力的程度越小，以手指与手腕动作用力为主。远距离投篮时，身体综合用力的要求则愈高，特别是手腕与手指调节力量的能力也要求越强。因此，投篮时身体各部位的肌肉用力要互相配合、连贯协调，这样才能合理地完成投篮动作。

（1）行进间单手低手投篮。

是在快速移动中超越对手后在篮下的一种投篮方法，有单脚起跳和双脚起跳两种。它具有速度快、伸展距离远的优点，所以防守队员正面干扰比较困难。

（2）行进间单手肩上投篮。

以右手投篮为例。右脚跨出一大步的同时接球，左脚接着跨出一小步并用力蹬地起跳，右腿屈膝上提，双手向前上方举球。当身体接近最高点时，左手离球，右手外旋，掌心向上，托球，并充分向球篮的上方伸直，接着屈腕，食、中指用力拨球，通过指端将球投出，如图 7-5 所示。

图 7-5 行进间单手肩上投篮

（二）投篮的练习方法

（1）两人一组做原地模仿练习。

（2）近距离投篮练习。

（3）自己抛球，接球投篮。

（4）传球跑进，接传球原地投篮。

（5）两人一组，传接球投篮。

（6）自己运球投篮练习。

（7）自己运球急停，跳起投篮。

（8）弧线跑动，接传球做急停跳投。

（9）两人一组互换做一人防守一人利用各种动作投篮练习。

五、运球

运球是比赛中个人支配球、控制球、突破防守的重要手段，合理的运球是组织全队进攻、创造有利机会的桥梁。

(一) 运球技术要领

1．高运球

运球时，两腿微屈，目平视，手用力向前下方推按球，球的落点在身体侧前方，使球反弹的高度在胸腹之间，手脚协调配合，使球有节奏地向前运行。这种运球，身体重心高，速度快，便于观察场上情况。

2．低运球

运球遇到紧逼时，常用这种运球摆脱。重心下降，上体前倾，用上身和腿保护球。同时，用手短促地拍按球，使球从地面向上反弹的高度在膝部以下，以便更好地控制球和摆脱防守继续前进。

3．运球急停急起

在对手防守较紧的情况下，运球向前推进时，可利用急停急起的变化来摆脱对手。在快速运球中，突然急停时，手拍按球的前上方。运球急起时，要迅速起动，拍按球的后上方，要注意用身体和腿保护球。在运球急停急起时，要停得稳，起动快。人和球的速度要一致，手脚和上体要协调配合，这样才能有效地达到摆脱防守的目的。

4．体前变向换手运球

这是当对手拦截运球前进的路线时，突然向左或向右改变运球方向，借以摆脱防守的一种运球方法。运球队员从对手右侧突破时，先向对手左侧变向运球，然后向右侧变向。变向时，右手拍按球的右后上方，把球从自己的右侧拍按到左侧前方，同时，右脚向左前方跨出，上体左转，用肩保护球，然后换手运球，加速前进。

5．运球转身

当对手堵截运球路线时，可用此法过人，以右手运球为例，运球队员将球控制在身体右侧；左脚向前跨出一步为中枢脚，置于对手两脚之间，然后右脚用力蹬地后撤，顺势做后转身动作。在转身的同时，右手按拍球的右前方，将球拉引身体的侧后方落地，转身后换用左手推拍球，从对手的身体右侧突破，加速前进。运球转身时，要降低重心，不要上下起伏，手型要正确，控球手翻转不能超过 90°，以免违例，如图 7-6 所示。

图 7-6　运球转身

(二) 运球的练习方法

(1) 原地体前单、双手左右运球。

（2）体侧前后推拉运球。

（3）原地高、低运球练习。

（4）围绕球场边线做行进间各种运球练习（球场四角处做转身）。

（5）围绕球场边线障碍物做变向运球练习。

（6）两人一组，一攻一防做各种运球练习。

（7）运球、传接球、接球运球、急停跳投练习。

六、持球突破

持球突破是持球队员运用脚步动作和运球技术快速超越对手的一项攻击性很强的技术。持球突破必须掌握良好的突破技术和突破时机，既能直接切入篮下得分又能打乱对方的防守部署，创造更多的攻击机会，增加对手的犯规，从而获得更多的罚球次数给对方造成很大的威胁。持球突破如果能与中投、分球结合运用，进攻就更加机动灵活，效果更显著。

（一）持球突破技术要领

1．交叉步突破（以右脚作中枢脚为例）

两脚左右开立，两膝微屈，身体重心降低，持球于胸腹之间。突破时，左脚前脚掌内侧迅速蹬地，上体稍向右转，左肩向前下压，重心向右前方移动，左脚向右侧前方跨出，将球引于身体右侧，接着运球，中枢脚蹬地向前跨出迅速超越防守，如图 7-7 所示。

图 7-7　交叉步突破

2．顺步突破（以左脚作中枢脚为例）

准备姿势和突破前的动作要求与交叉步相同。突破时，右脚向右前方跨出一步，向右转体探肩，重心前移，右手运球，左脚前脚掌迅速蹬地，向右前方跨出，突破防守。

（二）持球突破的练习方法

（1）原在持球突破脚步练习。

（2）防守下的原地持球突破练习。

（3）接球急停突破上篮练习。

（4）两人一组练习接球行进间持球突破，突破成攻后互换攻防。

七、防守

防守技术是队员在防守时，为了阻挠和破坏对手的进攻，达到夺球反攻的目的时所采取的各种专门动作的总称。

（一）防守技术要领

1．防守无球队员

在比赛中，防守队员绝大部分时间（约占全部防守时间的70%～80%）是防守无球队员，这充分说明了它的重要性。它的主要任务是尽可能不让对手在有效攻击区内接球，或使对方接球后处于被动地位。防守队员及时判断对手的位置及其与球和篮板位置关系，并随对手的切入方向、球的转移和是否有掩护等，合理运用防守动作，阻截对手进入有利攻击区和习惯位置，隔断对方重要的配合位置和区域间的联系，并尽可能抢断传向自己对手的球，力争主动，以达到破坏进攻、争得控制球权的目的。

防守无球队员时要坚持防守的攻击性和破坏性；防守队员必须随时抢占“人球兼顾”的有利位置，要做到“内紧外松、近球紧、远球松，松紧结合”；要防止对手的摆脱空切，不让对手在有效攻击区和切向篮下接球，阻截对手的移动接球路线；要及时果断地进行协防配合，帮助同伴防守对方威胁最大或持球进攻队员，要有随时补防、夹击和换防的集体防守意识和能力。

2．防守有球队员

防守有球队员的主要任务是尽力干扰和破坏其投篮，堵截其运球突破，封锁其助攻传球。并积极地抢、打、断球以达到控制球权的目的。

防守有球队员时要及时抢占对手与篮板之间的有利位置；要观察判断对手的进攻意图，合理地运用防投、运、突、传等技术；要及时发现对手的进攻技术特点，以便有针对性的防守；在对手运球停止时，立即上前封堵。

（二）防守的练习方法

（1）防守脚步动作练习。

（2）一对一半场防运球练习。

（3）一对一防突破练习。

（4）一人快速运球，一人做滑步或抢断球的防守练习。

（5）多人定位传球，一人或两人做防守练习。

第三节　篮球的基本战术

篮球战术是队员个人技术的合理运用和队员之间相互配合的组织形式。战术的目的是为了更好地发挥本方队员的技术与特长，制约对方，力争掌握比赛的主动权，争取比赛的胜利。

一、战术的基本配合

战术基础配合，是两三人之间有目的、有组织合作行动的方法。它包括进攻与防守两部分，是组成全队攻守战术的基础。

1．进攻基础配合

包括传切配合、突分配合、掩护配合和策应配合。

（1）传切配合：是进攻队员之间利用传球和切入技术所组成的配合。

（2）突分配合：是队员持球突破后，利用传球为同伴创造攻击机会的配合方法。

（3）掩护配合：合理地运用自己的身体挡住同伴的防守者的移动路线，为同伴创造进攻机会的配合方法。

（4）策应配合：进攻队员背对篮或侧对篮接球后，由他做枢纽，与同伴组织空切配合或其他配合的方法。

2．防守基础配合

包括关门、夹击、补防、挤过、穿过、绕过和交换防守。

（1）关门配合：关门是两个防守队员靠拢协同防守突破的配合方法。

（2）夹击配合：是两个防守队员积极防守一个进攻队员的配合方法。

（3）补防配合：是指防守队员在同伴漏防时，立即放弃自己的对手，去补防那个威胁最大的进攻者，而漏人的防守队员及时换防的一种协同防守方法。

（4）挤过配合：是破坏掩护配合的积极有效的方法。防守者在掩护队员临近自己时，要积极向前跨出一步，贴近自己的防守对手，从掩护者前面挤过去，继续防住自己的对手。

（5）穿过配合：当进攻队员进行掩护时，防守去做掩护的队员要及时提醒同伴并主动后撤一步，让同伴及时从自己和掩护队员之间穿过，以便继续防住各自的对手。

（6）绕过配合：当进攻队员进行掩护时，防守做掩护的队员主动贴近对手，让同伴从自己的身后绕过，继续防住各自的对手。

（7）交换配合：防守队员之间彼此及时地互相呼应交换自己所防守的对手的一种配合。

二、快攻

快攻是由防守转入进攻时，以最快的速度，最短的时间，在对方尚未部署好防守之前，创造人数上、位置上的优势，果断而合理地进行攻击的一种速决战的进攻战术。

1．快攻的形式

（1）长传快攻。

（2）短传快攻。

（3）运球突破结合传球的快攻。

2．快攻的三个进攻阶段

快攻由发动接应、推进和结束三个阶段组成。

三、半场盯人防守

人盯人防守是每个防守队员盯住一个进攻队员，并要协防同伴进行集体防守的全队防守战术。半场人盯人防守的方法如下。

半场人盯人防守，按运用时防守范围，可分为半场缩小人盯人防守（离篮 7 m 左右范围）和半场扩大人盯人防守（离篮 8～10 m），它们不仅再防守区控制范围上有差异，而且在防守的重点上也不同。半场缩小人盯人防守用于对付中远距离投篮不准，突破和篮下攻击能力较强的对手。半场扩大人盯人防守则用于对付外围投篮较准，突破和篮下进攻能力较弱和后卫控制、支配球能力较弱的队。但在应用时，都要根据队员的身高、防守位置、技术水平进行合理分工，明确要盯防的对手，按半场人盯人防守的基本要求，积极进行防守，防守的方法如下。

（1）选位与移动的方法。

在防守时，根据球的变化和盯人为主的原则，做到球、人、区兼顾，对强侧（指有球侧）与弱侧（指无球侧），进行不同的防守。

（2）防守以掩护为主的进攻时，对方横向内侧掩护，要挤过，避免换防，以免换防后形成大个防小个，小个防大个的被动局面。两人要默契，换防或不换防必须行动一致。

四、全场紧逼人盯人防守

全场紧逼人盯人防守是由攻转守时，防守队员在全场范围内各自紧逼自己的对手的一种攻击性较强的防守战术，它要求防守队员在全场始终紧逼自己的对手，积极阻挠对手，破坏对方集体配合，造成对方打法紊乱，处于被动地位，为本队争得比赛的主动。

五、区域联防与进攻区域联防

区域联防是由进攻转入防守时，防守队员退回后场，每个队员分工负责防守一定的区域，严密防守进入该区域的球和进攻队员，并与同伴协同防守，用一定的队形，把每个防守区域有机地联合起来的防守战术。

1．区域联防的形式

区域联防的形式常用的有“2-1-2”、“3-2”、“2-3”、“1-3-1”和对位联防。

2．区域联防的方法（以 2-1-2 联防形式为例）

（1）防“溜底线”队员时应做到“卡堵、距防、文接、回防”8 个字。

（2）对中锋采用“围守”和“包夹”的防守。

（3）防突破时应“关门”。

2．进攻区域联防

进攻区域联防是针对区域联防的特点、队形、方法和变化所采用的进攻战术。

（1）进攻区域联防的基本要求。

a．由防守转入进攻时，应首先争取快攻。乘对方立足未稳尚未组织好防守阵势之前进行攻击。

b．根据对方区域联防队形，采用针对性落位队形，对对方薄弱地区攻击。

c．运用传球转移，中远距离投篮等进攻技术。通过“人动”，“球动”，运用声东击西、内外结合、以多打少等方法，创造投篮机会进行攻击。

d. 要组织拼抢篮板球，争夺二次进攻的机会，同时还要保持攻守平衡，准备随时退防。

（2）进攻区域联防的方法。

a．“1-3-1”进攻方法。

这种队形，队员分布面广，便于内外联系，左右配合，有利于组织抢篮板球和保持攻守平衡。

b．“1-2-2”落位主要针对对方的“2-3”区域联防。

c．“2-2-1”落位主要针对对方的“3-2”区域联防。

d．进攻对位联防的方法，可按进攻半场人盯人的方法进攻。

第四节 篮球运动的基本规则

一、违例及其罚则

违例是违犯规则的行为。有以下几种。

1．带球走

比赛中持球队员超出规则限制的范围移动，则判其带球走违例。规则规定持球队员可在下列限制的范围内向任何方向持球移动。

（1）队员静立时接球，可用任何一脚作中枢脚进行旋转。

（2）队员在移动中接球或运球结束时，可采用两拍节奏停步或将球脱手。

第一拍发生在：接球时，在接到球的一刹那，如任一脚正接触地面；如双脚离地时接球，在接球后任一脚或双脚同时接触地面。

第二拍发生在：第一拍后，任何一脚或双脚同时接触地面时，队员在两拍节奏的第一拍时确已停步，在做第二拍时不得有新的移动。

（3）队员静立时接球或持球时合法停步。

① 当投篮或传球时，可提起中枢脚或跳起，但必须在一脚或两脚再次接触地面前将球脱手，即使一防守队员用一手或双手触着球，也要将球脱手。

② 开始运球时，在球离手前不准提起中枢脚。

超出上述限制的持球移动为带球走违例。

罚则：将球判给对方队员在违例地点最近的边线掷界外球。

2．非法运球

队员控制球后将球掷、拍或滚，在球触及另一队员之前再触及球为非法运球。每次运球中，必须使球与地面接触。队员运球后，用双手同时触及球一刹那或使球在一手或双手中停留的一刹那，运球即完毕。队员第一次运球结束后不得再次运球。如果再次运球，则为非法运球。但下列情况不算运球：连续投篮抢球不稳失掉球，然后恢复控制球，对方队员抢球时用连续挑拍击另一队员控制的球；拦截传球并获得该球等。

罚则：将球判给对方队员在违例地点最近的边线掷界外球。

3．拳击球和脚踢球

篮球是用手进行的运动项目，凡踢球或用拳击球均属违例，但比赛中脚或腿偶然地碰球不算违例。

罚则：将球判给对方队员在违例地点最近的边线掷界外球。

4．球回后场

控制球的队员在前场不得使球回后场，包括掷界外球。当球触及有部分身体接触中线或位于中线后的该队队员，或球接触后场地面后又被该队队员首先触及，即为球进入后场。

罚则：判给队方队员在边线中点处掷界外球。掷界外球队员两脚分别站在中线延长部分的两侧，有权将球传给场上任何地方的队员。

5．干扰球

是指干扰处于篮圈上的球，有两种情况。

（1）攻方干扰球。不论投篮或是传球，当球完全在篮圈水平面上，并正好是在限制区上下落时，进攻队员不得触及球。

罚则：球成死球，不能得分。将球判给对方队员在违例地点最近的边线掷界外球。

（2）守方干扰球。对方队员投篮，当球完全在篮圈水平面上开始下落后，防守队员不得触及球。当投篮的球在篮圈上时，防守队员不得触及本方球篮或篮板；当球在球篮之中时，防守队员亦不得触及球或球篮。

罚则：球成死球。判给投篮队员得 2 分；如在 3 分投篮区投篮，则判给投篮队员得 3 分。

如同投篮成功，由防守队在端线后掷界外球继续比赛。

6．使球出界

球出界前触及了队员，甚至又触及其他物体而出界，最后触球的队员是使球出界队员。使球出界为违例。

罚则：判给另一队掷界外球。如裁判不能判定是哪一队使球出界，则应判为争球。

7．掷界外球违例

队员掷界外球时不得违反下列规则。

（1）在球触及另一队员前，掷界外球队员不得在场内与球接触，不得在球离手时脚踏场地。球离手前不得超过 5 s。

（2）掷界外球队员在球离手前，不得从裁判员指定地点沿边线移动超过正常的一步。

（3）在球掷过界线前，任何其他队员身体的任何部分不得越过界线。

（4）掷界外球球离手后，在球接触场上队员前，球不得触及界外任何物体。

罚则：将球判给对方队员在原地掷界外球地点的边线掷界外球。

8．违例罚球

当球已交给罚球队员后：

（1）他应在 5 s 内投篮；

（2）罚球时，球在飞向球篮的途中，他和任何其他队员都不得触球，当球在篮圈上时也不得触及篮板或球；

（3）罚球队员在球触及篮圈前，不得触及罚球线或罚球线前的地区；

（4）在球离开罚球队员的手之前，或罚球后球触及篮圈前，任何一队的其他队员均不得进入限制区；

（5）如仅罚球队员违例，罚中无效，球成死球，将球判给对方队员在正对罚球线的边线掷界外球；

（6）如罚球队的队员违反第 2 款，则罚中无效，按上述罚则处理。如双方违反此款，罚中无效，在罚球线跳球继续比赛；

（7）如罚球队的队员违反第 4 款，并罚球成功，则得分有效，违例不究。否则判对方队员在正对罚球线的边线掷界外球。

9．跳球违例

跳球时，队员应遵守以下规定：在球到达最高点之前，任一跳球队员都不得拍球，在拍球前不得离开自己的位置。在球触及非跳球队员、地面或篮板前，任一跳球队员都不能抓住球或触及球超过 2 次。在球被拍击前，如一名跳球队员离开跳球位置或非跳球队员进入圆圈，裁判员应立即判违例。如双方违例应重新跳球。

罚则：将球判给对方队员在违例地点最近的边线掷界外球。

10．时间规则上的违例

（1）3 s 违例。

某队控制球时，该队队员不得在对方限制区内停留持续超过 3 s。

（2）5 s 违例。

① 罚球队员在 5 s 内未把球投出。

② 掷界外球队员未在 5 s 内把球掷入场内。

③ 持球队员被严密防守 5 s 内未能处理球。

（3）8 s 违例。一个队从后场控制球开始必须在 8 s 内使球进入前场，否则违例。

（4）24 s 违例。当一名队员在场上控制一个活球时，该队必须在 24 s 内完成投篮。

罚则：将球判给对方掷界外球。

二、侵人犯规、技术犯规及处理

1．侵人犯规

侵人犯规是指球进入比赛状态，活球或死球时，队员的犯规。

队员不准通过伸展臂、肩、髋、膝和过分地弯曲身体成不正常姿势，以阻挡、拉人、推人、撞人来阻碍对方进行，也不准使用任何粗野动作，否则即为侵人犯规。

罚则：在所有情况下，都登记犯规队员一次侵人犯规，并按下列情况处理。

（1）如被侵犯的队员未做投篮动作，应由被侵犯队员在犯规地点最近的边线掷界外球。

（2）如被侵犯的队员在做投篮动作，则投中得分有效，再判罚一次球；如 2 分投篮未成功，判给 2 次罚球；如 3 分投篮未成功，判给 3 次罚球。

（3）比赛有上、下半场两节和比赛分四节进行两种形式。在上下场中，队员犯规 7 次；四节比赛中每 1 节全队累计犯规达 4 次时，对未做投篮动作的队员发生犯规则执行罚球。

2．队员技术犯规

队员藐视裁判员的劝告或有不正当的行为。

（1）同裁判员谈话或接触时没有礼貌。

（2）使用可能引起冒犯的语言或行动。

（3）戏弄对方或在对方眼睛附近摇手妨碍其视觉。

（4）妨碍迅速掷界外球以拖延时间。

（5）被判犯规后，在裁判员要求举手时不按规则要求举手。

（6）没有通知记录员或裁判员擅自更换号码。

（7）替补队员进场没有报告记录员。

（8）离开场地区获得不正当的利益。

（9）队员抓住篮圈，并把整个身体的重量悬挂在篮圈上。

（10）裁判员对违反规定的队员和他的队长提出警告后又重犯时，应判技术犯规。

3．罚则

（1）登记该队员犯规次数，累计全队每半时 7 次犯规之内，由对方队长指定罚球队员罚球 2 次。

（2）对行为十分恶劣或屡次违反规定的队员，应取消比赛资格并令其退出比赛。

第八章　足　　球

第一节　概　　述

足球运动是一项古老的运动项目，公元前 3 世纪末《蹴鞠新书》中就有明确记载，足球起源于中国临淄。2001 年国际足联宣布古代足球起源于中国。

现代足球运动则起源于英国，1840 年鸦片战争，英国人把现代足球带入中国。据史料记载，公元 476 年英国就有了类似今天的足球活动。到 19 世纪初，足球活动在英国已相当盛行，并经常进行比赛。1835 年英国的谢菲尔德成立了第一个足球俱乐部。1863 年 10 月 26 日成立了足球协会，并制定和通过了世界上第一部较为统一的足球竞赛规则。该规则的大部分内容与现代世界上采用的足球竞赛规则相同，后来人们把这一天称足球运动的诞生日。1930 年举行了第一届“世界杯足球赛”，以后每四年举办一次。

现代足球传入中国以后，香港和上海两个城市开展得最早。1910 年在南京举行的旧中国第 1 届全运会就有足球比赛。新中国成立以后，足球运动有了很大发展，广大人民群众特别是青少年很喜爱足球这项运动，参加人数越来越多，水平也在不断提高。1988 年中国男子足球队首次冲出亚洲，参加了第 24 届奥运会足球赛决赛阶段的比赛；1996 年，中国女子足球队在美国亚特兰大举行的第 26 届奥运会足球比赛中获得银牌。

随着职业足球运动兴起，在商业化的刺激下，足球运动迅速在世界各地普及并广泛开展。足球比赛紧张、激烈和刺激这一特点，使其成为世界上最受欢迎的体育运动项目之一。但是，中国足球运动同世界其他国家先进水平相比较，还有相当大的差距。尽快超越足球世界强国是我们这代和后来一代人的责任。

第二节　足球运动的基本技术

足球技术是指运动员在足球比赛中所采用的合理动作的总称。足球技术主要分：有球技术和无球技术两大类。足球运动是一项技术动作相当复杂的运动项目，本节主要介绍有球基本技术。

一、颠球技术

颠球是足球运动的最重要技术之一，是初学者熟悉球性、提高兴趣、发展身体的协调性、提高对球的反应能力、学习和掌握其他基本技术的基础。颠球也是一项很好的娱乐活动和锻炼身体的方法，学习颠球技术，要有信心和耐心，循序渐进，颠球练习，不要单纯追求数量，应注意提高对球的方向、高度、旋转的控制能力培养。

颠球首先从手坠落或抛起的球颠起，一个部位一个部位地练，每次颠一下，反复练习，再逐步过渡到颠 2 次、3 次、多次，以上动作熟练后再从拉挑球开始颠起，球落地弹起后颠一次，逐步过渡到颠 2 次、3 次、多次连续颠球，再发展到交替使用 2 个、3 个、12 个部位交替颠球。

（一）颠球的部位与技术要领

颠球一般有正脚背颠球、脚内侧颠球、脚外侧颠球、大腿颠球、头部颠球、肩部颠球、胸部颠球，共约触及身体 12 个部位。本节重点介绍前 4 种。

1．正脚背颠球

从挑球开始，球放在脚前 30cm 处，用脚向后轻拉球，当球的中心部位滚过脚趾时，立即向上挑起，颠球就开始了。颠球时必须触及球的底部。当颠球的高度在膝关节以下时，膝、踝关节要适当放松，并柔和地向前上方甩动小腿，脚尖稍翘起，将球颠起，如图 8-1、8-2 所示。

图 8-1　正脚背颠球图

图 8-2　脚内侧颠球

2．脚内侧颠球

支撑腿膝关节微屈，身体重心在支撑脚上。当球落至膝关节高度时，颠球腿屈膝盘腿，脚内侧向上摆，脚内翻，轻击球的底部将球颠起，全身放松。

3．脚外侧颠球

支撑腿膝关节微屈，身体重心在支撑脚上。当球落至膝关节高度时，颠球腿屈膝内扣，腿外侧向上摆，脚外翻，轻击球的底部，将球颠起，全身放松，如图 8-3 所示。

4．大腿颠球

支撑腿膝关节微屈，身体重心在支撑脚上。当球落至髋关节高度时，颠球的大腿屈膝上摆，摆至水平状态时，轻击球的底部，将球颠起，全身放松，如图 8-4 所示。

图 8-3 脚外侧颠球

图 8-4 大腿颠球

（二）颠球练习方法

（1）初学者应以正脚背颠球练习为主。熟练的学生，以正脚背和大腿交替颠球练习为主。

（2）原地和行进间颠球。

（3）2 人、3 人、多人的传接颠球。

（4）颠球教学比赛。

二、踢球

踢球是足球基本技术中最主要的技术之一。按脚与球接触部位不同而分为脚内侧、正脚背、脚背内侧、脚背外侧踢球。另外还有足尖、脚跟踢球等。不管哪种踢球都是由助跑、支持脚的位置、踢球腿的摆动、脚与球接触的部位、踢球后维持身体的平衡五个因素组成。脚与球的接触部位是决定踢球质量的关键因素。

（一）踢球技术动作要领

1．脚内侧踢球

脚内侧接触面积大，击球平衡准确。常用于短传和射门，以及二过一的战术配合。

动作要领：踢球时直线助跑，支持脚踏在球的侧后方 15cm 左右，膝部微屈，踢球脚稍向后提起，膝关节外转，脚尖稍翘起，前摆时小腿加速，脚掌与地面平行，脚腕用力，用脚内侧（踝骨下面，跟骨前面）的部位踢球的后中部。向左传球时（以右脚为传球脚），传球脚内侧对正击球方向，由右向左侧摆，用推送或敲击的动作将球传出。空中球直接传球时，大腿在踢球前抬起，小腿拖在后面，脚内侧对正出球方向，利用小腿摆动踢球的中部。如要踢出低球或高球，可踢球的中上部或中下部，如图 8-5 所示。

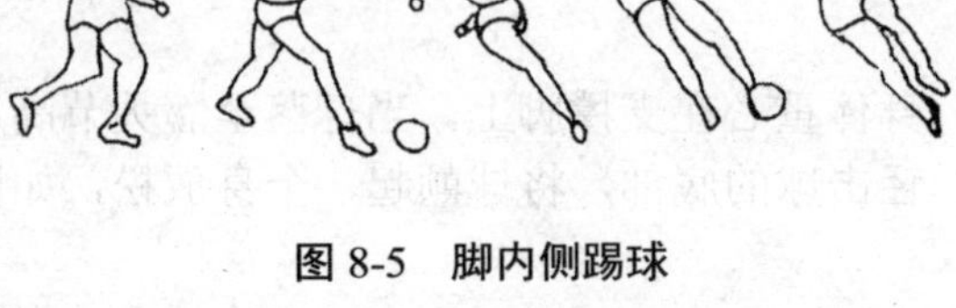

图 8-5 脚内侧踢球

踢球中易犯错误：踢球脚的膝盖外转不够，脚尖没翘起，脚部太放松，触球部位不准、动作紧张，直腿扫踢球，没用小腿加速前摆踢球。

2．脚背正面踢球

踢球腿的摆幅大，摆速快，踢出的球力量大而准确，适用于长传和射门。可以踢定位球、空中球、地滚球、反弹球和倒勾球等，如图 8-6 所示。

图 8-6　脚背正面踢球

（1） 踢定位球。

直线助跑，跨步支撑时步幅要大而积极，支撑脚踏在球的侧方 10～15cm 处，足尖与出球方向一致，膝关节微屈，摆动腿在跨步支撑的同时，以髋关节为轴，大腿带动小腿由后向前摆动，当膝盖摆至接近球的上方时，小腿加速前摆。击球时，脚背绷直，脚踝压紧，腹微收，以脚背的正面击球的后中部。击球后，踢球腿随球继续前摆。

（2）踢反弹球。

首先要准确判断球的落点、落地时间和反弹角度。踢球时，支撑脚踏在球的侧方，当球要落地时，踢球腿小腿迅速前摆，在球刚落地反弹离地时，以脚背正面击球的后中部。

（3）踢空中球（侧身踢空中球）。

首先判断好球的运行路线和确定好击球点。踢球时，侧对出球方向，支撑脚脚尖指向出球方向，上体向支撑脚一侧倾斜，踢球腿的大腿高抬，带动小腿快速向出球方向摆动，用脚背正面击球的后中部，身体随之向出球方向扭转。击球后，面对出球方向。

3．脚背内侧踢球

踢球腿摆幅大，摆速快，击球点多，易于控制出球的高度、旋转和落点，击球力量也较大，多适用于长传、发角球、射门和踢任意球等。这种方法可踢定位球、过顶球、弧线球和转身踢球等。

（1）踢定位球。

斜线助跑，助跑方向与出球方向成 45°角，支撑脚踏在球的侧后方 25～30cm 处，膝关节微屈，足尖指向出球方向，身体稍向支撑脚一侧倾斜，在支撑脚着地的同时，踢球腿以髋关节为轴，大腿带动小腿呈弧形由后向前摆动，当膝关节摆至球的内侧垂直上方时，小腿加速前摆，脚尖稍外转，脚面绷直，脚趾扣紧，脚尖指向斜下方，以脚背内侧部位击球的后下部。踢球后，踢球腿随球继续前摆，如图 8-7 所示。

图 8-7 踢定位球

（2）踢过顶球。

动作方法基本上与踢定位球相同，支撑脚可踏在球的侧后方，踢球腿不必过于绷紧，踢球的后下部，并有斜下切的动作，使球产生向后旋转，以控制球速，使球成抛物线缓慢下落。踢球腿不随球前摆。

4．脚背外侧踢球

与正脚背踢球的动作基本相同，只是用脚背的外侧触球。在踢球的一刹那，脚背要绷直，脚趾用力下扣，脚尖内转，踢球的后中部，如图 8-8 所示。

图 8-8 脚背外侧踢球

踢弧线球时，支撑脚踏在球两侧左右处，身体稍向支撑脚一侧倾斜，踢球脚的脚腕用力，并以外脚背切削球的侧后方。踢球后，踢球腿向支撑脚一侧的前上方摆出，以加大旋转力量，如图 8-9 所示。

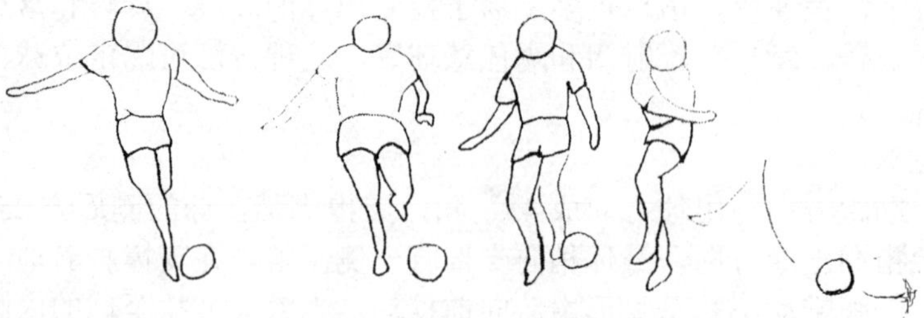

图 8-9 踢弧线球

（二）踢球练习方法

1．各种踢球动作的原地模仿练习

（1）每人做助跑向前跨一步，做踢球动作模仿练习。

（2）一人踩球，一人做跨步或助跑踢球练习。

（3）一人踢球，在触球一瞬间，另一人立即上前踩住球练习。

2．原地踢定位球练习

（1）两人一组，相距 3～5m，用小力量踢球练习。

（2）两人一组，相距 15～20 m，用大力踢中高球。

（3）放球在罚球点或大禁区线外，用各种脚法射门练习。

（4）将球放在中线附近，向球门或禁区内做大力踢远练习。

3．跑动中踢球练习

（1）两人一组，相距 5～8 m，在跑动传接球练习。

（2）两人一组，相距 5～8 m，向前跑动中连续传球练习。

（3）两人一组，相距 15～20 m，在跑动中传接中高球练习。

三、接、控球技术

（一）接、控球技术动作要领

1．脚内侧接球

脚内侧接地滚球，支撑脚脚尖正对来球，膝关节微屈，同侧肩正对来球，接球腿提膝，大腿外展，脚尖微翘。停球时，脚内侧正对来球并前迎，脚触球瞬间迅速后撤，把球停在控制范围内，随即推拨球至下一动作所需位置上，身体随球移动。当来球力量太大时，可将脚提到一定高度，用脚内侧与地面形成的夹角接触球或触球时脚内侧下切，使球后旋停住，如图 8-10 所示。

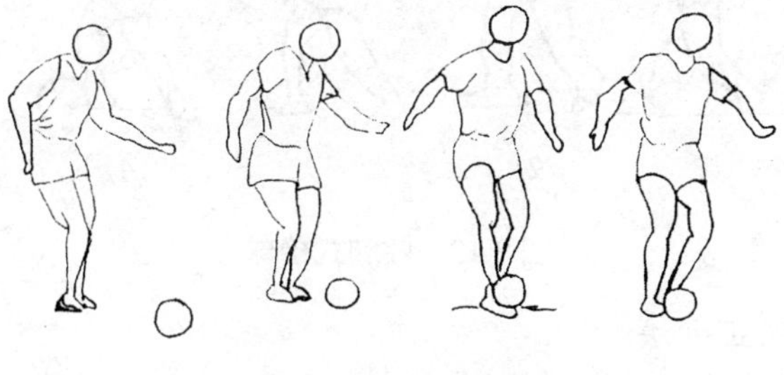

图 8-10　脚内侧接球

2．脚内侧接空中球

判断来球，迅速移动到位，支撑腿同侧肩侧对来球，将接球大腿抬起，小腿放松，使脚内侧同球高，对准来球前迎，在触球刹那后撤，将球接在所需位置上。如来球过高，可跳起完成上述动作。

3．胸部接球

（1）挺胸式接球。

根据来球的速度和路线，及时移动到位，面对来球，双膝微屈，重心落在两腿间，上体后仰，收下颚，双臂自然张开。在触球瞬间，两脚蹬地，用胸部轻托球的下部，使球落在控制范围内或在空中直接处理，如图 8-11 所示。

图 8-11　挺胸式接球

（2）收胸式接球。

判断来球，迅速移动到位，面对来球，两脚开立，双臂自然张开，挺胸迎球。在触球瞬间，收胸、收腹，同时臀部后移，缓冲球的力量，将球接于体前，如图 8-12 所示。

图 8-12　收胸式接球

（二）易犯错误及纠正方法

（1）接地滚球时球从脚下漏过；接活动球时将球"卡死"在脚下。以上两种情况是因为抬腿过高，可适当降低抬腿高度。

（2）接球时，球离身体过远，脚像"木头"。主要是由于缓冲不够，用力不合适。纠正办法是接球腿要前迎后撤，顺球势。

（3）站着等球，不主动移向来球路线。主要是意识不够，可有目的地加强上前迎球的意识。

（4）接空中球时，接球部位未能与球接触或接触不完全。主要原因是对球在空中运行的速度、路线判断有误。可通过各种颠球、两人手抛脚接等练习，建立良好的球感和空间感觉。

（三）接、控技术练习方法

（1）对墙练习。结合传球，进行各种接地滚球与反弹球练习。

（2）高抛接反弹球练习。结合颠球或自抛高球接反弹球，培养练习者的判断落点和各种接反弹球技术。

（3）两人一组抛接空中球练习。

（4）两人一组进行跑动中传接球练习，在跑动中接各种性质的球。

四、运球

运球是运动员在跑动中连续推拨球，使球处于自己控制范围内的触球动作。利用运球可以调动防守队员位置，变化进攻节奏，摆脱防守，打乱对方防守阵行，造成以多打少的局面，以便寻找更好的传球和射门机会。运球方法有脚背内侧运球、脚背外侧运球、脚背正面运球和运球过人。

（一）运球技术动作要领

1．脚背内侧运球

跑动时，身体自然放松，上体稍前倾，两臂自然摆，步幅不宜大，运球脚跟提起时，膝关节弯曲，脚尖内转下指，踝关节放松外展，用脚的内侧推拨球前进。此技术多在改变方向和保护球的情况下使用。

2．脚背外侧运球

跑动时，身体自然放松，上体稍前倾，两臂自然摆，步幅要小，运球脚跟提起时，膝关节弯曲，踝关节内旋，脚尖向内斜下指，有脚的外侧部位推拨球前进。比赛中，多用在快速推进或超越对手改变方向时。

3．脚背正面运球

运球时，上体前倾，步幅放大，运球脚抬起时，膝关节弯曲，脚尖朝下，以脚正面推拨球。在比赛中，多在突破对手后做较长距离快速运球时应用。

4．运球过人

运球时重心较低，且放在两脚间，用远离防守者一侧脚控制球，运用拨、拉、扣、挑动作使防守者重心失去，突然快速在摆脱超越对手。它包括两个重要条件。

（1）变速，在紧密控球的前提下，目光应兼顾球与对手，径直逼近对手。如果突破对手后，前方有开阔的可用空间，控球队员应迅速全力向前推球，不必紧密控球，因为若不利用防守队员平衡失去的瞬间加速突破，对手会有时间重新调整选位，再次进行争抢。运球速度应适度，速度太慢会让防守者有机会调整防守阵形，就会主动变为被动；速度太快则会影响对球的控制，不利于突然变向。只有适当的运球变速，才能使防守队员没有调整选位的时间，为胜利赢得机会。

（2）变向，变向距离应略远于防守队员的控制范围。变向太早，无法突破对手；可以利用球、身体和眼神的移动迫使对方移动从而失去平衡，控球队员应全心留意防守者的重心变化，一旦防守队员移动，应不失时机地变向突破对手。有时必须把球和身体的移动结合起来才能达到诱使对手失去平衡的目的。因为高水平的防守队员总把注意力放在球上，只有球才对球门构成威胁。

运球突破对手的动作较多，这里讲述几种比赛中较为常见又实用的运突技术。由于运球突破技术是一项有效的为个人和全队创造空间的手段，每名队员都应掌握两至三种。

（1）马修斯式动作。

这是以英国前著名前锋队员的名字命名的假动作。以右脚内侧把球向左侧推拨，做出佯攻左侧的假象，身体也要向左侧倾斜；对手失去重心时，右脚迅速移至球的左后方；以右脚外侧迅速把球向右侧推拨，加速超越对手，如图 8-13 所示。

图 8-13　马修斯式动作

（2）剪式动作。

把球拨至身体右前方；假装用右脚外侧传球却从球上迈过；用左脚外侧向另一侧加速超越对手，如图 8-14 所示。

图 8-14　剪式动作

（3）两次触球式动作。

假装以右脚内侧向右侧传球，上体应面对传球方向；以右脚内侧拉球至左侧；用右脚内侧把球加速领先并超越对手，如图 8-15 所示。

图 8-15 两次触球式动作

（二）运球练习方法

（1）走或慢跑中用单脚或双脚交替运球练习。

（2）中、快速直线运球练习。

（3）场内绕障碍物运球练习。

（4）两人一组，对抗自由式运球过人练习。

五、头顶球

头顶球分前额正面顶球和前额侧面顶球，这两个部位都可以做原地、跳起和鱼跃冲顶。这里只介绍原地、跳起前额正面头顶球，前额侧面顶球与前额正面顶球技术相似。

（一）头顶球技术动作要领

1．原地前额正面头顶球

根据来球速度及路线，及时移动到位，身体正对并目视来球，两脚左右开立，或前后开立，膝关节微屈，展腹，重心落在两脚间或后脚上，两臂自然张开。当球运行到接近身体垂直上方时，两脚用力蹬地，迅速收腹向前摆体，用前额正面击球的后中部，上体随球前移，如图 8-16 所示。

图 8-16 原地前额正面头顶球

2．跳起前额正面头顶球

在做跳起顶球时，多用双脚起跳。起跳前两膝屈，重心下降，接着两脚用力蹬地起跳，同时两臂屈肘上摆，在身体上升阶段展腹挺胸，两臂自然张开，目视来球，身体成背弓，当球运行至接近身体额状面时，迅速收腹前摆，用前额正面击球的后中部，同时两腿向前振摆。球顶出后，两腿屈膝，屈踝，缓冲落地，如图 8-17 所示。

图 8-17　跳起前额正面头顶球

（二）头顶球练习方法

（1）原地做各种头顶球模仿练习。

（2）两人一组，一人持球于适宜高度，另一人用额头做正面顶球练习。

（3）自己抛球，做顶球或连续顶球练习。

（4）两人一组，一人抛球一人顶球。

（5）顶球教学比赛，或在比赛中鼓励学生多运用头顶球练习。

六、掷界外球

（一）掷界外球技术动作要领

持球人面向场内，两脚前后或左右开立，两膝微屈，两手自然张开，拇指相对持球的侧后部，两手举过头顶，上体展腹后仰成背弓重心后移。掷球时，两脚用力蹬地，两膝伸直，收腹，并伴随两臂持球由后向前摆动。当球摆过头顶时，两臂伸直用力并甩腕将球掷入场内。掷球时脚可沿地面向前滑动，但不得离开地面，如图 8-18 所示。

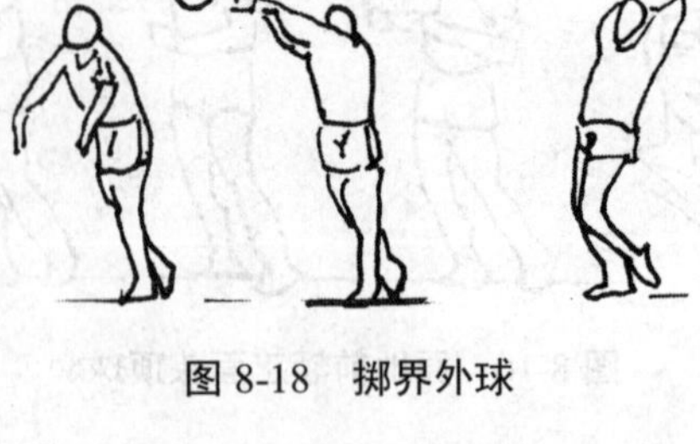

图 8-18　掷界外球

（二）掷界外球练习方法

（1）发展上肢和腰腹力量，做力量性练习。

（2）两人一组，相距 10～20m，相对做双手对掷球练习。

第三节　足球基本战术

足球运动是一项对抗性的运动项目，它是由进攻和防守这对矛盾所组成的，足球战术是指比赛双方为了充分发挥个人与集体的特长，相互配合进攻对方弱点，取得比赛胜利所采用的手段和方法。现代足球战术特别强调发挥全队的攻守能力，也重视发挥个人的特长，形成攻守快速，配合默契的整体。

根据攻防的基本特点，足球战术可分为进攻战术、防守战术、比赛阵形三大部分。在进攻和防守战术中，又分别包括个人、局部与整体的攻防战术。

一、局部配合的进攻战术

局部战术是指两个或两个以上队员在比赛中为了完成全队攻防任务而采用的局部协同作战的配合方法。它包括“二过一”战术配合、“三过二”战术配合和反切配合等进攻战术。

1．“二过一”战术配合

“二过一”是两个进攻队员，通过传球配合突破一个防守队员。“二过一”是集体配合的基础，可以在任何场区、任何位置上运用这种方法来摆脱对方的抢截或突破防线。“二过一”是进攻的两个队员之间相距 10 米左右，进行一传一切的配合。要求传球平稳及时，一般多用脚内侧、脚外侧等脚法，以传地平球为主。传球的位置，尽可能是接球人脚下或前面二、三步远的地方。

2．“三过二”战术配合

“三过二”是在比赛中局部地区三个进攻队员通过连续配合突破两个防守者的防守。由于这种配合有两个同队队员可以同时接应传球，因此使持球人传球路线更多，且进攻面扩大。

二、整体进攻战术

整体进攻战术是指比赛中一方获得球后，通过队员之间的传递配合达到射门的目的而采用的配合方法。与局部进攻战术相比较，整体进攻战术的进攻面比较广，参加进攻和快速反击人数较多，成攻机会较多等。

1．边路进攻

利用球场两侧地区发起进攻的方法叫边路进攻。边路进攻是全队进攻战术的主要形式之一，其主要特点是有利于发挥进攻速度，打破对方防线创造进攻机会。

2．中路进攻

中路进攻是利用球场中间区域组织的进攻，这种进攻虽能直接射门，但难度最大，因中路防守最为严密，前面的攻击手必须是反应极其敏锐、意识强、技术高、敢于冒险、速度快的队员。

3．快速反击

比赛中当攻方进攻时，后卫线往往压至中场附近，防守人数也由于插上进攻和助攻而相对减少，此时如能抓住对方防区空隙较大和回防较慢的机会，乘其失球发动快速反击，往往能取得良好的效果。快速反击是最有威胁的进攻手段，有效的进攻在于突然快速地反击，但其难度较大，即要冒险，又要有准确、快速的传切配合技能。快速反击要有组织，配合得要极为默契，必须进行专门性的训练，否则很难在比赛中实施。

三、定位球战术

定位球战术是指在比赛中，利用“死球”后重新开始比赛的机会组织进攻与防守配合的战术配合方法。定位球战术包括中圈开球、角球、任意球、点球、掷界外球等。

在势均力敌的高水平比赛中，定位球战术有时起决定胜负作用。在配合上要利用简练的一次配合取得射门机会，配合越复杂成功率就越低。故要进行专门性的练习，才能在比赛中奏效。

四、局部配合防守战术

1．补位

补位是足球比赛中局部地区集体配合进行防守的一种方法。当防守过程中一个防守队员被对手突破时，另一个队员则立即上前进行封堵。

2．围抢

围抢是指比赛中在某局部位置上造成以多防少，利用人数上的相对优势（通常是两三个队员）同时围堵对方的持球队员，以求在短暂时间内达到抢断或破坏对方的目的。

3．造越位战术

造越位战术是利用规则而设计的一种防守战术，也是一种以巧制胜的省力打法，因而成为一种重要的防守手段。但由于其配合难度较大，搞不好会适得其反，反让对手钻空子，因此，水平较高的球队善使此战术，但在一场比赛中也不是多次运用。

五、整体防守战术

防守战术可分为两种基本类型：盯人紧逼防守（人盯人防守），即在规定的范围内盯人紧逼，不交换看守；区域紧逼防守（盯人和区域相结合），即现今流行的综合防守，紧逼和保护相结合，在个人的防区内紧逼，做交替看守。盯人防守即各自都有明确的防守对象，如对方左边锋大幅度地斜插至右路，则右后卫紧跟盯防，不交替看守。防守最根本的原则是紧逼和保护。只有紧逼才能有效地主动断抢，压制对方技术的优势而获取主动权；保护是为了更好地紧逼和控制空当。

六、比赛阵形

1．阵形的发展和演变

为了适应攻守战术的需要，全队队员在场上的位置排列和职责分工，称为比赛阵形。各阵形的名称是按队员排列的形状而定。自 19 世纪中期世界上有了第一个足球比赛阵形至今日的“四三三”、“三五二”、“四二四”等，以及某些国家所采用的“水泥式”、“锁链式”等，都是沿着这一个客观规律演变和发展的。

2．各个位置的职责

(1) 边后卫的职责：边后卫主要是要防守对方的边锋以及其他进攻队员在边路的活动，破坏对方由边路发动的进攻。同时还可利用插上助攻式运球来直接威胁对方球门。

(2) 中后卫的职责：中后卫有突前中后卫和拖后中后卫之分。前者主要任务是盯守对方突前的最有威胁的中锋，因而又被称之为盯人中后卫；后者则主要担负整个防线的指挥任务，其站位经常处于其他防守队员后面，一般称他为自由中卫。

(3) 前卫的重要职责：前卫通常称之为中场队员。中场是一个非常重要的区域，控制了中场也就是得到了比赛的主动权，因此比赛各队往往都在中场投入较大力量。

(4) 守门员的职责：保护好球门不失，阻止对方得分。

第四节　足球的基本规则

一、国际比赛场地

长度：最短 100 m（110 码）；最长 110 m（120 码）。

宽度：最短 64 m（70 码）；最长 75m（80 码）。

所有线的宽度不超过 12 厘米（5 英寸）。

二、球

圆周不长于 70cm（28 英寸）、不短于 68 cm（27 英寸）；重量在比赛开始时不多于 450 g（16 英两）、不少于 410g（14 英两）。

三、球门

两根柱子之间的距离是 7.32m（8 码），从横梁的下沿至地面的距离是 2.44 m（8 英尺）。球门柱和横梁必须是白色的。

四、队员人数

一场比赛应有两队参加，每队上场队员不得多于 11 名，其中必须有一名守门员。如果任何一队少于 7 人则比赛不能开始。

五、基本装备

队员必需的基本装备是：运动上衣；短裤；护袜；护腿板；足球鞋。

六、比赛时间

比赛分为两个半场，上下半场各 45min；中场休息不得超过 15 min。

七、越位

1．越位位置

队员处于越位位置本身并不是犯规。

队员处于越位位置：队员较球和最后第二名对方队员更接近于对方球门线。

队员不处于越位位置：他在本方半场内；他齐平于最后第二名对方队员；他齐平于最后两名对方队员。

2．犯规

处于越位位置的队员，在同队队员踢或触及球的一瞬间，裁判员认为其就下列情况而言“卷入”了现实比赛中时才被判为越位犯规：干扰比赛；干扰对方队员；利用越位位置获得利益。

3．没有犯规

如果队员直接从下列情况下接到球，则没有越位犯规：球门球；掷界外球；角球。

八、直接任意球

裁判员认为，如果队员草率地、鲁莽地或使用过分的力量造成下列六种犯规中的任何一种，将判给对方踢直接任意球：

（1）踢或企图踢对方队员。

（2）绊摔或企图绊摔对方队员。

（3）跳向对方队员。

（4）冲撞对方队员。

（5）打或企图打对方队员。

（6）推对方队员。

如果队员有下列四种犯规行为中的任何一种，也判给对方踢直接任意球：

（1）为了得到对球的控制而抢截对方队员时，未触球前触及对方队员。

（2）拉扯对方队员。

（3）向对方队员吐口水。

（4）故意手球（不包括守门员在本方罚球区内），在犯规发生地点踢直接任意球。

如果直接任意球直接踢入对方球门，判为得分；如果直接任意球直接踢入本方球门，判给对方踢角球。

九、间接任意球

裁判员认为队员犯如下七种犯规中的任何一种，将判给对方踢直接任意球：

（1）守门员持球 6 秒。

（2）守门员发球后未触其他队员再次用手触及。

（3）守门员手接故意回传球。

（4）守门员手接己方界外球。

（5）普通队员危险动作。

（6）阻挡队员。

（7）阻挡守门员发球和越位。

发间接任意球时，只有当球进门前触及另一名队员方可得分。如果间接任意球直接踢入对方球门，判为球门球；如果间接任意球直接踢入本方球门，判给对方踢角球。

十、罚球点球

罚球点球应从罚球点上踢出，必须明确主罚队员。踢球时除主罚队员和对方守门员外，其他队员均应在该罚球区外及比赛场内，并至少距罚球点 9.15 米处。对方守门员在球被踢出前，必须站在两门柱间的球门线上（两脚不得移动）。主罚队员必须将球向前踢出；在其他队员踢或触及前不得再次触球。

罚球点球可直接射门得分。

十一、掷界外球

掷界外球是重新开始比赛的一种方法。当球的整体不论在地面或空中越出边线时，应由出界前最后触球队员的对方队员，在球出界处掷向场内任何方向。

掷球时，掷球队员必须面向球场，两脚均应有一部分站立在边线上或边线外，掷球前，可以附加助跑。掷球时，允许脚在地上滑动，但任何一只脚不得全部离地，用双手将球从头后经头顶掷入场内。球一进场内比赛立即恢复。掷球队员在球被其他队员踢或触及前，不得再次触球。

掷界外球不得直接掷入球门得分。

十二、球门球

当球的整体不论在空中或地面从球门外越出球门线，而最后踢或触球者为攻方队员时，由守方队员在球门区内任何地点直接踢出罚球区恢复比赛。如踢球门球的队员在球被其他队员踢或触及前，不得再次触球。球门球属于间接任意球，踢球门球不得直接射门得分，踢球门球时，对方队员在球被踢出罚球区前都应站在罚球区外。

十三、角球

当球的整体不论在空中或地面从球门外越出球门线，而最后踢或触球者为守方队员时，由攻方队员在离球出界处较近的角球区内踢角球。

踢角球时，不得移动角旗杆。踢角球队员的对方队员在球未进入比赛时，即球未滚动至球的圆周距离时，不得进入距球 9.15 米以内。踢角球队员在球没被其他队员踢或触及前，不得再次触球。

角球可以直接射入对方球门而得分。

十四、踢点球决胜

踢点球决胜负是当比赛打平后需要决出胜队时而采用的一种方法。

裁判员选出用于踢球点球的球门，采用投币方式，选中哪一方先踢并对踢点球做记录。罚点球时要求双方各自先确定本队罚点球队员上场的顺序，然后双方依确定好的顺序将各自罚点球的前 5 名球员派出参加第 1 轮的点球互罚。5 轮之后如果分出胜负，全场比赛结束；假如 5 轮过后双方仍为平手，那么接着进行点球互罚，双方依次派出 1 名球员罚点球（无需踢 5 个球），直到一队较另一队多进一球时为止，全场比赛结束。

第九章 排 球

第一节 概 述

一、排球起源

这项运动是1895年美国马塞诸塞州霍利克城基督青年会体育干部威廉、摩根首创的。当初人数不定，只要人数相等即可，后来变成场上每队16人，随着技术、战术的发展，逐渐减少为12人、9人和6人制的比赛。

排球运动在美国产生以后传入欧洲和亚洲，由于基督教青年会的传教活动，排球于二十世纪初先后传入印度、中国、日本、菲律宾。国际排球联合会成立于1947年，已有140个国家和地区成为会员单位，目前世界性最高层次的排球比赛有世界锦标赛、奥运会排球赛、世界杯排球赛等。

二、技术特点

技术世界排球发展趋势可以归纳为“点、线、面、体”的几何轨迹。开始由固定位置（二、四号位）的单点进攻，逐渐发展为沿网平行的多点进攻线，进而又在网上不同高度和空间差上形成了不同网距的各种进攻线，然后又有网上不同高度和空间的进攻战术。目前，排球技术、战术的发展动向是“高、快、全”的结合。

高—是指运动员身体高度的提高，这必然使今后网上争夺更为激烈，并为技术、战术的变化带来创新。

快—是指各国排球队频繁交往，相互渗透，博采众长。各种流派相互融合，将世界排球运动推向一个新的高度，其主要体现在进攻战术的快速多变上。

全—主要体现在技术全面掌握上。

三、规则

排球比赛场地长18 m，宽9 m，以一条中线把球场分为两个场地，在中线上空设长9 m，宽0.8 m的球网将两个场区隔开。根据排球规则规定，正式比赛网高是男子2.43 m，女子2.24 m。排球比赛上场的双方各有6名队员，分别按照场上六个区域站位。由双方队长抽签确定谁先发球。在球发出前，双方队员按六个区站好位、不得越位。发球时，由站在一号位的队员先发球。每一方只允许击球 3 次（拦网除外击球时不能持球或连击，后排队员不能在限制线前完成进攻性击球。比赛每局满 25 分为一局，正式比赛一般采用五局三胜制，每局为每球得分制。

四、排球锻炼的意义

排球运动对场地设备要求不高、参加者不受年龄、性别的限制，可以根据自己的体力来掌握运动量。经常参加排球运动，能促进身体全面发展，增进内脏器官的功能，提高弹跳力、灵敏度、耐力、速度、力量等身体素质以及反应能力。不仅如此，排球运动还可以培养团结战斗的集体主义精神和精确快速的判断能力以及勇敢顽强、坚毅果断、机智灵活的意志和品质。

第二节 基 本 技 术

一、发球

发球是比赛的开始，也是进攻的开始，发球可以破坏对手的战术组成，起到先发制人作用。发球质量如何直接影响比赛成绩，所以，发球技术在排球比赛中至关重要。

（一）正面下手发球动作要领（以右手为例）

将球在体前右侧抛起 20～30 厘米，同时做好右臂后摆动作，有时也可将持球手撤出，立即摆臂去击球。先右脚蹬地，身体重心前移，右臂伸直，以肩为轴，向前摆到腹前，用虎口、掌根或手掌击球的后下部。

（二）上手发飘球动作要领（以右手为例）

用左手平稳而准确地将球抛起于右肩前上方，高度适中同时，右臂抬起，屈肘后引，肘略高于肩，上体稍后仰。五指拼拢，指尖朝上，手腕稍后仰保持一定的紧张，右脚蹬地重心前移，以收腹迅速带动手臂挥动，挥臂呈直线，在右肩前上方用手掌的坚硬部击中球的后中下部。击球的力量要集中迅猛，击球的作用力要通过球的重心。击球瞬间，手指手腕紧张，手型固定，不加推压动作，手臂最好有突停动作，如图 9-1 所示。

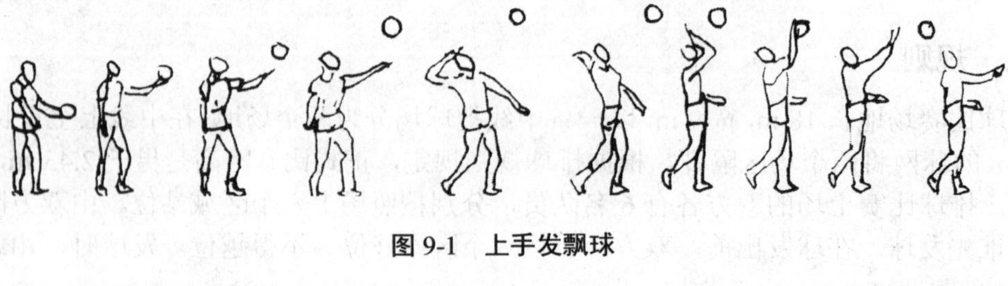

图 9-1 上手发飘球

（三）发球的练习方法

（1）徒手模仿抛球练习、对墙发球、隔网发球、发球区发球练习，体会要领，掌握方法。

（2）把后场分成多个区域，要求把球发到规定的区域内。

（3）在规定的时间内，将具有一定威力、速度、性能的球发到场内，规定性能，每人发 10～20 个好球。

（4）二对二、三对三发球、接发球对抗练习，统计得失分率。

（5）四对四、六对六的发球对抗练习，统计发球得分、失误等。

二、垫球

垫球是用手臂从球的下部，利用来球的反弹力向上击球的技术。主要用于接发球和扣球、接拦网球，有时也用来组织进攻。按动作方法可分为正面双手垫球、体侧垫球、滚翻垫球和挡球等。

（一）正面双手垫球技术要领

身体正对球，根据球的落点，迅速移动成半蹲姿势站立，当球接近腹前时，两手掌根紧靠，两手手指重叠后合掌互握，两拇指平行，手腕下压，两臂外翻形成一个平面，如图 9-2 所示。当球距腹前一臂距离时，两臂夹紧前伸插到球下，向前上方蹬地抬臂，垫击球的后下部，身体重心随击球的动作前移。垫球力量主要靠手臂上抬力量增加球的反弹力，同时配合蹬地提腰动作，使重心向前上方移动，两个手臂要适当放松，便于灵活控制垫球的方向和力量。垫球部位应保持腹前击球，触球时用距前臂腕关节 10 cm 左右挠骨内侧平面为宜，如图 9-3 所示。手臂角度根据来球的角度和要垫出的方向，运用入射角与反射角原理，调整手臂与地面的角度和转动左右手臂平面来控制垫球方向，如图 9-4 所示。

叠掌式型　　包掌式手型

图 9-2　垫球手型

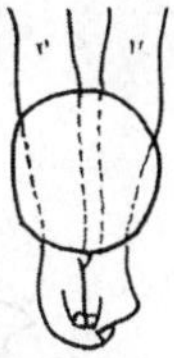

图 9-3　垫球部位

图 9-4　正面双手垫球

（二）侧位垫球技术要领

球正向体侧飞来，队员来不及对准来球时，可用双臂体侧垫球。如球向左侧飞来，右脚掌内侧蹬地，左脚向左跨出一步，重心移至左脚上，右臂弯曲夹紧向左侧伸出，右肩微向下倾斜，用向后转腰收腹的动作，配合两臂自左后方向前截住飞行的路线，用两前臂垫击来球的后下部，切忌随球向左侧摆臂击球，这样会造成球飞向侧方，如图 9-5 所示。

图 9-5 侧位垫球

（三）滚翻垫球技术要领

做滚翻垫球时，应快速向来球方向移动，最后跨出一大步，重心下降并落在跨出脚上，上体前倾，使胸部贴近大腿，双臂伸向来球方向。同时，两脚继续用力蹬地，使身体向来球的落地点方向腾出，用小臂、虎口或手腕部分击球的下部。击球后脚尖内转，以大腿外侧、臂部侧面、背部和异侧肩部依次着地，然后顺序低头、收腹、团身做单肩后滚翻成低蹲姿势，图 9-6 所示。

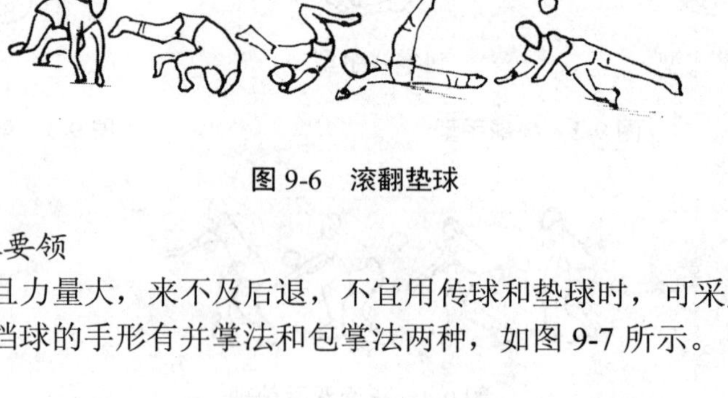

图 9-6 滚翻垫球

（四）挡球技术要领

当来球高于肩且力量大，来不及后退，不宜用传球和垫球时，可采用双手挡球和单手挡球的方法。双手挡球的手形有并掌法和包掌法两种，如图 9-7 所示。

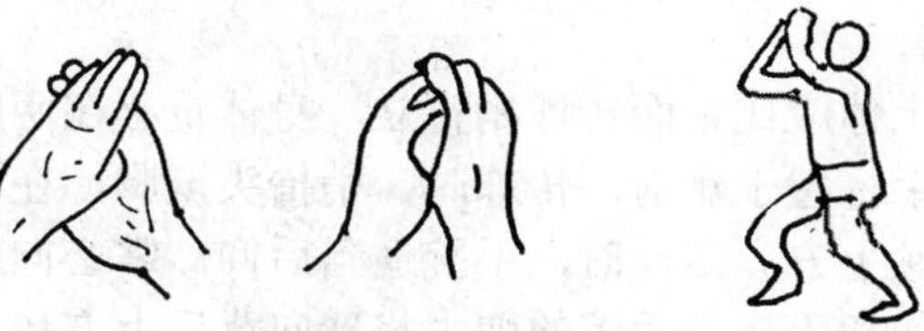

图 9-7　双手挡球

（五）垫球练习方法

（1）徒手模仿熟练后，垫击固定球，反复练习自垫球，体会夹肩、抬臂提肩和击球要领。

（2）对墙练习垫球。

（3）两人一组相距 5 m，一抛一垫球练习。

（4）两人一组相距 10 m，一发一垫球练习。

（5）四人两组，网上发、垫球练习或比赛。

三、传球

传球是排球运动的一项重要技术，是组织进攻战术的基础。传球主要运用于衔接防守和进攻。由于传球是用手指和手腕的动作去击球，而且手指、手腕灵活，感觉能力强，两手的手指控制球的面积大，因此传球准确性较高。

传球的技术种类较多，主要有：正传、背传、侧传三大类，都可以原地传或跳传，单手传较少采用。

（一）正传技术要领

正面双手传球是根据来球的速度、方向，判断清楚球的落点，迅速移动到球下，在做好稍蹲的准备姿势下，抬头看球，当球接近额前时，两手自然抬起，在额前成半圆形，两拇指成“一”字形，如图 9-8 所示。

主动用蹬地、伸膝、伸臂的协调动作击球，食指和中指托住球的后下部，无名指、小指在球的两侧辅助控制球，用手指手腕的弹力将球传出，如图 9-9 所示。

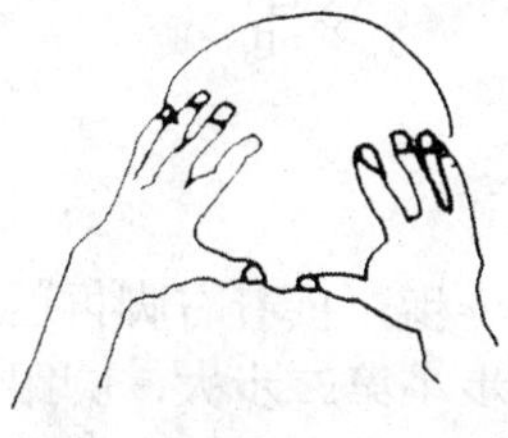

图 9-8　正传手型

图 9-9　正传

（二）背传技术要领

背传的准备姿势：上体应比正面传球稍直立，身体重心在两脚之间，不要前倾，双臂屈肘抬起，两手成传球手行置于额前。传球时，稍抬头挺胸，在两腿蹬地的同时，上体向后伸展，击球点保持在额上方。击球时，手腕适当后仰，掌心向上，手指击球的下部，利用向后上伸臂、伸肘动作和手指、手腕的弹力将球向背后上方传出。

（三）传球练习方法

（1）徒手向前、后、左、右移动后，模仿传球技术动作。

（2）两人一组，一人持球于头上，另一人传固定球练习。

（3）两人一组，距离 5～6m，一抛一传。三人一组，三角形站位，距离 5~6m，一人抛球，另外两人交替传球。

（4）两人一组，距离 4～6m，网前连续传球练习，网前移动传球练习。

四、扣球

扣球是排球的基本技术之一，是得分、争发球权的主要手段。扣球的成败，体现全队的战术质量和效果，是能否取胜的关键。现代排球运动的扣球技术，已打破位置分工的限制，更多地运用各种变步和变向的助跑起跳，充分利用网长和纵深，多采用立体进攻。

（一）正面扣球技术要领

采用稍蹲姿势，两臂自然下垂，观察来球，做好向各个方向助跑起跳的准备。助跑的步数要视球的远近和个人习惯采用一步二步、三步等不同的步法。扣球助跑可采用并步法起跳、跨跳法起跳，如图 9-10 所示。

图 9-10 正面扣球 1

现以两步助跑右手扣球为例。助跑时，左脚先向前迈出一步，接着右脚再迅速跨出一大步，左脚及时并上，踏在右脚之前，脚尖稍向右转。第一步小第二步大，脚跟先着地过渡到脚掌着地。两臂配合起跳，有力地向上摆动。两腿从弯曲制动的最低点，用力蹬地向上跳起。起跳后挺胸展腹身体稍向右转，右臂向后上方摆起，身体成反弓形。挥臂时，以迅速转体、收腹动作发力，依次带动肩、肘，腕各关节成鞭甩动作向前上方挥击。击球时，五指微呈勺形，并保持紧张，以全手掌包满球，掌心为击球中心，击球的后中部，同时用屈腕指向前推压，使扣出的球加速上旋。击球点在起跳的最高点和伸直手臂最高点的前上方，落地时前脚掌先着地，再过渡到全脚掌着地，顺势屈膝、收腹，图 9-11 所示。

图 9-11 正面扣球 2

（二）近体快球的扣球技术要领

快球有近体快球、背快、短平快、半快球、平拉开快、调整快等许多种，不论采用哪种，助跑的步伐要轻松、快速、灵活、有节奏，起跳时间要准确；击球时身体动作和挥臂动作的振幅要小，主要利用前臂和手腕加速甩动击球。近体快球是在二传队员体侧约 50cm 处扣的快球。扣球队员要在二传托球的同时，助跑到网前，助跑路线一般与网成 45° 左右。当二传队员传球时，扣球队员应在二传队员前近网处迅速跳起，紧接着快速挥臂，将刚传出网口的球扣过网去。击球时，利用含胸、收腹动作带动前臂和手腕迅速挥甩，以全手掌击球的后上部。

（三）易犯错误及纠正

（1）击球点过高、过低、太前、太后、偏左、偏右。

技术动作要领不清，移动步法不熟练，判断不准确，找不好击球点。纠正方法是讲清击球点的合理位置并进行示范，使队员明确不正确的击球点所造成的错误的影响。多进行结合球的判断移动的专项练习，如两人一组的一抛一传（或接）练习。强调保持正确击球点，使队员养成在正确的击球点传球的习惯，提高对球的判断能力。

（2）手型不正确，大拇指朝前，两手分得太开或一高一低。

对正确的手行缺乏明确的概念。纠正方法是讲清正确的手形动作并进行示范，多做徒手传球模仿动作和传实心球、对墙传球等。

（3）身体动作不协调，先蹬腿后传球或先传球后蹬腿。

身体各部位协调性差，纠正方法是多传实心球和进行对墙传球，多进行专项协调性的练习，体会蹬地、展体、伸臂的协调用力动作。

（4）传球时，伸手过早或过晚。

判断不准确，对传球的迎击和伸送动作缺乏正确理解。纠正方法是反复讲解传球出手迎击和伸送动作概念，多进行两人对传练习，体会出手的时间，多传实心球。手腕和手指力量不够缺乏弹击力，过于紧张或过于放松。纠正方法是多做发展手指和手腕力量的练习，多传实心球或足球，多做手指俯卧撑或抓铅球的练习等。

（四）扣球练习方法

可以先练习扣球技术的各个部分，然后再将其串联成完整技术练习，起跳和击球两个环节重点练习，在熟练掌握正面扣球的基础上再练习其他扣球技术。

（1）反复练习原地挥臂、助跑、起跳、空中挥臂动作。

（2）固定球，挥臂扣球体会击球点、击球部位和手型以及体会协调用力。

（3）在对墙单扣或连扣的基础上，作原地扣球、助跑起跳扣，体会起跳时间和高点击球的空间感。

（4）课外蛙跳、俯卧撑练习，强加弹跳力和手指、手腕力量。

第三节 排 球 战 术

运动员在比赛中，根据排球规则和排球运动的规律及临场竞赛情况的发展变化，有意识地运用合理技术和互相配合所采取的有目的、有针对性的行动就是排球战术。排球战术分为进攻战术和防守战术两种。

一、进攻战术

（一）“中一二”进攻战术

由前排中间的3号位队员担任二传，其他5名队员将来球垫传给二传队员，再由二传队员将球传给4号位或2号位队员扣球的进攻形式，称为“中一二”进攻战术，这种战术是一传的目标明确，二传队员易于接应，加之战术配合简单，便于组织进攻。所以“中一二”战术是排球进攻最基本、最简单的战术，如图9-12所示。

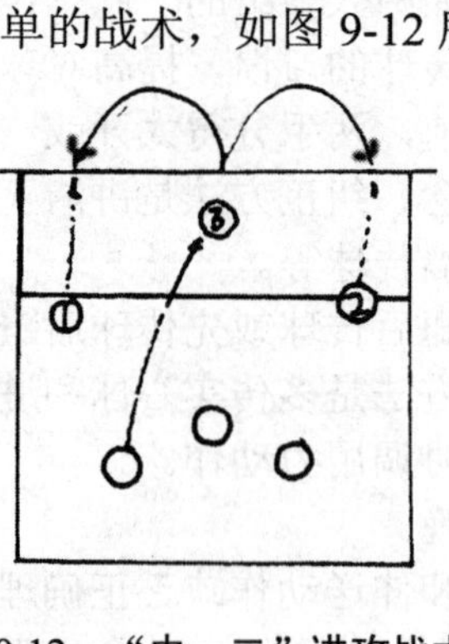

图9-12 “中一二”进攻战术

（二）“边一二”进攻战术

由前排边的 2 号位队员担任二传，将球传给 3 号位或 4 号位队员扣球的进攻战术，称为“边一二”进攻战术，如图 9-13 所示。

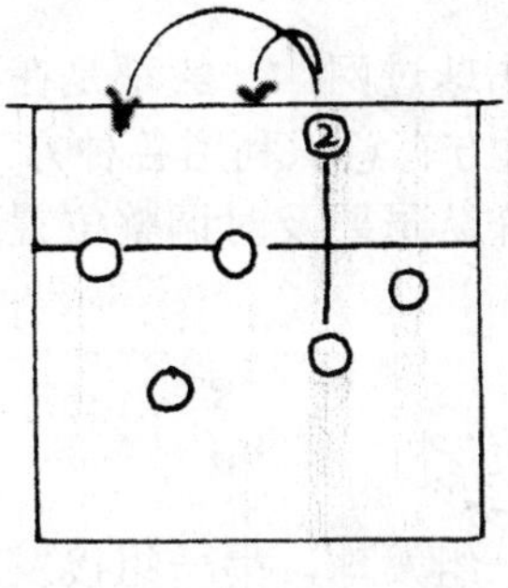

图 9-13　“边一二”进攻战术

这种战术也比较简单，容易掌握。并且由于两名进攻队员的位置相邻，便于进行互相掩护，增加了突然性和攻击性。

（三）“插上”进攻战术

由后排的队员插到前排担任二传，将球传给前排三名队员扣球的进攻战术，称为“插上”进攻战术。

“插上”进攻战术能保持三名队员参加进攻，可以充分利用球网的全长，有利于发挥进攻队员的多种互相掩护战术配合，突破对方的防线，因此，更具有突然性和攻击性。

二、防守战术

（一）接扣球防守战术

接扣球防守是由前排拦网和后排防守两部分组成。有效的拦网不仅可以抑制对方的进攻，而且还可以直接拦死对方的扣球，起到进攻的效果。后排防守是前排拦网的后盾，起到保护拦网、弥补拦网的作用，把没有拦到的球接起来，再组织进攻。

1．集体拦网

是在个人拦网技术的基础上进行二三人的协同拦网配合。组成集体拦网时，要以一个人为主，另一个人或者两个人配合其行动；主拦队员要抢先移动正确取位，以便同伴配合；起跳时相互之间要保持好距离，避免相互冲撞或干扰。

2．后排防守

后排防守是第二道防线，是组织进攻战术的基础，是关系到能否得分的重要问题。后排防守必须与前排拦网密切配合，互相弥补；后排防守中，要做好接应的准备；后排防守中队员要具有良好的心理素质。

3．防守阵形

包括无人拦网下的防守阵形；单人拦网下的防守阵形；双人拦网下的防守阵形；三人拦网下的防守阵形。

（二）接传、垫球

在比赛中，以传、垫球方法击球过网，一般都是在不得已的情况下采取的。接球的一方有充裕时间组织进攻，但有时对方有意识利用各种方法给接球一方制造困难，如垫高球、迫使二传队员接球等。因此，防守队员要及时调整位置，组织起有效的进攻。

三、战术练习方法

（1）接发球组织战术进攻练习。

（2）两组，每组三、四人。一组发球，另一组接发球，组织各种战术练习。

（3）教学比赛，在比赛中运用各种战术。

第四节　排球的主要规则

一、比赛场地和球

1．比赛场地

为 18m×9m 的长方形，所有界线宽 5cm。

2．球

颜色应是一色的浅色或彩色，圆周 65～67cm、重量 260～280g、气压 0.30~0.325kg/cm^2。

二、比赛的获胜

1．胜一分

当某队取得一球的胜利时，即为得一分，如果双方队员同时犯规，则判“双方犯规”，该球重新进行。

2．胜一局

前四局先得 25 分并同时超出对方 2 分的队胜一局，当比分 24 比 24 时，比赛继续进行至某队领先 2 分为止，如 24∶26；第五局则为先得 15 分并同时超出对方 2 分的队获胜，当 14∶14 时，比赛继续进行至某队领先 2 分为止。

3．胜一场

胜 3 局的队为胜一场。

三、比赛的组织

1．抽签

在准备活动之前和第五局的比赛前，均要由第一裁判员组织双方队长进行抽签，抽签获胜方可选择：发球或接发球、或场区。

2．位置

发球队员击球时，双方队员（发球队员除外）必须在本场区内按轮转次序站位。队员的位置应根据其脚的着地部位来判定，每一名前排队员至少有一只脚的一部分，比同列后排队员的双脚距中线更近；每一名右边（左边）队员至少有一只脚的一部分比同排中间队员的双脚距右（左）边线更近。球发出之后，队员可在本场区和无障碍区的任何位置上，当发球队员击球时犯规与对方位置错误同时发生，则发球犯规被认为在先而被判罚。

3．轮转

轮转次序包括发球及其他队员的站位，在整局中按位置表填写顺序进行，即当接发球队获得发球权后，该队队员必须按顺时针方向轮转一个位置；当发球方得分时，双方运动员位置皆不轮转。如轮转发生错误，则该队被判罚失一球，同时队员的轮转次序被纠正，取消该队自错误发生之后所得分数，而对方得分仍然有效。

4．换人

每一局每队最多可替换六人次，同时可替换一人或多人。每局开始上场阵容的队员在同一局中可以退出比赛和再次上场各一次，而且只能回到原阵容的位置上。替补队员只能上场比赛一次，替补开始上场阵容的队员，而且他只能由被他替换下场的队员来替换。

5．关于自由人

（1）在比赛记录表上的运动员登记栏中，必须在自由人的姓名、号码后注明“上’字样，表示该运动员为自由人。

（2）服装必须与本队其他队员服装式样一致，但颜色不同。

（3）自由人上场、下场时，不需要经过教练员申请和裁判员同意，在死球时，其可自动与场上任何运动员进行换人，并无次数限制，但两次换人间必须要经过比赛过程。

（4）自由人上场后不得进行发球、拦网、扣球，在前场区做二传时，进攻队员不得将高于球网的球击入对方场地。

四、比赛规则

1．界外球

球接触地面的部分完全在界线以外；球触及场外物体、天花板或非比赛成员等；球触及标志杆、网绳、网柱或球网标志杆以外部分；球的整体或部分从过网区以外过网。

2．比赛中的击球

（1）球队的击球。

每队最多击球三次（拦网除外）将球从球网上击回对方，同时，一名队员不得连续击球两次，但拦网和同一个动作在本队第一次击球产生的连续不同部位触球除外。

（2）同时触球。

同队的两名（或三名）队员同时触到球时，被判为两次（或三次）击球（拦网除外）；两名不同队的队员在网上同时触球，比赛继续进行，获得球的一方仍可击球三次。如果球落在某方场区外，则判为对方击球出界。如果双方队员同时触球造成“持球”，则判“双方犯规”，该球重新进行。

（3）借助击球。

队员不得在比赛场地以内借助同伴或任何物体进行击球。

（4）击球的性质。

球必须清晰击出，接住或抛出即为“持球”犯规。球也可以触及身体不同部分，但必须是同时的。

3．拦网

允许越过球网触球，但在对方进攻性击球前和击球时不得妨碍对方，触及球的拦网行动，被认为完成拦网。只有前排队员允许完成拦网。在一个动作中，球可以迅速而连续触及一名或更多的拦网队员，也可以连续触及拦网队员任何身体部位。

4．网下穿越

在不妨碍对方比赛情况下，允许队员在网下穿越进入对方空间。

（1）队员的一只（两只）脚越过中线触及对方场区的同时，其余部分还接触中线或置于中线上空是允许的，不判为犯规。

（2）队员身体的任何其他部分都不允许接触对方场区。

在不影响对方比赛的情况下，队员可以从过网区外穿越而进入对方无障碍区中，将从过网区外过去的球经过网区外救回。

5．触网

触网为犯规，但队员未试图进行击球的情况下偶尔触网除外。由于球被击入球网而造成球网触及队员，不算犯规。

6．进攻性击球

前排队员可以对任何高度的球完成进攻性击球，但触球时必须在本场地空间，后排队员可以在进攻线后对任何高度的球完成进攻性击球。但 起跳时脚不得踏及或越过进攻线，击球后可以落在前场区。对方发球时，接发球队队员不能在进攻区内对高于球网上沿的发球做进攻性击球。

7．发球

后排右边队员在发球区用一只手或手臂将球击出而进入比赛的行动，称为发球。第一局和第五局由抽签选定发球权的队首先发球，其他各局由前一局未先发球的队首先发球。队员发球的次序按位置表上的顺序进行，在一局中首先发球之后，队员按下列规定进行发球。

（1）当发球队胜一球时，原发球队员继续发球；当接发球队胜一球时，获得发球权并轮转，由前排转至后排的队员进行发球。

（2）球被抛起或持球手撤离后，必须在球落地前将球击出。

（3）发球队员在击球时或击球起跳时，不得踏及场区（包括端线）

（4）发球队员必须在第一裁判员鸣哨后 8 s 内将球击出。

8．暂停和技术暂停

第 1～4 局，每局有两次技术暂停，各有 1min，每当领先队达到 8 或 16 分时自动执行。相应每个比赛队每局还有两次机会请求 30 s 的普通暂停。第五局无技术暂停，每队可请求两次 30 s 的暂停。

9．交换场区

局间进行交换场区；决胜局中某队获得 8 分时，两队交换场区，队员在原来的位置继续比赛。

第十章 乒乓球

第一节 概 述

大约在 1890 年，有一位叫詹姆斯·吉布的英格兰人发明。后来稍加改进后，逐步在英国和世界各地推广起来。也许因为此球在桌子上打来打去发出了“乒乒乓乓”的声音，英国一家体育用品公司首先用“乒乓”一词作为广告上的名称。从此，乒乓球得了这个绘声的名字。19 世纪末，欧洲盛行网球运动，但由于受到场地和天气的限制，英国有些大学生便把网球移到室内，以餐桌为球台，书作球网，用羊皮纸做球拍，在餐桌上打来打去。

20 世纪初，乒乓球运动在欧洲和亚洲蓬勃开展起来。1926 年，在德国柏林举行了国际乒乓球邀请赛。后被追认为第一届世界乒乓球锦标赛，同时成立了国际乒乓球联合会。乒乓球运动的广泛开展，促使球拍和球有了很大改进，最初的球拍是块略经加工的木板，后来有人在球拍上贴一层羊皮。随著现代工业的发展，欧洲人把带有胶粒的橡皮贴在球拍上，在 50 年代初，日本人又发明了贴有厚海绵的球拍。最初的球是一种类似网球的橡胶球。在名目繁多的乒乓球比赛中，最负盛名的是世界乒乓球锦标赛，起初每年举行一次，1957 年后改为两年举行一次。1904 年，上海一家文具店的老板王道午从日本买回 10 套乒乓球器材，从此，乒乓球运动传入中国。

从 2000 年 10 月 1 日起，国际乒联将比赛用球的直径改为 40mm。这项改革对现有的乒乓球技术带来很大影响，必将淘汰一批运动员，并将乒乓运动带入一个新的时代。小球时代结束了，正值巅峰期的中国乒乓球队为自己的小球时代画上了一个圆满的句号。一个月后，大球时代的第一场世界大赛：男子世界杯在中国扬州开赛，未能入选悉尼奥运阵容的中国选手马林在世界杯上夺冠，成为大球时代的第一位世界冠军，这枚金牌也预示着迈进大球时代的中国乒乓球队将继续辉煌与荣誉。

第二节 基 本 技 术

一、握拍法

（一）直拍握法技术要领

拍前以食指第二指关节和拇指中段扣拍；拍后三指弯曲贴于拍上端 1/3 处。这种握拍法也称“中钳式”。直拍握法的特点是正反手都用球拍的同一面击球，一般情况下，不需要两面换，出手较快；正手攻球快速有力，攻斜线、直线球时拍形变化不大，对手不易判断，便于从速度、球路和力量上取得主动；手腕动作灵活，发球变化较多。但反手攻球时，因受身体阻碍较难掌握，不易起重板，攻削交替时手法变化大，影响速度和准确性，防守时照顾面较小。

1．近台快攻型握拍法

拍前，以食指第二指关节和拇指第一指关节扣拍；拍后，三指弯曲贴于拍的 1/3 上端，如图 10-1 所示。

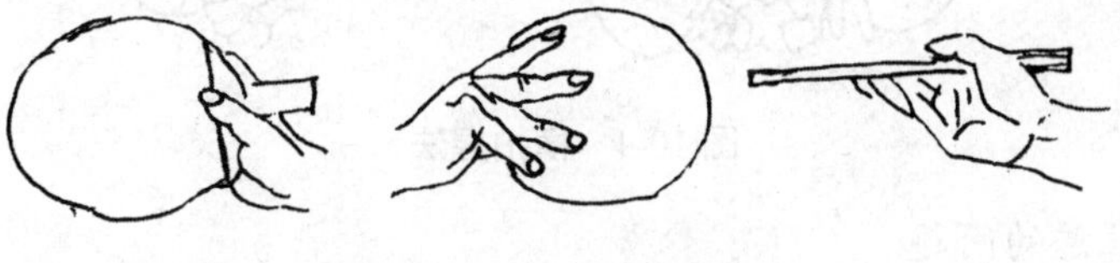

图 10-1　近台快攻型握拍法

2．弧圈球型握拍法

拍前，拇指紧贴在拍柄的左侧，食指扣住拍柄，形成一个小环状，紧握拍柄；拍后，三指自然弯曲顶住球拍的中部，这种握法适用于弧圈球型打法，如图 10-2 所示。

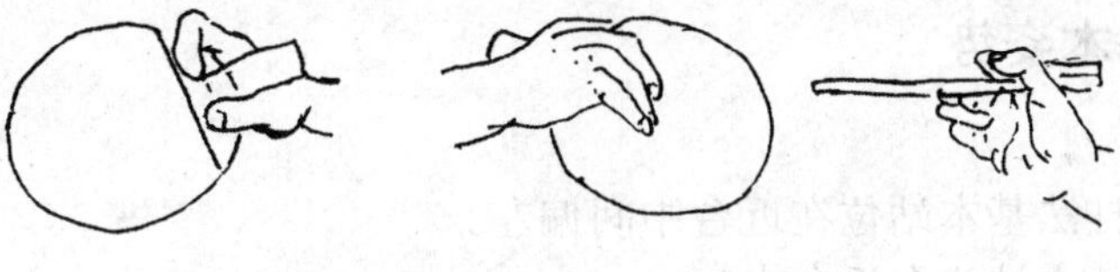

图 10-2　弧圈球型握拍法

3．削球握拍法

大拇指弯曲，紧贴拍柄的左侧，用力下压，其余四指自然分开托住拍的后面。正手削球时，尽量使球拍后仰，减少来球的冲力；反手削球时，拍后四指灵活地把球拍兜起，如图 10-3 所示。

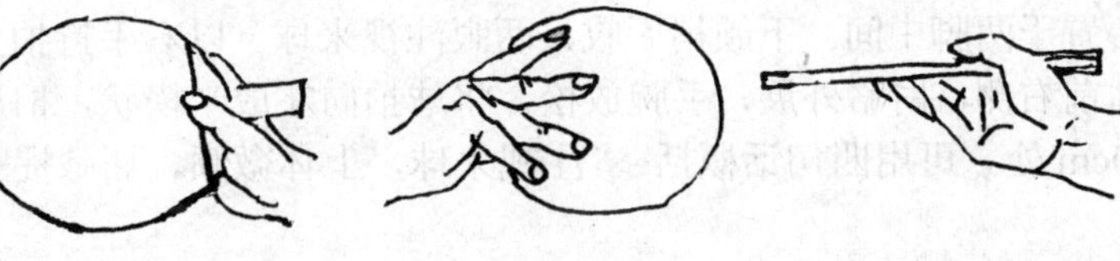

图 10-3　削球握拍法

（二）横拍握法技术要领

横拍握法的特点是照顾的面积比直拍大，攻球和削球时握拍的手法变化不大；反手攻球不受身体阻碍，便于发力；削球时有力方便，易于发挥手臂的力量和掌握旋转变化。但在还击左右两面来球时，需要转动拍面，动作大，影响摆臂速度；攻直线球时，动作明显易被对方识破，台内正手攻球也较难掌握。

横拍的基本握法是：虎口贴拍，食指在拍前，拇指在拍后。正手攻球时，食指稍向上移动，反手攻球时，拇指稍向上移动，图 10-4 所示。

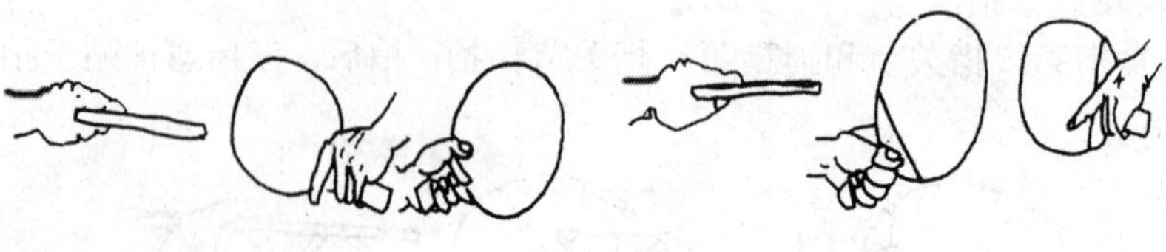

图 10-4 横拍握法

（三）握拍应注意的问题

（1）握拍时虎口角度不能过大、过小或太深、太浅，以免影响手腕动作的灵活性和击球的发力。

（2）在准备击球时或把球击出后，手指不要过分用力握拍。这样，一方面便于使拍形恢复准备击球的状态；另一方面也可使手的部分肌肉及时放松，以免造成手腕、前臂的僵硬。

二、站位与基本姿势

（一）站位

（1）左推右攻型打法基本站位在近台中间偏左。

（2）两面攻打法基本站位在近台中间。

（3）弧圈球为主打法基本站位是中台偏左。

（4）横拍攻削结合打法基本站位在中台附近。

（5）以削为主打法基本站位在中远台附近。

（二）基本姿势

两脚平行站立，提踝，前脚掌内侧用力着地，两脚距离比肩稍宽，两膝屈并稍内扣，上体稍前倾，重心置于两脚中间。下颌稍后收，两眼注视来球。以右手持拍为例，持拍手臂自然弯屈，置于体前右侧，肘略外展，手腕放松，将球拍向左成半横状，拍形自然后仰置于腹前离身体 20~30cm 处。可用四句话概括：“注视来球，上体微倾，屈膝提踵，重心居中。”

三、发球和接发球

（一）发球技术要领

发球是由抛球和挥拍击球两个动作组成的，抛球是前提，击球部位的挥拍方向是决定发球性质的关键，用力大小和第一落点的远近是发球变化的条件。

1．发球的技术要领

（1）平击发球。

将球置于掌心上，手掌伸平，然后将球抛起；向前挥拍时，拍形稍前倾，击球中上部；击球后的第一落点应在球台的中区。平击发球一般不带旋转，它是最基本的发球方法，也是掌握其他复杂发球的基础。

（2）反手发急球。

抛球后，球降至约与网同高时击球；击球时，拍形稍前倾击球中上部，同时手臂向前迅速挥拍（发急球时，拍形稍后仰，击球中下部）；发球的第一落点要靠近端线。这种发球方式球速快，弧线低，前冲力大。以攻为主的运动员用这种发球法易发挥速度上的优势，能迫使削球运动员后退接球，利于加强攻势。

（3）反手发侧上（下）旋球。

击球前，拍形稍向右倾斜，前臂和手腕由左向右挥动；击球时，拍从球的正中部向右侧下摩擦击出的球是右侧下旋球。拍从球的正中部向右侧上摩擦击出的球是右侧上旋球。这种发球方式向右侧上（下）旋转力强，对方挡球后，其向左侧上（下）反弹。

（4）正手发奔球。

击球前，拍形向左偏斜，前臂放松；击球时，前臂和手腕由右侧向左前上挥动，拍从球的右侧向右侧上摩擦；发球的第一落点要靠近端线。这种发球方式球速急，落点长，冲力大，球的飞行弧线向左偏斜。从右角发斜线能发出角度较大的球，使对方回接困难，能迫使削球运动员后退接球。

（5）正手发左侧上（下）旋球。

击球前，拍形稍向左偏斜，前臂和手腕由右向左挥动；击球时，拍从球的正中部向左上摩擦击出的球为左侧上旋球（发左侧下旋球，拍形稍后仰从球的中下部向左侧下摩擦）。这种发球方式球速一般不很急，左侧上（下）旋转力较强，对方挡球后，向其右侧上（下）反弹。

（6）正（反）手发转与不转球。

抛球不宜过高，发球前手腕和前臂放松；击球时向前下方摩擦用力；发转球时，拍形稍后仰，从中下部向底部摩擦。发不转球时，拍形减少向后角度，并稍加前推的力量。这种发球方式球速较慢，前冲力小，主要是发球手法接近，以旋转变化来迷惑对方，使其回接困难。发下旋球短球能控制对方攻势，发不转球易使对方接出高球或出界，为进攻创造机会。发转与不转的区别，在于拍触球的刹那间变化拍形的角度。

（7）发短球。

抛球不要太高，等球下降时击球；击球时，手腕和前臂要敢于摩擦发力。手腕的力量要多于前臂的力量；尽可能和发长球的动作相似，使对方不易判断。这种发球方式击球动作小，出手快，球落于对方球台后的第二落点不出台。发短球可以牵制对方，使对方不易发力还击。

2．发球要求

（1）发球要“精”。每个运动员必须掌握一两种技术精、质量高的特长发球，把它作为比赛中得分的重要手段。要防止方法掌握的全、多而技术不精的偏向。

（2）发球要配套。在熟练掌握一两种主要发球的基础上，还要将一些发球方法配合成套，这样效果更好。例如反手发右侧下旋与发右侧上旋配合成套；发短球与发急球配合成套；发斜线与直线配合成套。可以以某一发球为主，但一定要有相应的发球方法与之配套，防止单一化。

（3）发球要善变。发球时应当把旋转、力量和落点很好地结台起来变化运用。发球手法尽量相似，使对方不易判断出球的旋转性能。

（4）发球要结合抢攻。必须把发球同发球抢攻连贯起来。要熟悉对方回球的规律，为下一板抢攻做好准备。

（5）发球要有针对性。发球时必须针对对方的技术水平、优缺点，以及站位等情况来决定自己应当运用的发球方法。发球之前要观察一下对手，然后再将球发出。

3．发球的练习方法

（1）持拍模仿动作练习。

（2）一人多球连续发球练习。

（3）一人发球一人接球练习。

（二）接发球

1．接发球的站位和判断

（1）站位的选择。接好发球的基础是要选择好站位。要根据对方发球的位置来决定自己的站位，如果对方用正手在球台右方发球则站位应偏右一些，如果对方用反手或侧身在球台左方发球则站位应偏左一些。站位偏左或偏右多是从回接对方发来角度较大的斜线球来考虑的。站位离台的远近应根据个人习惯打法来决定。总之，站位的选择要保证在进入对打阶段能发挥出个人技术特长。通常为了便于照顾长球又能接短球，站位不宜离台太近或太远，一般离台30~50cm。

（2）判断旋转和落点的方法。一般从下列三方面进行判断，这三个方面是相互联系的。

其一、从对方出手动作来判断：可从对方击球时的拍形角度来判断发球的方向；从对方击球时力量的轻重来判断球的落点；从对方发球时挥拍动作和拍触球后移动的方向来判断球的旋转性能。

其二、从对方的动态来判断：如果对方以发短球为主，就应生动站得近一些，但也要警惕对方发长球。

其三、从来球的弧线来判断：如果球的最高点在对方台面上空或接近球网，通常为短球，反之为长球。如果第一跳落台短、弧线长，则过来的球是长急球；第一跳落台长、弧线短，则过来的球是短球。

2．接发球技术要领

（1）接急球。

当对方用反手发过来左角急球时，一般用推挡回接。如回斜线球应尽可能角度大些，注意手腕外旋，用拍触球的左侧面，使对方难以侧身抢攻或快速变为直线。有时也可回中路靠右或以直线反袭空当。如果用反手攻球或削球回接则必须移步后退，等来球力量减弱时再回击，这样易于发挥自己的力量和提高准确性。

（2）接短球。

当对方发来近网的短球时，可以把球也回到对方的近网处，使其不易发力进攻。要使回球的落点短，注意上步时身体保持稳定，特别是在击球时必须控制住身体的前冲力，在拍触球的刹那间控制住拍形，迅速减力，做回收动作将球接过去。还可用快攻的方法回接。当球跳到高点期使拍形稍竖起，靠手腕和前臂的力量迅速发力回击。回接下旋球时要注意适当加大提拉的力量。

（3）接左侧上（下）旋球。

对于发来的左上旋球，可用推挡回接，推接时将球拍略向左偏斜，并迅速使球拍稍前倾，然后用力将球推压过去。如要把球回到对方的右角，则拍面正对对方右角，并用力将球推到靠近边线的地方。如要把球回到对方的左角，则拍面应对着对方球台的中央，尽量利用拍面的偏斜角度来抵消来球的左侧旋力。也可用侧身攻球或反手攻球来回接。在拍触球的刹那间，除控制好拍面外，还要注意击球的板型要下压一些，主要靠手腕和前臂发力回击。

（4）接右侧上（下）旋球。

当对方发来右上旋球时，可用推挡回接。接球时，先将球拍略向右偏斜，并迅速使拍面稍前倾，然后将球用力推压过去，如果把球回到对方的左角，则拍面正对对方左角，并用力将球推到靠近边线的地方，如把球回到右角，则拍面应对着对方球台中央，尽量用拍面的偏斜角度来抵消球的右侧旋力。还可以用侧身攻、反手攻球或削球来回接右侧上旋球，但注意拍面应稍向右偏斜，其他动作要领与接左侧上旋球相同。

四、推挡球

推挡球是推球和挡球的总称，是左推右攻型运动员的主要技术之一。由于推挡球站位近、动作小、球速快，所以在比赛中常用推挡的速度和落点的变化压制对方的攻势，运用得好可以充分发挥近台快攻的作用，也可以直接得分。

（一）推挡球技术要领

1．挡球

两脚平行开立稍比肩宽，左脚稍前，身体离球台约 40cm。击球前，前臂与台面平行伸向来球。拍触球时，前臂和手腕稍向前移动，主要借助来球反弹力将球挡回。在来球的上升期击球的中部，拍形与台面接近垂直。击球后迅速收回球拍，还原成击球前准备姿势。

挡球球速慢，力量轻，动作简单，容易掌握，它是初学者入门的技术。反复练习挡球可以熟悉球性，体会击球时的拍形变化，提高控制球的能力。在对方攻击时，挡球还能作为防御的一种手段。

2．减力挡球

站位与挡球相同。在拍触球的刹那，手臂前移的动作骤然停止，甚至根据来球情况要把球拍轻轻后移，用以减弱来球的反弹力。要使减力挡球控制得好，必须善于根据来球力量和上旋强度的大小，调节好拍形角度和掌握好触球瞬间球拍后移的动作。减力挡球可用来减弱回球的力量，一般在对方来球力量较重时使用。

3．快推

站位同上。持球手臂和肘内收，前臂略外旋。击球时，前臂向前推出，同时手腕外旋，食指压拍，拇指放松，使拍形前倾。在来球上升期击球的中部，将球快推过去。击球后，手臂前送，手腕配合外旋使球拍下压。快推可借力还击，回球速度快，力量较轻，在发挥出速度上的优势时能起到助攻的作用；落点变化好，能袭击对方空当。

4．加力推

加力推的击球时间比快推稍慢一些，在准备推挡时，前臂向后收，使球拍略提高一些，并及时根据来球弹起的高度，调整好拍形角度，在上升后期或高点期击球中上部。主要靠前臂向前推压发力，击球时，拍形固定，手腕不加转动。加力推回球力量重，球速快，击球点较高，可充分发挥手臂前推力量，能压制对方攻势，有利于争取生动。

5．推下旋

准备击球时，手腕不要外转，拇指压拍，拍面保持一定后仰，在上升期后段击球中下部。推击时应适当增大向前和稍向下的力量，以压低回球弧线。可使回球下旋，弧线较低，球下沉快。在推中使用能减弱对方推压的力量，或使对方回球困难。

6．快挡

快挡技术有两种：正手快挡和反手快挡

反手快挡动作：球拍置于身前，前臂自然弯曲，准备击球时，拍稍后移。如挡直线，当球从后面弹起时，前臂向前迎球，拍形稍前倾使拍面对着对方右上角，在上升期击球中上部。如挡斜线，手腕在触球刹那间稍向外转动，使拍面对着对方左角，触球的左侧上部。

正手快挡动作：准备击球时，前臂稍向右移动。如挡直线，当球从台面弹起时，前臂向前迎球，手腕略向外展，拍稍微竖起，拍面对着对方左角，在球上升期击球的中上部，拍形稍前倾。如挡斜线，手腕稍向内转，使拍形对着对方右角，触球的中上部。

这是横拍技术，动作简单，回球速度快。如落点控制好，也能取得主动地位。它与削球结合起来不仅使攻球产生旋转的变化，而且改变了回球的速度，为反攻创造机会。用它来接突击球，或回击弧圈球和对方发来的急球都有很好的效果。

（二）推挡球的练习方法

（1）徒手模仿动作练习，用正反手对墙挡球练习。动作熟练后在台上做直线与斜线推挡练习。

（2）两人均力推挡，变一人均匀力量推另一人加力推或两人全力推练习。

五、攻球技术

（一）正手快攻技术要领

1．正手攻球

左脚稍前，身体离球台约 40cm 左右。击球前，持拍手臂要前伸迎球，前臂自然放松，球拍呈半横状。当球从台面弹起时，前臂和手腕向前上方挥动，并配合内旋转腕的动作，使拍形前倾，在球上升期击球的中上部。触球时，拇指压拍，同时加快手腕内旋的速度，使拍面沿球体作弧形挥动。击球后，挥拍至头部高度。正手快攻站位近，动作小，球速快，借球的反弹力还击，能缩短对方准备回击的时间，为已方争取主动，可以充分发挥近台快攻的作用。

2．正手远攻

左脚稍前，身体离球台 1m 以外。击球前，持拍手臂向右后方引拍，球拍呈半横状，拍形稍后仰。击球时，手臂由后向前挥动。触球前，前臂在上臂带动下向前上方用力，手腕边挥边转拍形逐渐前倾，在球下降期前段击球的中部或中下部。拍触球时，前臂加速用力向前向上方攻击，击球后，手臂随势向前上方挥动，前臂和手腕向上将球拍挥至头部高度，同时上体左转，重心移至左脚。这种击球方式站位远，动作大，力量重，要主动发力击球，并在来球前进力减弱时击球。对攻中，力量配合落点变化能争取主动或直接得分。被动防守时也可用这种方法进行反击。

3．正手扣杀

左脚在前站立，击球前持拍手臂向右后方引拍，并稍高于台面，球拍呈半横状。当球弹起至高点时，上臂带动前臂由后向前挥，将触球时，前臂加速用力向左前挥击，手腕跟着移动，在高点期击中上部，拍形稍前倾。拍触球时，整个手臂的力量应发挥到最大限度，同时腰部配合向左转动，触球点一般在胸前 50cm 左右。击球后重心由后脚移至前脚。正手扣球动作大，力量重，球速快，攻击性强，在还击半高球时，能充分发挥击球力量，是得分的一种重要手段。

4．正手提拉

左脚在前站立，身体离台约 60cm，球拍呈半横状略下垂，拍形稍后仰。触球前，前臂加速用力向左上提拉，同时配合手腕动作向上摩擦球，在球下降期击球中下部。遇来球低或下旋较强时，腰部应配合向上用力。击球后要随势将球拍挥至额前，重心移至左脚。正手提拉站位较远，动作较慢，由下向上挥击，球速不很快，靠主动发力击球，它是还击下旋球的有效方法。

5．杀高球

左脚在前，身体右转，手臂从上向下挥动，拍形前倾，前臂和手腕同时下压，在头与肩之间的高度击球的中上部，击球后，手臂随势下压，将球拍挥至身体左侧并配合上体左转，重心移至左脚。杀高球击球点高，动作大，力量重，是还击高挑球的一种有效方法。

6．滑板球

重心在左脚，手臂自然弯曲，球拍位于身体右侧成半横状，击球时，手臂由右向左移动，在高点期击球左侧面，触球时手腕外展顺势向左滑使球左旋，将球击到对方左角。击球后，手臂挥至左肩为止。滑板球速度慢，带侧旋，弧线向右偏斜，回球角度大。可用以迷惑对方，增加对方回球的难度，为进攻创造条件。

（二）反手攻球的技术要领

1．反手快攻

右脚稍前，身体离球台约 40cm，持拍手臂自然弯曲，将球拍移至腹前偏左的位置，击球时前臂和手腕向右前上方挥动，同时配合外旋转腕动作，使拍形前倾，在球上升期击球中上部，击球后将球拍挥至右肩前。反手快攻站位近，动作小，球速快，借来球反弹力还击，是两面攻的重要技术之一。

2．反手快拔

动作方法和特点基本同“反手快攻”，只是动作幅度更小些。

3．反手远攻

左脚稍前，身体离台约 1m 远，击球时，手臂由后向前挥动，前臂在上臂带动下向前上方用力，同时配合向外转腕动作，在球下降期击球的中下部，击球后将拍前送至头部高度，身体重心移至右脚。握横拍者，击球时拍向右前方摆动。反手远攻站位远，动作大，力量较重，系主动发力击球。在对攻中以力量和落点争取主动得分。被动时，用它可以反击。

4．反手提拉球

它的特点是站位近，动作小，一般在接近网下旋短球时用。动作中有上步和前移重心的动作，其动作与“反手快攻”相同。

（三）攻球的练习方法

（1）手法和步法配合的情况下，做徒手模仿练习。

（2）自抛自攻的台上多球练习。

（3）一人配合一人攻球练习，先轻打，熟练后逐渐加力练习。

（4）推攻练习。一人推挡球到固定点，一人攻球到固定点；一人推球到两点，一人做左推右攻；推中路，练习者侧身攻练习。

（5）对攻练习。两人可做斜线、直线对攻。先轻打，掌握好落点后，再练近台、中台和中远台的大力或全力攻球练习。

六、搓球

（一）搓球技术要领

1．快搓

右脚步稍前移，身体靠近球台。来球在身体左侧时，可运用反手搓球。击球时，上臂迅速前伸，前臂跟随向前，拍形稍后仰，利用上臂前送力量，在球上升期击球中下部。在用正手搓身右侧球时，身体稍向右转，手臂向前右上引拍，然后前臂和手腕向前下方用力，在上升期击球中下部。快搓动作小，回球较快，能借球力回击，它是对付削球和搓球的有效方法。

2．慢搓

反手慢搓是右脚稍前，身体离台约 50cm，持拍手臂向左上引拍，击球时前臂和手腕向前下方用力，同时配合内旋转腕动作，拍形后仰，在球下降期后段击球的中下部。击球后前臂随势送。横拍搓球，拍形略竖一些，击球后前臂向右下方挥摆。慢搓动作幅度较大，回球较慢，旋转变化用得好，可以为进攻创造条件或直接得分。

3．搓转与不转球

快搓和慢搓均能搓出加转与不加转球，它主要取决于作用力是否通过球心。搓力大，旋转力就强，但作用力通过球心则不转。搓加转球时，前臂和手腕加速向前下方用力，切球的中下部，用球拍靠下部分触球，以利于加大摩擦力。

搓不转球和搓转球的动作相似，只是搓不转球时前臂和手腕要向前上方用力，用球拍的上部或中部碰球，形成相对不转球。

（二）搓球的练习方法

（1）徒手模仿动作，台上抛球，等球起来时，搓球过网，体会挥拍力量和速度对球转速的影响。

（2）一人发下旋球，一人搓球；两人对搓球练习。

（3）搓球变线和搓转与不转球练习。

七、削球

（一）削球技术要领

1．正手远削

正手远削时，左脚稍前，身体离球台 1m 以外，上体稍右转，重心在右脚上。击球前手臂自然弯曲，将球拍向右上引至同肩高。击球时手臂向左前下方挥动，在球下降期击球中下部，拍形稍后仰。触球时前臂加速削击，同时手腕向下转动用力，击球后随势前送，重心移到左脚。

反手远削时，右脚稍前，身体左转，手臂弯曲，球拍向左上方引至与肩同高，拍柄向下，重心放在左脚上，击球时手臂向右前下方挥动，前臂和手腕如果加速用力削击来球，在球下降期击球中下部，拍形后仰；击球后上体向右转动，球拍随势挥至身体右侧，重心移到右脚。远削动作大，球速慢，弧线长。回球下旋，可通过旋转和落点的变化伺机反攻。

2．正（反）手近削

正手近削时，左脚稍前，身体离台 50cm 左右，上体稍向右转。击球时手臂弯曲，后引至与肩同高，拍形稍后仰，触球时前臂用力向左前下方挥动，手腕配合下压，在球上升后期或高点期，击球的中部或中下部。

反手削球时，右脚稍前，手臂弯曲向左上引拍；击球时前臂向右前下方挥动，手腕配合用力下压，在球上升后期或高点期击球的中部或中下部。近削动作小，球速快，前进力较强。近削逼角能使对手回球困难，从而伺机反攻。

3．削追身球

当来球飞近身体时，持拍手臂应迅速上提，将球拍引至胸前，前臂和手腕向上使拍稍竖起，同时收腹提踝。击球时前臂和手腕随向后收腹的用力动作向前下移动，并配合内旋的动作，将球削出。

4．削弧圈球

一般情况下，有两种削球方法可以还击对方拉过来的弧圈球，一种是加转削球，另一种是变化削球角度。

（二）削球的练习方法

（1）多球练习。一人用固定点发急球，一人有正、反手将球削回练习。

（2）接正、反手平击球的削球练习。

（3）正、反手的直、斜线削球练习。

（4）削球结合正、反手攻球练习。

八、弧圈球

（一）弧圈球技术要领

1．正手高吊弧圈球

两脚开立，右脚稍前，身体略向右转，两膝微屈，重心放在右脚上。准备击球时，持拍手臂自然下垂，并向后下方引拍，右肩略低于左肩，拇指压拍使拍形略为前倾，呈半横立状，并使拍形固定。当来球从台面弹起时，手臂向前上方挥动，前臂在上臂带动下爆发性用力做快收动作，将要触球时，手腕向前上方加力，并在来球下降期用拍摩擦球的中部或中上部。球拍摩擦球时，要注意配合腰部向左上方转动和右腿蹬地的力量。击球后，重心移至左脚。

这种弧圈球球速较慢，弧线较高，上旋性特强，着台后向下滑落快，对方回击不当易出界或击出高球，为扣杀创造机会。一般遇到低而转的来球时，打这种球比较多。

2．正手前冲弧圈球

准备动作同上，球拍自然引至身体与台面同高，拍形前倾与水平面成 30°～40° 夹角。

当球从台面弹起还未达到高点时，腰部向左转动，手臂向前上方挥动，上臂带动下臂加速内收，手腕略微转动，在高点期用拍摩擦球的中上部，使之成为较低的弧线落至对方的台面上，击球后重心移至左脚上。这种弧圈球弧线低、上旋力强，球速快，着台后前冲力大。

3．正手侧旋弧圈球

击球时，拍面呈半横状，并略向右侧，上臂带动前臂和手腕，结合腰部向左转动的力量，在球下降期用拍摩擦球的右中部或中上右部，使球有强烈的旋转，击球后重心移到左脚。这种弧圈球带有强烈上旋力及侧旋力，着台后下落快，还会出现拐弯现象，增加对方回击的困难。

4．手弧圈球

这种打法多为横拍选手所用。击球前将拍引至下腹部，拍形前倾。当球弹起时，以肘为轴，前臂迅速向上挥动，结合手腕向上转动的力量，在下降期摩擦球的中部或中上部，在击球过程中，两腿向上蹬伸。

（二）弧圈球的练习方法

（1）持拍模仿练习拉球动作。

（2）一人发下旋球，一人拉球练习。

（3）一人削球，一人拉球练习。

（4）与其他技术相结合的拉球练习。

第三节　基本战术

一、乒乓球运动战术的概念

乒乓球运动战术，是指乒乓球运动员在比赛中为战胜对手所采取的计谋和行动。这些计谋和行动是以技术为基础的，一个运动员基本技术越全面、扎实，他的战术运用就越灵活多样。反过来，随着战术的变化和发展，又可以促进技术不断地革新和提高。它包括发球抢攻、对攻、拉攻、削攻和搓攻战术。

二、乒乓球运动战术运用的基本原则

制订一套正确的战术，既要“知己知彼”，又要“以我为主”。因此，在制订战术以前，应对对方做一番比较全面的了解，要抓住对方最基本的东西，然后根据自己的特点，来制订战术。所以战术运用的基本原则是：对已是“扬长避短”；对彼是“避长攻短”。但在运用时还必须要有的放矢，随机应变，有时也可以“以长制长”、“以短制短”。此外，还要针对临场的比赛情况灵活运用战术，有时还要作必要的战术调整。

三、乒乓球运动的基本战术

1．发球抢攻战术

发球抢攻是快攻类打法力争主动先发制人的一项战术，是我国乒乓球运动员的重要战术之一，同时也是比赛的重要得分手段。具体的发球抢攻战术：

（1）正手发转与不转球后抢攻；

（2）侧身正手发高、低抛左侧上、下旋球后抢攻；

（3）反手发右侧上、下旋球后抢攻；

（4）反手发急球后抢攻；

（5）下蹲发球抢攻；

（6）正手发急球后抢攻。

2．对攻战术

两名进攻型选手相遇，形成攻对攻的局面时，常采用下列战术：

（1）紧压对方反手，伺机正手抢攻或侧身攻；

（2）压左调右；

（3）压中路配合压两角，伺机抢攻；

（4）调右压左，先打对方正手，将其调到正手位，再打其反手位。注意，调正手位的这板球要凶，否则容易遭到对方攻击。

3．拉攻战术

拉攻是进攻型打法对付削球打法的主要战术，即用拉球找机会，然后伺机扣杀。其战术主要包括以下几个方面：

（1）拉一角，杀另一角或中路，这是拉攻的常用战术；

（2）拉中路杀两角或拉两角杀中路；

（3）拉斜线杀直线或拉直线杀斜线；

（4）变化拉球旋转，伺机扣杀；

（5）拉搓、拉吊和长短球结合，伺机扣杀。

4．削攻战术

（1）削转与不转球后伺机反攻。削球选手尽量用相似的动作削出强烈下旋和近似不转的球，迫使进攻型选手直接失误或为削球者提供反攻机会。

（2）紧逼一角，突袭空当。先用加转球逼住对方左角，在对方重心位置逐渐左移时，突然送球至右方。

（3）削、挡结合，伺机反攻。削球中突然上步挡一板到对方空当，然后伺机抢攻；也可以在削球中突然轻挡一板，变化回球旋转性质，使对方难于判断，伺机抢攻。

（4）削球中配合拉弧圈球，伺机反攻。

5．搓攻战术

随着弧圈球技术的发展，搓攻战术变得越来越简单，多搓一板，对方就会抢攻在先。

所以，搓攻的正确战术指导思想是尽量少搓，力争抢攻。常用搓攻战术有：

（1）搓对方进攻的薄弱环节，自己抢先进攻；

（2）先搓反手大角，再变直线，伺机进攻；

（3）搓转与不转球后抢攻。

第四节　基本规则

一、决定每场比赛的胜负

可采用七局四胜制或团体、单打、双打采用五局三胜制，团体进入半决赛，单打、双打进入前 16 名，采用七局四胜制。

二、决定每局比赛的胜负

以先得 11 分的一方为胜方，10 平后，先多得 2 分的一方为胜方。

三、交换方位

在一场比赛中，一局比赛结束后，下一局应交换方位。决胜局时一方先得 5 分时，即交换方位。

四、选择方位和发球权

每场比赛用抽签的方法选择方位和发球权，抽签胜方可优先选择或要求对方先选。如一方选择发球或者接发球，则由另一方选择方位。在双打中，首先得到发球权的一方，应先确定第一发球员，而接发球的一方，可任意确定第一发球员，然后按规定次序，轮流换发球和接发球，直至一局结束。此后各局先发球的一方可以任意确定第一发球员，接发球的一方，应是前一局与之相对应的发球员来接发球。决胜局交换方位时，发球次序不变，但接发球一方应交换接球员的次序。

五、发球与发球次序

一局比赛中，双方共得 2 分后，接发球一方即成为发球一方，依此类推，直到一局结束。比分打到 10 平或开始执行轮换发球时，任何一方得 1 分后，即交换发球权；在双打时，发球和接发球次序不变，但每个运动员每次只能轮流发一个球，直到该局结束。

双打在发球、接发球击球次序上规定：甲 1 发球，乙 1 接发球；乙 1 发球，甲 2 接发球；甲2发球，乙2接发球；乙2发球，甲1接发球；甲1发球，乙1接发球；一直这样周而复始，直到该局比赛结束。当发球、接发球次序错误时，裁判员应立即中断比赛，加以纠正以后，按正确的次序继续比赛，但错误发现前的比分，一律有效。

六、合法发球

发球时，球应放在不执拍手伸平的掌心，抛球前，执球手应高于台面；抛出的球不得低于球网，抛球时不得使球旋转，不得偏离垂直线4度以上；当球从最高点下降时才能击球，球应先触击本台区，然后越过或绕过球网到对方台区；在双打中，球发出后，应先接触本方右半台区或中线，然后落到对方的左半台或中线上；击球时，球必须在发球员台区的端线及其延长垂直平面之后；裁判员对发出的球有怀疑时，可中断比赛，警告发球员。在一场比赛中，对任何选手的发球，只能警告一次，以后再有怀疑或发球员明显没有按照合法发球规定进行发球时，不再给予警告，而应判失1分。

七、合法还击

运动员必须用球拍或执拍手手腕以下部位击球，使球直接越过或绕过球网落在对方台区内，才算合法还击。

八、重发球

发球员发出的合法球，越过或绕过球网时触网或触网柱；或触网、网柱后被接球队员或其同伴拦击或者阻拦；如果球已发出，而裁判员认为接球员或者其同伴尚未准备好；裁判还没有报告比分，而发球员已经将球先发出；如果裁判员认为由于发生了无法控制的事故，使运动员未能合法发球、合法还击或不符合规定；由于纠正发、接球顺序或方位错误而中断比赛；由于开始采用轮换发球法而中断比赛；由于怀疑发球是否正确，警告运动员而中断比赛；如果裁判员认为比赛受到意外干扰，似乎将影响这个回合的结果而中断比赛时，均应判重发球。

九、比赛的得失分

在一局比赛中，每当球从发球员不持拍的手中抛起，即进入比赛状态，除非一个回合被判重发球，下列情况判失1分：未能合法发球或还击；发球时没有击中处于比赛状态的球；还击时，没有打着球或连击两次球；球在本方台区连跳两跳；球没有过网；球没有击到对方台区而落地或碰到球网以外的其他物体；用不符合规定的拍面击球；不执拍的手触及台面或击球；拦击或阻挡；当球处于比赛状态，运动员及其任何穿戴物使台面移动、触及网或网柱；在双打中，运动员未按发球员和接发球员确定的顺序击球。

第十一章 羽 毛 球

第一节 概 述

一、羽毛球的发展

现代羽毛球运动诞生于英国，在 19 世纪逐步在欧洲发展起来。1870 年，出现了用羽毛、软木做的球和穿弦的球拍。1873 年，英国公爵鲍弗特在格拉斯哥郡伯明顿镇的庄园里进行了一次羽毛球游戏表演。从此，羽毛球运动便逐渐开展起来。

现代羽毛球运动大约于 20 世纪初传入我国。1953 年在天津举行全国蓝、排、网、羽四项球类运动会，羽毛球为表演项目，这是羽毛球首次全国性表演赛，并规定从 1956 年起，每年举行一次全国性比赛。80 年代的中国羽毛球蒸蒸日上，在世界各大比赛的赛场上全面开花，男女羽毛球队先后真正进入了世界最强者的行列。

羽毛球运动器材设备简便，十分便于开展，而且简单的技术也容易掌握，运动量可大可小，不同年龄、性别和身体状况的人都可以从事。经常参加羽毛球活动不仅可以发展灵敏性和协调性，还可以提高动作的速度和上、下肢活动的能力，改善内脏器官的功能，使身体得到全面发展，还能培养人机智、沉着、勇敢顽强拼搏等素质，因此深受广大群众和青少年学生喜爱。

二、羽毛球场地和器械要求

1．球场

羽毛球场地是一个长方形，长 13.40m，单打场宽 5.18 m，双打场宽 6.10 m，所有线为 4 厘米，场地两端的线称为“端线”，两边的线称为“边线”，场地线的颜色最好是白色、黄色或其他容易辨别的颜色。中线应平均分配在左右发球区，其他所有的线都属于球场面积内，场地四周 2 m 以内、球场上空 9 m 以下不得有障碍物。

2．网柱

从球场地面起，网柱高 1.55 m。网柱必须稳固地同地面垂直，并使球网保持紧拉状态，网柱应放置在双打的边线上。

羽毛球运动的器械简单、便宜、场地小、室内外均可进行运动，趣味性强、且不受年龄、性别的限制，因此是深受广大群众喜欢的体育锻炼项目。

第二节 羽毛球基本技术

一、握拍方法

羽毛球的基本握拍方法有两种，即正手握拍法和反手握拍法。

1．正手握拍法

握拍前使拍面与地面基本垂直，右手张开，用握手的方式握住拍柄，中指、无名指和小指并拢握住拍柄，食指与中指自然分开，掌心不要紧贴，握拍力度适当，如图 11-1（左）所示。

2．反手握拍法

在正手握拍的基础上，拇指和食指将拍柄稍向外转，食指稍向中指靠拢，拇指第二指节紧贴在拍柄内侧的宽面上，中指、无名指和小指并拢握住拍柄，柄端靠紧小指根部，使手心留有空隙，如图 11-1（右）所示。

图 11-1 正反手握拍

二、发球

发球（以右手为例）是组织进攻的开始，其质量的如何直接影响到比赛的主动或被动，以至于赢球或丧失发球权。发球分：正手发球和反手发球两种。

（一）正手发球技术要领

发球站位：单打发球在中线附近，站在离前发球线 1m 左右处。双打发球站位可靠近前发球线。

准备姿势：身体左肩侧对球网，左脚在前右脚在后，重心在右脚上。右手持拍向右后侧举起，肘部放松微屈，左手拇指、食指和中指夹住球，举在胸腹前，眼睛观察对方接球的动向。发球时，身体重心由右脚移至左脚。此发球站位和准备姿势适合于各种正手发球动作。

1．正手发高远球

发出的球既高又远，球从高处下落成垂直线，落点在对方的底线区域。发球的时候，左手把球举在身体的靠右前方并放下，使球落下，右手同时由大臂带动小臂，从右后方向前，往左前上方挥动，当触球的刹那，用手腕力量，向前上方鞭打用力击球。球击出的同时，手臂向左上方挥动，重心移到左脚，如图 11-2 所示。

图 11-2 正手发高远球

2．正手发网前球

运用手腕和手指的力量把球轻轻发出，使球贴网而过，落到对方短发球区的区域内。这是针对接发短球较差的对手使用的一种战术。站位稍靠前些，击球时，握拍要放松，大臂动作小，主要靠小臂带动手腕向前切送，用力要轻，如图 11-3 所示。

图 11-3 正手发网前球

（二）反手发球技术要领

发球站位：反手发球的站位应在发球区内较靠近前发球线的位置。

准备姿势：右脚在前，左脚在后，身体自然伸直，重心放在右脚上，面对球网。左手以拇指、食指和中指捏住羽毛球，置于腹前腰下，两眼注视对方准备接球的方向。

反手发网前球，发球时前臂膀带动手腕使球拍从左下方向右前方作半弧型挥动。击球前，做手放球，用球拍对球作横切推送，使球贴网而过，如图 11-4 所示。

图 11-4 反手发网前球

（三）发球的练习方法

（1）模仿练习各种发球动作。

（2）击与腰同高的吊线球或侧对墙做各种发球挥拍的动作练习。

（3）用多球练习。在对方场区划出若干个区域，发出的球要落在指定位置，练习提高发球的准确性。

（4）两人面对网站在底线附近，练习直线和对角线发球。

三、接发球

（一）接发球技术要领

1．接发球站位

通常站位要站在离发球线约 1 米靠近中线的位置，左脚在前，右脚在后，双膝微屈，重心放在前脚上，球拍举在身前，两眼注视对方。

2．接发球的准备姿势

单打接发球应左脚在前，右脚在后，侧身对网，重心在前脚，后脚脚跟稍提起，双膝微屈，收腹含胸，持拍于右身前，两眼注视前方。

3．接发球方法

在接对方发来的高远球或平高球时，可用平高球、吊球或杀球还击，抓住进攻机会，还击得好，就掌握了主动。相反，后场技术没掌握好，还击球的质量较差，就会遭到对方攻击。在接对方发来的网前球时，可用平推，放网前球、挑后场高球、勾对角球还击；如对方发球质量不好，也可用扑球还击。在发现对方发球抢攻意识时，如果自己防守能力又不强，那就放网前球或平推球还击，控制住球，落点要远离对方的站位，不让对方进攻。当对方连续发球抢攻时，接发球一定要冷静，沉着，准确判断，提高接发球质量，以牵制对方发球抢攻。

（二）接发球的练习方法

（1）按不同的发球方法，反复挥拍练习。

（2）多球反复各种发球练习。

（3）两人一组，一发一接练习。

四、击球

击球是羽毛运动的一项重要技术。只有熟练地掌握击球技术，才能更好地控制球速和落点，充分发挥击球的威力。羽毛运动的各种挥拍击球技术，统称为击球法（也称手法）。根据技术动作特点分高手击球、网前击球和低手击球三大类。

（一）击球技术要领

1．高手击球

高手击球主要是迫使对手离开中心位置到最远的地方去击球，或当自己的位置错乱时，为争取时间回到中心位置时多用此法。它具有击球点高、力量大、主动性强、进攻威力大等优点。击高球有两种：高远球和平高球，如图 11-5 所示。

图 11-5　高手击球

（1）正手击高远球。

身体侧面对球网，左脚在前，重心在后脚前脚掌上，屈肘将拍举到肩上，拍面对网，当球下落时，引拍至头后，左右脚蹬地和腰腹协调用力，大臂带动前臂向上，肘关节上升，前臂向前“甩”出，触球时手臂伸直，“闪”动手腕，将球击出。

（2）反手击高远球。

看准对方的来球落向左后场区的时候，迅速把身体转向左后方，移动到适合的击球位置，背对球网，并用反手握拍法握拍；最后一步右脚跨向左后方，球拍由身前举到左肩附近，以大臂带动前臂转动，击球时前臂由左肩上方往下绕半弧形，最后一刹那时手指紧握球拍，击球点应在右肩上方为好，以手腕往右后上方或者根据还击的需要掌握好球拍的角度鞭打进行击球，把球击向后上方。

（3）正手击直线高球和对角高球。

在右后场区击球的位置上，左脚在前，右脚在后，稍屈膝，侧身对网，重心在右脚脚前掌上面，左手自然上举，头抬起注视来球，右手持拍于身体右侧。击球前，重心下降准备起跳。起跳的同时右臂后引、胸舒展。当球落至额前上方击球点时，上臂往右上方抬起，肘部领先，前臂自然后摆，手腕尽量后伸，前臂急速内旋往前上方挥动，手腕向前鞭打发力击球托的后部，球即朝直线方向飞去；若手腕控制拍面击球托的右侧下部，球则向对角方向飞行。

（4）击平高球。

击平高球与击高远球一样，平高球也可以分别用正手、头顶或者是反手技术来击打。

不论是用正手、头顶或者是反手技术击打平高球，其击球前的准备动作与用正手、头顶或者是反手击高远球的准备动作相似，只是在击球的一刹那，手腕是向前使劲而不是向前上方使劲。

（5）拦吊（也叫拦截吊）。

拦吊通常是把对方击来的平高球拦截回击(落点一般离网较近)，击球时拍面正对来球，当拍面和球接触时，只要轻轻拦切或点击，球即以较平的弧线，较慢的速度越过球网垂直下落。

（6）轻吊。

轻吊击球前动作和打高球相似（落点离网较近）。击球时，拍面正对来球在接触球的刹那，突然减速轻点或轻切来球，使球刚一过网就下落。

（7）反手接杀挑后场高球。

击球前，前臂内旋，手腕外展，引拍至左侧前。击球时，上臂支撑，前臂急速往右前方挥摆，手腕由外展至后伸闪动，握紧球拍，加上拇指的顶力，全速挥拍击球，使球向直线方向飞行。若向对角线方向挥拍，则球向对角线方向飞行。

（8）正手接杀挑直线后场高球。

当对方杀右边线球时，右脚向右侧跨一大步到位。随步法移动往右侧引拍，右臂稍向右后摆的同时稍带有外旋，手腕后伸到最大限度，使球拍迅速后摆，紧跟着右臂急速向前挥动时略有外旋，手腕从后伸到伸直闪腕，这时，肘起着“支点”作用，拍面对准来球，击球托的中下部，使球向直线高远方向飞行。

（9）头顶扣杀直线球。

准备姿势同头顶击高球，不同之处是挥拍击球时，靠腰腹带动大臂、前臂、手腕的鞭打动作，全力往直线下方击球，拍面和击球用力方向水平面的夹角小于90度。

2．网前击球

网前击球主要是调动对手、变化战术解决战斗的重要手段，包括搓、挑、扑、推、勾和放网前球等。主要介绍一下搓球、扑球和放网前球技术。

（1）搓球。

搓球的击球点要高，击球时主要利用手腕和手指发力，利用“搓”“切”“挑”动作，摩擦球托底部，改变球在空中飞行轨迹，使球翻转超过网顶，如图11-6所示。

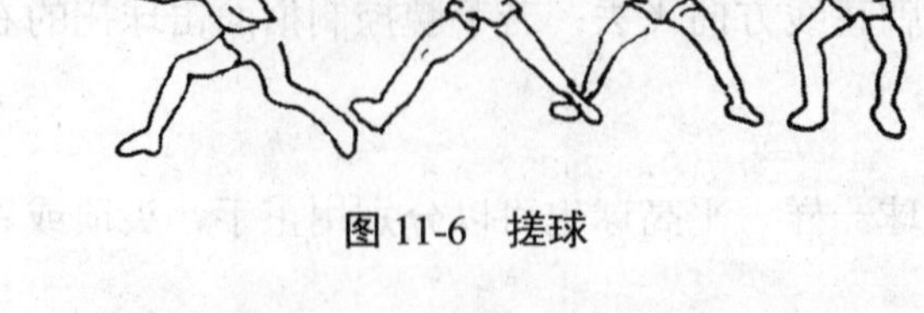

图11-6 搓球

（2）推球。

推球状是将球快速推到对方底线，推球的飞行路线较平，如图 11-7 所示。

图 11-7　推球

（3）扑球。

当对手放网前球时，对弧线高的球迅速上步在网前扑杀，如图 11-8 所示。

图 11-8　扑球

（4）放网前球。

将对方的网前球轻轻挑过网，让球沿着球网坠落对方场内。

3．低手击球

低手击球是重要的防守技术，击球难度较大。它包括抽球和接杀球。

（1）抽球。

正手抽球技术，右脚向侧稍后跨一步。击球前肘部弯曲，手松；球拍后摆，拍头的高度低于肩部。击球时手腕领先，沿着与地面平行的弧度向前挥拍击球。反手抽球技术，反手抽球应以反手握拍，手臂充分后摆，击球前拍面与地面垂直，挥拍击球发力应在右脚，借助腰腹肌力量，以前臂带动手腕做鞭打式击球。正、反手抽球都不能使球飞得弧线太高，球正好掠网而过为最好。

（2）接杀球。

由于杀球速度较快，接球人手臂没有时间完成明显后摆动作，所以，接杀球就更需要充分运用手腕来控制击球动作。

（二）击球的练习方法

（1）做各种动作，反复模仿练习挥拍击球动作。

（2）高球、杀球、吊球练习时，用细线把球吊在右肩上方，反复做高球、杀球、吊球练习。

（3）两人分别站在两底线附近，原地或跳动中相对做直线、对角线练习高球、杀球、吊球时。

（4）用多球练习搓球、推球、扑球、网前球。

（5）两人面对面站在网前附近，做对搓、对推、对扑的直线或对角线练习。

（6）两人一组做全场对攻练习。

五、步法

羽毛球比赛时，场上运动员为了跑到适当的位置击球常采用多种步法。羽毛球运动基本步法包括：蹬步、垫步、交叉步和跨步等。在此基础上组成了上网、后退和两侧移动等综合步法。

（一）基本步法技术要领

1．蹬步

当判断来球是网前球时，两脚轻跳将重心调至左脚，同时左脚用力蹬地，右脚向来球方向大步跨出，使身体迅速向来球方向移动，击完球后，右脚先着地，左脚紧跟着着地，并迅速制动，返回球场中心位置（也可以根据当时的具体情况调整身体的位置），准备下一次击球。

2．垫步

当判断来球是网前球时，两脚轻轻上跳将重心调至左脚，右脚迅速向来球方向迈出一步，左脚迅速跟上，右脚用力蹬地使右脚向前迈出一大步。脚跟、脚掌外侧先着地，然后全脚着地立即缓冲，右腿成弓箭步，制动住身体，保持下一次击球的正确姿势。

3．交叉步

当判断来球是后场球时，两脚向上轻跳将重心调至右脚，紧接着右脚蹬地，身体右转，右脚向来球方向迈出一步；随着右脚的着地，左脚经体后交叉移至右脚外侧；然后右脚迅速向后再移动一步，当右脚着地时，迅速向上蹬，使击球点增高，同时左脚向身后伸出。当击球完成时，左脚以前脚掌先着地，然后右脚着地，左脚着地时要缓冲、制动和回蹬动作连接紧凑，使身体迅速返回球场中心位置。

4．跨步

当判断来球是网前球时，两脚轻轻向上弹跳将重心调至右脚，左脚迅速蹬地向前迈出一步，当左脚刚着地时，右脚加速蹬地向前跨出，左腿用力使右脚向前大跨一步，着地时，以右脚跟、脚掌外侧的顺序着地。上体前倾，右腿成弓箭步，前腿用力缓冲，制动住身体，保持正确的击球姿势。

（二）综合步法

1．上网步法

（1）上右网前。

如果站位靠前，用两步交叉步上网；若站位靠后场，则采用三步交叉跨步的移动方法，即右脚向右前迈一小步，左脚接着前交叉迈过右脚，然后右脚顺差这一方向跨一大步到位。也采用垫步上网，即右脚向右迈一小步后，左脚快速跟进到右脚跟后。利用左脚内侧后蹬，右脚向右前跨一大步。

（2）上左网前。

基本方法与上右网前同，只是方向相反。

2．后退步法

（1）正手后退右后场：为了退后利于挥拍击球，后退多采用侧身后退。如果是右脚站位稍前，先使身体右转成侧身站位，然后用三步并步后退或交叉步后退到右后场。

（2）正手后退左后场：步法与正手后退到右后场相同，只是方向不同而已。

（3）反手后退左后场：反手击球时，必须先使身体向左后转，背对网，运用两、三步交叉步后退至左后场。

3．两侧移动步法

（1）向右侧移动：两脚开立，身体先向左侧倾倒，右脚跟抬起，左脚内侧蹬地，右脚向右侧跨一大步到位。

（2）向左侧移动：移动方法与向右侧移动同，只是方向相反。

（三）步法的练习方法

（1）按动作要领。进行单个步法练习。

（2）听教练口号，进行单个或综合性步法练习。

第三节　羽毛球基本战术

一、单打战术

1．发球抢攻战术

因为发球不受对方干扰，发球者利用规则，可以随心所欲地用各种方法将球发到对方接球区的任何一点。利用多变的发球技术，能够先发制人，争取主动。利用发平快球结合网前球，争取获得第三拍的进攻机会，完成发球抢攻战术。

2．攻后场战术

这种战术主要是在对方后退步法较慢、后场反击力差或急于上网的情况下，连连压住对方的后场，使之被动后，伺机突击。

3. 吊球击后战术

这种战术对付上网步法较慢或网前出手慢的对手较为有效，先以吊、放、搓网前球，然后用推、杀或平高球突击对方的后场底线。

4. 打四点球突击战术

这种战术对付体力差或反应和步法慢的对手有效，其以快速、准确的落点攻击对方场区的四个角落，调动对方前后左右奔跑，在对方来不及回中心位置时即向其空挡部位进攻。

5. 先守后攻战术

这一战术是用来对付盲目进攻而体力又差的对手。先以高球诱使对方进攻，与此同时也要控制好球的位置，注意防守。等对方只顾进攻而疏于防范时，就可以借此发起进攻。或者等对手由于体力下降，速度减慢时发起进攻。

二、双打战术

1. 二打一战术

双打中，双方两个队员的技术水平是不均衡的，集中力量攻击对方较弱的队员，就是这个战术的目的。如果对方强者保护弱者，就要两个人对付强者，消耗其体力，削弱其进攻威力，伺机突击空挡。

2. 攻中路战术

这是一种攻击对方配合能力的战术。方法是当对方站位时，把球击到两人之间的空隙区。若对方前后站位时，可将球击到两人之间的边线位置。目的是造成对方两人都要争夺回击或都不回击，即使回击也犹豫不决，导致漏接或失误。

3. 强打弱战术

这是经常运用且行之有效的战术。当发现对方有一人的防守能力或者心理素质较差，失误率较高，或者防守时球路单调，就可以利用此战术，重点进攻弱者。如果此时强者一人争球打，那么势必会出现站位上的空当，进攻方便可乘虚攻击。

4. 先软后硬，软硬兼施战术

先吊球或推半场球至对方空当，迫使对方被动防守，而后大力扣杀进攻，若硬攻不下，则重吊网前，待对方挑球不行时，再度强攻。

5. 拉、挑两底角，伺机反击战术

这是对付后场进攻能力较差的对手，或为消耗对方体力而采取的一种战术。通过拉、挑底角的远球，诱使对方在左右移动中进攻，伺机反击，后发制人。

三、各国羽毛球的四种主要战术打法风格

马来西亚羽坛名将米·西德克收集并研究了世界各国羽毛球技术资料认为目前世界羽

毛球运动有四种各有千秋战术打法。现摘录于此，供广大体育爱好者在欣赏羽毛球比赛时多一些角度观察。

1．中国式的战术打法

这种打法最全面，既是持久战术，消耗双方的体力，同时，又要发挥猛攻快打的特点。它要求运动员机灵、耐久、准确、情绪稳定，打击对方的弱点。从理论上来讲，这种打法最好。但是，要完全做到很不容易，至少要有一定的天才和熟练的技能。中国羽毛球运动的教练员为运动员制定的这种战术，目前还没有几名这样的天才运动员来实现它，这种羽毛球战术在理论与实践上有着差距。

2．印尼式的战术打法

这种打法追求高超的技术，看准了就猛杀，不愿消耗体力，因此，一旦输了情绪就开始波动，一败涂地。另外，要有这样的高超技术，不是一般人所能做到的。所以印尼羽毛球健儿的失利是由于体力不足。许多地方都采用印尼式的战术打法，例如马来西亚、新加坡、香港。

3．欧洲战术打法

这种打法是靠体力而忽略技术。凭着猛打猛冲的牛劲，容易被对方牵着鼻子走。丹麦、瑞典、英国、荷兰、加拿大、澳大利亚、德国的羽坛健儿因缺乏高超的技术往往失利。

4．韩国式的战术打法

这种打法接近中国的打法。不同之处是，韩国的打法是从个人的经验和教训中创出来的。

第四节　羽毛球基本竞赛规则

目前，国际羽毛球比赛中影响较大的有：奥运会、世界锦标赛、汤姆斯杯赛（男子）、尤伯杯赛（女子）、苏迪曼杯、世界青年锦标赛、世界羽毛球公开赛（英国、韩国、丹麦、哥本哈根等）。

羽毛球比赛分为：男子团体、女子团子、男子单打、女子单打、男子双打、女子双打、男女混合双打 7 个项目。

1．记分方法（类似乒乓球计分方法）

（1）世界羽联 21 分制实行每球得分制，所有单项的每局获胜分都为 21 分，最高不超过 30 分。每场先到 21 分的一方赢得当局比赛。如果双方比分为 20 比 20 时，获胜一方需超过对手 2 分才算取胜；直至双方比分打成 29 比 29 时，那么先到第 30 分的一方获胜。首局获胜一方在接下来的一局比赛中先发球。

（2）除非另有商定，一般一场比赛以三局两胜定胜负。当任一方在比赛中得到 11 分后，比赛将间歇 1 min；两局比赛之间的间歇时间为 2 min。

2．发球

（1）发球时任何一方都不允许非法延误发球。

（2）发球员和接发球员都必须站在斜对角发球区内发球和接发球，脚不能触及发球区的界线；两脚必须都有一部分与地面接触，不得移动，直至将球发出。

（3）发球员的球拍击中球瞬间，整个球要低于发球员的腰部。

（4）击球瞬间，球拍杆应指向下方，从而使整个拍头明显低于发球员的整个握拍手部。

（5）发球开始后，发球员的球拍必须连续向前挥动，直至将球发出。

（6）发出的球必须向上飞行过网，如果未被拦截，应落入接发球员的发球区内。

（7）发球员须在接发球员准备好后才能发球，如果接发球员已试接发球则被认为已做好准备。

（8）一旦发球开始，发球员的球拍击中球或未能击中球均为发球结束。

（9）双打比赛，发球员或接发球员的同伴站位不限，但不得阻挡对方发球员或接发球员的视线。

3．发球错误

一般情况为发球区错误、发球顺序错误、从错误的发球区发球、在错误的发球区准备接发球，此时球已发出。如果因发球区错误在下一次发球击出时或击出后发现，则错误不予纠正。如果因发球区错误在下一次发球击出前发现：a.双方都有错误，应“重发球”；b.错误一方赢了这一回合，应“重发球”；c.错误一方输了这一回合，则错误不予纠正。如果因发球区错误而“重发球”，则该回合无效，纠正错误重发球。如果发球区错误未被纠正，比赛也应继续进行，并且不改变运动员的新发球区和新发球顺序。

4．重发球

由裁判员或运动员（没有裁判员时）宣布“重发球”，用于中断比赛。

（1）遇不能预见或意外的情况。

（2）除发球外，球过网后挂在网上或停在网顶。

（3）发球时，发球员和接发球员同时违例。

（4）发球员在接发球员未做好准备时发球。

（5）比赛进行中，球托与球的其他部分完全分离。

（6）司线员未看清，裁判员也不能做出决定时。

（7）“重发球”时，最后一次发球无效，原发球员重新发球。

5．违例

（1）发球不合法。

发球员发球时未击中球； 发球时，球过网后挂在网上或停在网顶。

（2）比赛时违例。

球落在球场界线外；球从网孔或网下穿过；球不过网；球碰屋顶、天花板或四周墙壁；球触击运动员的身体或衣服；球触击场外其他人或物体；球拍与球的最初接触点不在击球者网的这一方（击球者击球后，球拍可以随球过网）。

运动员球拍、身体或衣服触击网或网的支撑物。

运动员的球拍或身体从网下侵入对方场区，妨碍对方或使对方分散注意力。

妨碍对方，如阻挡对方紧靠球网的合法击球。

运动员故意分散对方注意力的任何举动，如喊叫、故作姿态等。

击球时，球夹在和停滞在拍上紧接着又被拖带，同一运动员两次挥拍连续击中球两次；同方两名运动员连续各击中球一次；球触击运动员球拍后继续向其后场飞行；运动员严重违反或一再违反规则的规定。

第十二章 网 球

第一节 概 述

网球的起源可以追溯到12～13世纪的法国。14世纪中叶，这种供贵族消遣的室内运动从法国传入英国，16～17世纪是英法宫廷从事网球活动的兴盛时期，平民无缘涉足，网球被称为“贵族运动”。

1873年，英国人M•温菲尔德把早期的网球打法改进，1874又进一步确定了场地大小和网的高低。1875年，英国板球俱乐部制定了网球比赛规则。1877年7月由全英板球俱乐部在温布尔顿举办了第一届草地网球赛，1884年，由英国伦敦玛丽勒本板球俱乐部把球网高度改为91.40cm。从此网球运动冲出宫廷，走向了社会。1912年3月1日，澳大利亚、英国、法国等12国的网协代表，在巴黎召开会议，成立了国际网球联合会，总部设在伦敦。1980年，中国网球协会被接纳为该会正式成员。

网球是技术和智力的竞赛，你必须不断地进行判断做出反应，网球比赛能锻炼人的控制力、耐力，养成团队精神和良好的性格。

第二节 基 本 技 术

网球的基本技术有握拍法、移动、击球、接球与发球、截击球、挑高球与高压球等，这里只介绍部分主要技术。

一、握拍法

（一）握拍法技术要要领

握拍法主要有三种，即东方式、大陆式和西方式。东方式使用较普遍，又分为正手和反手两种，这里主要介绍东方式和西方式。

1．东方式正手握拍法

东方式正手握拍法，如图12-1所示，亦称“握手式”握拍法。握拍时，拍面垂直于地面，右手掌根与拍柄右上斜面紧贴，拇指握住拍柄的左垂直面，其余四指紧握拍柄，食指下关节压住拍柄右垂直面。

2．西方式反手握拍法

从正手握拍法把手向左转动 1/4 圈，用手掌根压拍柄的左上斜面，拇指伸直贴在拍柄的左垂直面上，食指下关节压住拍柄的右上斜面，如图 12-2 所示。

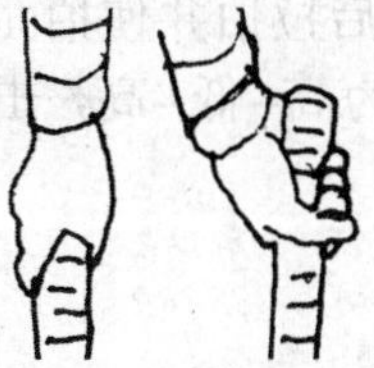

图 12-1　东方式正手握拍法

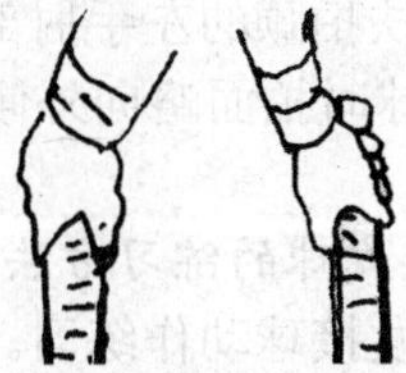

图 12-2　西方式反手握拍法

（二）握拍法的练习方法

（1）练习者相互检查并纠正握拍法的姿势和方法。

（2）原地用各种握拍法挥拍练习。

（3）隔网相互击球的握拍法练习。

二、步法

移动的步法有跨步、垫步、交叉步、滑步和跑步等，这些步法的移动方法与其他球类项目的移动步法基本相同，练习方法也基本相同（技术要领和练习方法可参考羽毛球）。

三、发球与接发球

（一）发球技术要领

发球技术有平击发球、切削发球和上旋发球。接发球技术有正拍接球和反拍接球。

1．平击发球

侧身，左肩对网，两脚前后站立，左脚在前。击球开始时，重心后移至右脚，左手向头的正前方抛球，同时右手持拍向右手侧上方预摆，等球抛起下落时，身体稍向右扭转大臂带动前臂和拍，向前迎击球的后下部，将球发出。

2．切削发球

两脚前后站立，左脚在前，身体左侧对网，左手向右前方抛球，右手挥拍至正后方向前上方，待球下降时，从球的右上角切削而下，将球发出。

3．上旋发球

球抛出在身体的左上方，腰部向右后扭转。开始击球时，身体完全伸展，在击球的瞬间，身体重心在前脚，右手持拍从右后方向前用力挥拍击球的后上部，将球发出。

（二）接发球的技术要领（以右手持拍为例）

正手接球是时，应向右转动双肩，左脚向前踏出，迎上用正手接球。拉拍后摆距离要短，手腕固定，拍面和地面垂直，在身体左侧前方击球，球拍与地面成45度角时，向前上方挥击，并加大前送动作。

接反手球时，扶拍颈的左手肘部抬起。协助右手向后拉拍并使拍面正对着来球。后摆动作不宜过大，击球时拍面略向外倾斜，向前挥拍路线为高--低--高，击球后挥拍动作继续向前上方挥动。

（三）发球和接发球的练习方法

（1）原地模仿发接球动作练习。

（2）多球练习。面对墙抛球练习发球技术。

（3）两人一组，场内一人发球，一人接发球练习。

四、击球

（一）击球技术要领

击球技术有正手击球、反手击球、截击球、挑高球、高压球、放短球和反弹球等。这里只介绍部分主要击球技术。

1．正手击球

准备姿势是侧身以左肩对网，左脚在前，右脚在后。击球时，身体与球保持手臂伸屈与球拍长度的距离。当球到达正手区域时，先侧身转体，以左肩对网，右手握拍朝后摆动，身体重心在后脚，形成准备迎击的姿势。这时，拍头稍高于拍柄，不能低垂。当球反弹到腰部高度时，球拍向前挥动，挥拍路线尽可能与地面成平行线，重心随之向前，手臂和身体协调配合快速挥拍。击球后，手臂随球飞行方向直至前上方结束。

2．反手击球

准备姿势是左脚为轴，向左转肩转髋，同时右脚向前跨出一步，身体重心先放在后脚上，当右脚前跨时，重心自然随击球动作向前跟进，转肩同时带动拍后摆，左手轻持球拍颈端，拍头略低于来球，肘部自然舒适地靠近身体。击球时，以右脚为轴向右转髋转肩，并带动手臂由下向上挥拍。击球点放在侧前方，拍面平击球，并给予足够的上旋搓力，使球产生强烈的前旋转。击球时手腕固定，击球后手臂随惯性继续向前上方挥动。

3．正拍截击球

准备姿势是正面对网，两脚分开，膝部微屈，站立位置大概在球网和发球线之间一半的地方，或者略前一些，截击球与抽击球的区别在于后摆很小，用小臂把球拍稍向上拉开一点就行了。这样，球拍的顶端比较明显地高出手腕，肘关节靠拢并且屈向于身体。这时手腕是使劲的，不能有丝毫放松，球拍接触球时，手腕固定不动，在身体斜前方略低于肩部位置击球，球的去向带有由上而下的趋势。截击完毕之后没有随球动作，要快速恢复到准备姿势，如图 12-3 所示。

4．反拍截击球

准备动作与正拍一样，由于网前截击时间急促，而反拍摆砸的动作和身体转动幅度要比正拍稍大，所以反拍准备要比正拍快些。一般击球动作和掌握击球点都与正拍截击球一样，只是更要注意侧身对网，以便更好地运用力量以及加强对球的控制能力。击球之后与正拍一样，没有随球动作，要立即恢复到准备姿势，如图 12-4 所示。

图 12-3　正拍截击球

图 12-4　反拍截击球

5．切击球

迎击来球时，球拍从球的后上方向球后下方切击，使球产生下旋飞出。用交叉步调整身体与球的位置。

6．高压球

动作与发球相似，主要区别在于后引拍的动作比发球简短。直接将拍头下垂在肩后（如“搔背”）。击球点与发球的高度相同，略偏于右肩前上方，击球的后上方，击球方法与发平击球一样，无需给予旋转式切削动作。步法应根据来球方位及时调整。跳起打高压球时，起跳与挥拍应同时进行、同时完成。最好是一脚起跳，另一脚落地。

7．平击挑高球

准备动作与抽击球一样，侧身对网。击球前，球拍向后做好摆动，前挥时的拍面低于来球，由下而上将球高挑入空中，拍面接触球时是平的，如图 12-5 所示。

图 12-5　平击挑高球

(二)击球的练习方法

(1)原地或移动做正反手挥空拍的击球练习。

(2)对墙做正反手自抛自击及连续对墙做各种击球练习。

(3)两人对练各种方法击球练习。

第三节 基本战术

一、发球战术

1. 右区发球

站在右区发球时，第一发球一般采用平击大力发球。站位靠近中点，发向对方右发球区中线附近，迫使对方用反手接发球。第一发球若失误，则第二发球一般采用侧旋球，发向对方发球区边线附近。利用侧旋球迫使对方离开场区接球，自己则可以占据场中有利位置等待回击。

2. 左区发球

站在左区发球时，第一发球有90%的概率可以发到对方边线附近，即对方的反手边。左区发球的第二个目标是对方场区的中心线附近。这种发球的机会在比赛中大概占10%，当对方为了接反手球而离中点较远时，可以突然采用平击大力发球，使他不得不跑回场区中间用正手接球，这种发球具有突然性，往往可以直接得分。

二、接发球战术

1. 右区接发球

当对方在右区发球后仍留端线附近时，则回球可以把球击向对方端线的两角之一。应把球击向安全范围内，不要企图一下子把对方置于死地。

2. 左区接发球

当对方在左区发球后仍留在端线附近，回球时则与对付右发球的办法一样，把球击到对方两底角之一。一般是击向对方场区左底角。

三、“对角线”战术

为了最大限度调动对方，消耗他的体力，应该设法让他作对角线跑动。对方球员在来回前后跑动中很难进行有力的反击。跑动次数多，身后的场区就容易露出空当，就会有争取得分的机会。

四、集中攻击对方反手战术

这种战术是针对反手较弱的对手。它是集中力量攻击对方反手，迫使对方逐步离开场区的位置。在攻击反手时，击球落点要深，力量及旋转性要适当加大，不能冒险把球击向离边线 60cm 以内的地段。

五、调动对手战术

在实际比赛中，双方在许多时候都处相持阶段，都在底线击球寻找进攻机会。这时往往使用大角度调动对手的战术，即轮流改变击球的方向，使对手左右跑动。有时在对方已经上网的情况下，为了最大限度地调动对方，应加强球的上旋，把球击向前场的两条边线附近。

六、击向相反方向战术

在比赛中可利用对手判断错误或正在跑动，把球击向他跑动的相反方向。

第四节　基本规则

1. 网球比赛场地

网球场地分有草地、土地、硬地和塑胶等四种。是一个长 23.77m、宽 8.23m（双打场地宽 10.97m）的长方形，如图 12-6 所示。

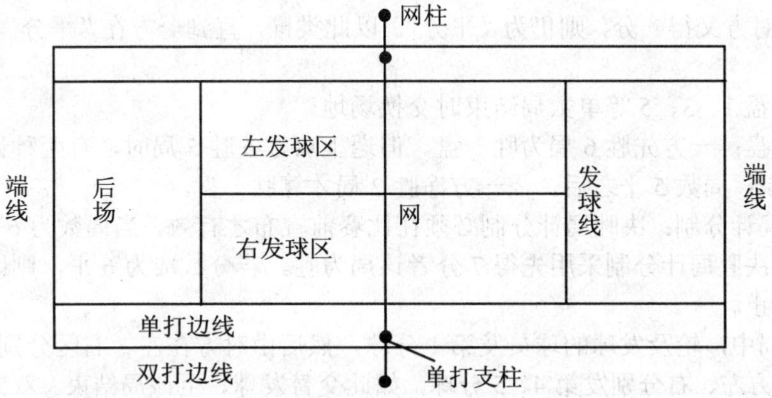

图 12-6　网球场地图

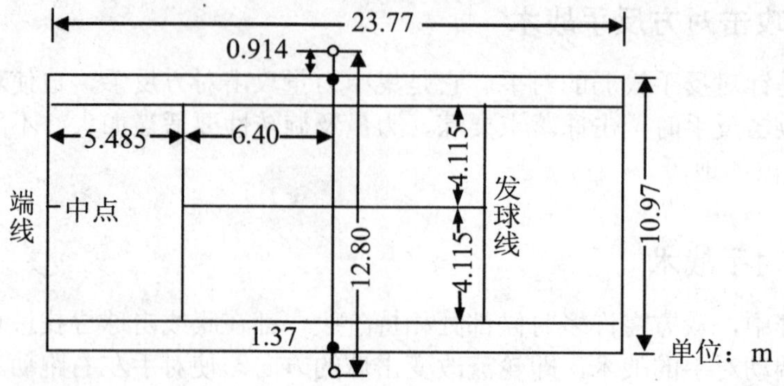

图 12-7 网球场地图（续）

2．网球比赛的方法

网球比赛分单打和双打，正式比赛项目分为七项，即：男子团体、女子团体、男子单打、女子单打、男子双打、女子双打和男女混合双打。每场比赛一般都采用五盘三胜制。记录的最小单位是分，然后是局，最后是盘。先胜六局者为胜一盘（净胜 2 局）。如果局数为 6∶6 平时，只再打一局来决胜负，这一局中先得 7 分者为胜方，如果打成 5∶5 平分，一方仍须再连得 2 分才算胜这一局。

3．计分

网球比赛有其独特的计分方法。

（1）胜一分：每次有效发球后称为一分。当对方队员碰不到球；或击球前球在地上弹起两次；或击球落入网中；或击出的球触地前出界时，己方球员胜一分。

（2）胜一局：首先得四分者胜一局。但遇上双方各胜三分时，则为“平分”。“平分”后，一方先得一分为“接球占先”或“发球占先”。“占先”后再得一分，则胜一局。若一方“占先”后对方又得一分，则仍为“平分”。以此类推，直到一方在“平分”后净胜两分，该局才结局。

双方在每盘 1、3、5 等单数局结束时交换场地。

（3）胜一盘：一方先胜 6 局为胜一盘。但遇上双方各胜 5 局时，有两种计分方法：

① 长盘制：局数 5 平之后，需一方净胜 2 局才算胜一盘。

② 决胜局计分制：决胜局计分制必须在比赛前宣布才有效。当局数为 6∶6 时，第 13 局为决胜局。决胜局计分制采用先得 7 分者该局为胜。若分数成为 6 平，则比赛延长至一方净胜 2 分为止。

③ 决胜局中，轮及发球的球员发第 1 分球，然后由对方在左、右区分别发第 2、3 分球；再轮到己方左、右分别发第 4、5 分球，如此交替发球，至该局结束。双方运动员在决胜局中每累计满 6 分时交换场地。

4．比赛的发球和场地交换

发球前，发球员应站端线后，中点和单打边线的假定延长线之间的区域里，发球员站好后，用手将球向空中抛起，在球接触地面以前用球拍击球。

（1）发球。发球员在整个动作中不得行走或跑动改变原来的站立；两脚只准许站在规定的位置内，不得触及其他区域。发出的球应从网上越过，落在对角的对方发球区域内或其周围的线内。

（2）发球员的位置。每局开始发球时，发球队员应从右区端线后发球，得（失）一分后，应换到左区发球。这样每得（失）一分就轮流交换发球位置，直至该局结束。下局换由对方发球。如出现位置错误而未发现，比分仍然有效；一旦察觉，应立即纠正。

（3）发球失误。出现以下情况为发球失误：未击中球；发出的球，在落地前触击固定物（球网、中心带、网边白布除外）；违反上述发球站位的规定。但发球队员向上抛球准备发球时，又决定不击球而将球接住，不算失误。发球员第一次发球失误后，应在原发球位置进行第二次发球。

（4）发球无效。出现以下情况为发球无效：合法的发球触及球网、中心带、网边白布后，仍落到对方发球区内，或发球触击球网、中心带、网边白布后，在落地前触及队员身体或其穿带物件；接球员未做好接球准备。发球无效应重发球。

5．失分

发生以下任何情况，均判失分。

（1）在球第 2 次着地前未能还击过网。

（2）还击的球触击对方场区界限以外的地面、固定物或其他物体。

（3）还击球时球失误。

（4）故意用球拍拖带或接住球，或故意用球拍触球超过一次。

（5）“活球期”运动员的身体、球拍或穿带的其他物件触击球网、网柱、单打支柱、绳或铜丝绳、中心带、网边白布或对方场区以内的地面

（6）过网击球，即来球尚未过网就在空中还击。

（7）抛拍击球。

6．压线球

落在线上的球算界内球。

7．活球期

自球发出时起（除失误或重发外），至该分胜负判定为止，为活球期。

8．发球次序

每盘第一局开始时，由发球方决定由何人首先发球，对方则同样在第二局开始时决定任何一人首先发球。第三局由第一局发球方的另一个球员发球。第四局由第二局的发球方的另一个球员发球。以后各局均按此次序发球。

9．接球次序

先接球的一方，应在第一局开始时，决定何人先接发球，并在这盘双数局继续先接发球。他的同伴应在每局轮流接发球。

10．还击

接发球后，双方应轮流由其中任何一名队员还击。如果运动员在其同队队员击球后，再以球拍触球，则判对方得分。

第十三章 武 术

武术是以技击为主要内容，以套路和搏斗为主要运动形式，注重内外兼修的中国传统体育项目。中华武术，源远流长。它是我国固有的传统体育项目，是中华民族在长期生活与斗争实践中逐步积累和发展起来的一项宝贵的文化遗产。武术，作为中国传统文化形态，蕴涵着中国历史文化各个领域的精髓，它历史悠久、内容丰富、形式多样、风格独特，其内涵和外延都十分广阔，是一项具有广泛社会价值和民族文化特色的中国传统体育项目。

目前，高校较为普遍开展的武术项目有：武术套路、散打、跆拳道、简化二十四式太极拳，下面就这几项分别简要介绍一下。

第一节 武 术 套 路

1949 年以后，国家体委把在群众中流传广泛的查、华、炮、洪等拳种，根据其风格特点，综合整理创编了长拳。

长拳是近 30 年发展起来的新拳种，它是以套路为主的拳法，既适合武术基础训练，又适合竞赛和技术水平的提高。特点：动作舒展、大方，快速有力，节奏鲜明，并多起伏转折。主要包括拳、掌、勾三种手型，弓、马、仆、虚、歇五种步型和一定数量拳法、掌法、肘法和屈伸、直摆、扭转等不同组别的腿法，以及平衡、跳跃、跌仆、滚翻动作。长拳在技术上有八点要求。

（1）姿势。头正，颈直，沉肩，挺胸，直腰，敛臀，上肢舒展、挺拔，下肢稳定、匀称。

（2）动作。在做踢、打、摔、拿等技击动作时，起止点、路线、力点都要清晰。

（3）身法。要把躯干活动和吞、吐、闪、展、冲、撞、挤、靠等攻防变化紧密结合起来。

（4）眼法。要做到手眼相随，手到眼到，通过眼神把一招一式的内在意识充分表达出来。

（5）精神。要全神贯注，表现出勇敢、机敏、无所畏惧的气概。

（6）劲力。要有刚有柔，要刚而不僵，柔而不松，刚柔相济，发劲时有爆发力；要以意识支配动作发力，并以气息配合，做到内外合一。

（7）呼吸。讲究提、托、聚、沉四法。跳跃时用提法，静止性动作用托法，刚劲性动作用聚法，由高到低的动作用沉法。

（8）节奏性。在演练中，快与慢、动与静、刚与柔、起与伏等多种矛盾的对比越鲜明，越突出，节奏性越强。长拳动作舒展，关节活动范围较大，对肌肉和韧带的柔韧性、弹性都有较高要求。同时，由于长拳动作大多是用大肌肉群来进行活动的，要求肌肉活动量大而且迅速，需氧量较大，因此对提高心肺功能也有良好作用。

一、基本功

武术基本功和基本动作是练习者必须练习掌握的项目，通过基本功的基本动作的练习，可使身体各部位得到全面发展，为学习武术套路和拳术打下良好基础。它包括许多，这里只介绍几种常用的基本动作。

（1）手形：拳、掌、勾等。

图 13-1　手形

（2）步形：弓形、马步、虚步等。

图 13-2　步形

（3）腿腰功：踢腿、前俯腰等。

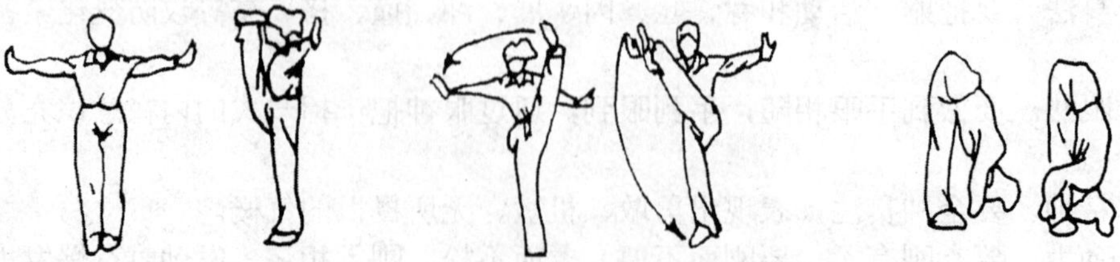

图 13-3　腿腰功

二、初级长拳第三路

（1）预备势，如图 13-4 的 1 所示。
（2）虚步亮掌，如图 13-4 的 2～4 所示。
（3）并步对拳，如图 13-4 的 5～8 所示。
第一段：
（4）弓步冲拳，如图 13-4 的 9～10 所示。
（5）弹腿冲拳，如图 13-4 的 11 所示。
（6）马步冲拳，如图 13-4 的 12 所示。
（7）弓步冲拳，如图 13-5 的 13～14 所示。
（8）弹腿冲拳，如图 13-5 的 15 所示。
（9）大跃步前穿，如图 13-5 的 16～19 所示。
（10）弓步击掌，如图 13-5 的 20 所示。
（11）马步架掌，如图 13-5 的 21～22 所示。
第二段：
（12）虚步栽拳，如图 13-5 的 23～24 所示。
（13）提膝穿掌，如图 13-5 的 25～26 所示。
（14）仆步穿掌，如图 13-5 的 27 所示。
（15）虚步挑掌，如图 13-5 的 28，图 13-6 的 29 所示。
（16）马步击掌，如图 13-6 的 30～31 所示。
（17）叉步双摆掌，如图 13-6 的 32～33 所示。
（18）弓步击掌，如图 13-6 的 34～35 所示。
（19）转身踢腿马步盘肘，如图 13-6 的 36～40 所示。
第三段：
（20）歇步抡砸拳，如图 13-6 的 41～43 所示。
（21）仆步亮掌，如图 13-6 的 44，图 13-7 的 45～46 所示。
（22）弓步劈拳，如图 13-7 的 47～49 所示。
（23）换跳步弓步冲拳，如图 13-7 的 50～53 所示。
（24）马步冲拳，如图 13-7 的 54 所示。
（25）弓步下冲拳，如图 13-7 的 55 所示。
（26）叉步亮掌侧踹退，如图 13-7 的 56～58 所示。
（27）虚步挑掌，如图 13-7 的 59～60，如图 13-8 的 61 所示。
第四段：
（28）弓步顶肘，如图 13-8 的 62～66 所示。
（29）转身左拍脚，如图 13-8 的 67～68 所示。

（30）右拍脚，如图 13-8 的 69～70 所示。
（31）腾空飞脚，图 13-8 的 71～72 所示。
（32）歇步下冲拳，如图 13-8 的 73～75 所示。
（33）仆步抡劈拳，如图 13-8 的 76，如图 13-9 的 77～78 所示。
（34）提膝挑掌，如图 13-9 的 79～80 所示。
（35）提膝劈掌弓步冲拳，如图 13-9 的 81～83 所示。
结束动作：
（36）虚步亮掌，如图 13-9 的 84～88 所示。
（37）并步对拳，如图 13-9 的 86～90 所示。

三、初级长拳第三路示意图

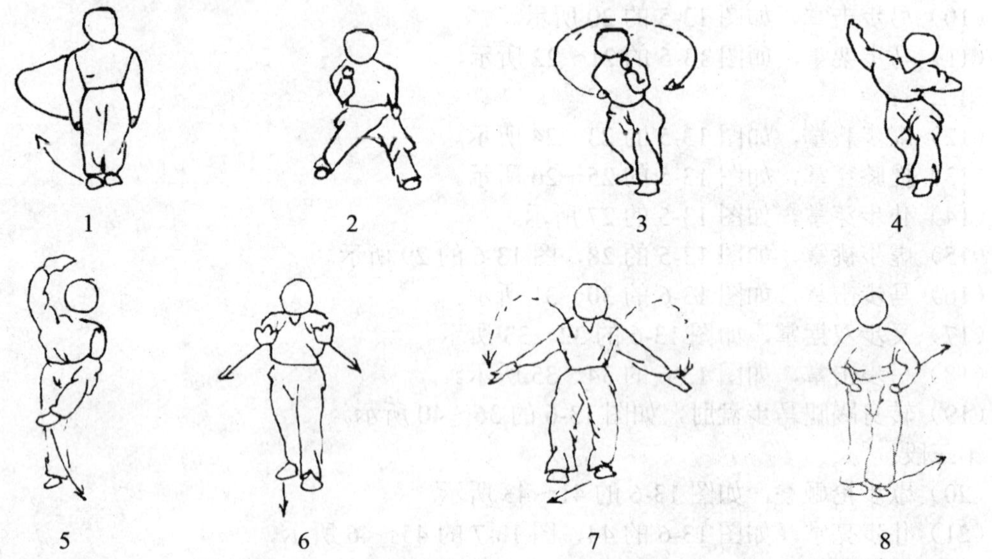

图 13-4　初级长拳第三路示意图 1

图 13-5　初级长拳第三路示意图 2

图 13-6　初级长拳第三路示意图 3

图 13-7　初级长拳第三路示意图 4

图 13-8 初级长拳第三路示意图 5

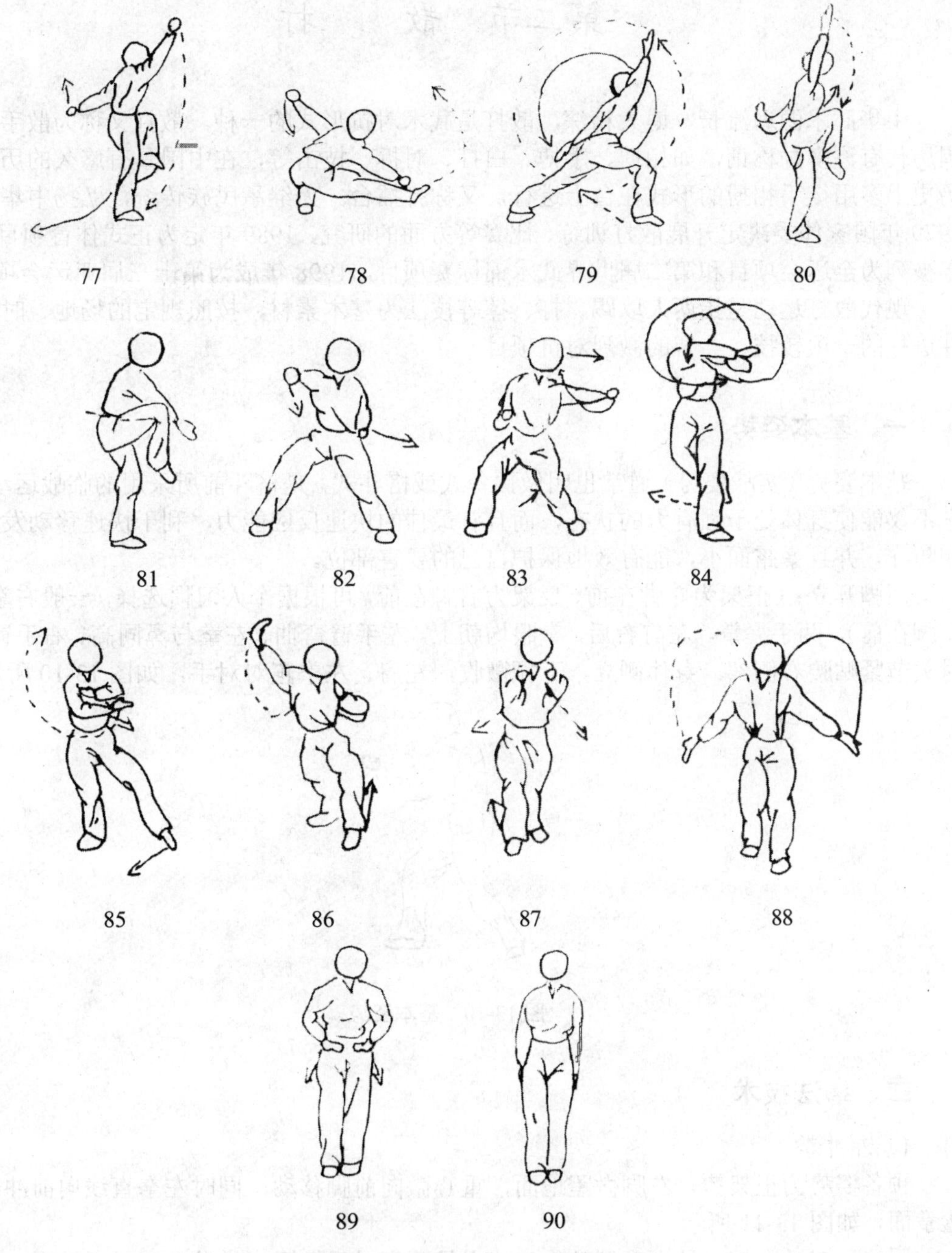

图 13-9　初级长拳第三路示意图 6

第二节 散 打

中华武术源远流长、博大精深，散打是武术对抗形式的一种。散打又称为散手，在中国历代有许多种称谓，如相搏、手搏、白打、对拆、技击等，在中国具有悠久的历史，在历史上多用徒手相搏的形式在台上进行，又称打擂台。为继承民族传统，弘扬中华武术，1979 年国家体委决定开展散打训练、比赛等方面的研究，1989 年定为正式体育项目。1993 年被列为全运会项目和第二届世界武术锦标赛项目，1998 年成为第十三届亚运会项目。

现代散打运动是指两人以踢、打、摔等技法为基本素材，按照规定的场地、时间和条件进行的一项较技、斗智的激烈对抗项目。

一、基本姿势

基本姿势（实战姿势）通常也叫做预备式或格斗式，是格斗前所采用的临战运动姿势。它不仅能使身体处于强有力的状态，而且有最佳的快速反应能力，利于快速移动发起进攻和防守，并且暴露面小，能有效地保护自己的要害部位。

两脚开立：（正架为左脚在前、反架为右脚在前，可根据个人习惯选择，一般右拳力大，左脚在前），两手握拳，左前右后，拳眼均朝上，左手臂弯曲、左拳与鼻同高、右手臂弯曲，肘关节紧贴腰右侧部，身体侧立，下颚微收，左肩、左拳正对对手，如图 13-10 所示。

图 13-10 基本姿势

二、拳法技术

1．左冲拳

预备姿势为正架势，右脚微蹬地面，重心微向前脚移动，同时左拳直线向前冲出，力达拳面，如图 13-11 所示。

用法：左冲拳是一种进攻型动作，特点是距离对手较近、易发动、灵活性强，但相对力度较小。

图 13-11　左冲拳

例：双方在对峙的状态下，突然快速的进步以左冲拳攻击对方，如图 13-12 所示。

图 13-12　左冲拳进攻

当对手向前追击时向左侧躲闪反击其头部。当对手左拳攻击时，迅速俯身向下躲闪，同时以左冲拳反击其腹部，如图 13-13 所示。

图 13-13　左冲拳反击

2．右冲拳

预备式开始，右脚微蹬地并向内扣，转腰送肩的同时，右拳直线向前冲击，左拳回收至右肩内侧，如图 13-14 所示。

用法：右冲拳是主要的进攻动作之一。它的特点是攻击距离长，能充分利用蹬腿转腰的力量加大冲拳的力度，有较强的威胁力。

例：在双方对峙状态下，突然以快速的步法逼近对方，同时右冲拳抢攻中、上盘部位，如图 13-15 所示。当对手以左冲拳或左掼拳攻击上盘时，俯身下躲，同时右冲拳反击其中盘，如图 13-16 所示。

图 13-14　右冲拳

图 13-15　右冲拳进攻

图 13-16　右冲拳反击 1

当对手以右横踢腿向下盘进攻时，左手外挂防守，随即进步右冲拳反击上盘，图 13-17 所示。

当对手右横踢腿向上盘进攻时，左手挂挡防守后，以右拳反击其上盘，如图 13-18 所示。

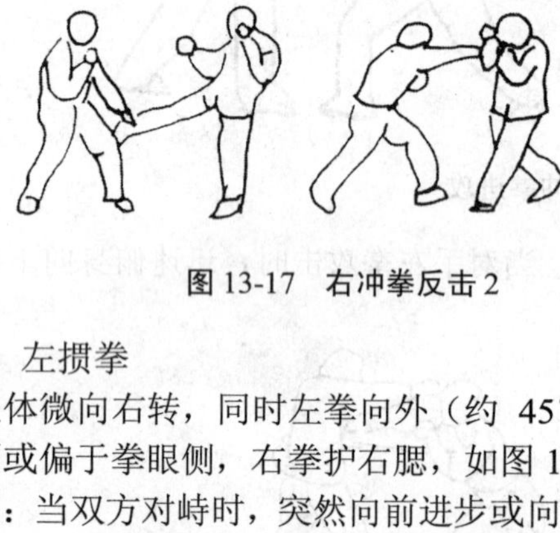

图 13-17　右冲拳反击 2

图 13-18　右冲拳反击 3

3．左掼拳

上体微向右转，同时左拳向外（约 45°）、向前、向里横掼，臂微屈，拳心朝下，力达拳面或偏于拳眼侧，右拳护右腮，如图 13-19 所示。

例：当双方对峙时，突然向前进步或向左闪步，左掼拳抢击对手头部右侧，如图 13-20 所示。

图 13-19　左掼拳

图 13-20　左掼拳进攻

4．右掼拳

预备式开始，右脚微蹬地并向内扣，合胯并向左转腰，同时右拳向外（约 45°）、向前、向里横掼，力达拳面或偏于拳眼侧，左拳屈臂回收至左腮前，如图 13-21 所示。

用法：掼拳是一种横线型进攻动作。它的特点是能充分借助左右脚蹬地转腰的力量，力度较大。但因进攻路线长，动作幅度宜小不宜大，此拳法多用于连击或防守后反击。

例：对手右拳进攻中盘，以左手里挂防守的瞬间，右拳反击其头部，如图 13-22 所示。

图 13-21　右掼拳

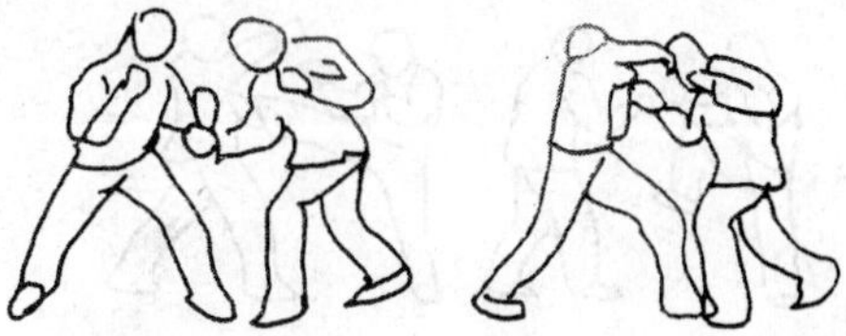

图 13-22　右掼拳进攻

5．勾拳

以左上勾拳为例，左势站立，上体稍向左侧倾，重心略下沉，左拳微下落，随即左脚蹬地，上体右转，挺腹前送左髋，左拳由下向上曲臂勾击，力达拳面，大小臂夹角约 90°左右，右拳自然回收于颌前。实战范例：假动作虚晃，忽然上部靠近对方用上勾拳击其下额。当对手以下前抱摔时，迅速后退用左勾拳反击其头部。

6．鞭拳

以右鞭拳为例，左势站立，以左脚前脚掌为轴，身体向后转 180°，右脚经左腿后插步，身体继续右后转，同时以腰带动右臂向右侧横向鞭击，力达拳轮，左拳自然收于颌前。实战范例：左直拳假装进攻，随即突然用右鞭拳抢攻其头部，对手用左侧弹腿攻我中盘时，左手里挂防守同时以右鞭拳反攻其头部。

三、腿法技法

1．左蹬腿

实战姿势站立，左腿提膝抬起，勾脚，以脚跟领先向前蹬出，力达脚跟，亦可送髋，脚掌下压，力达脚前掌，如图 13-23 所示。

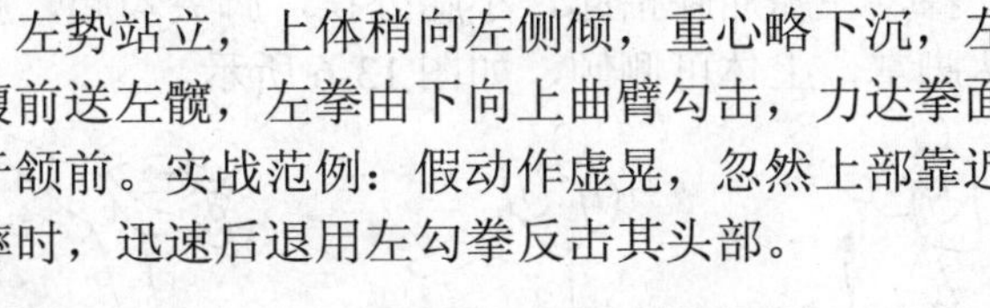

图 13-23　左蹬腿

2．右蹬腿

动作同上，方向相反。

用法：前蹬腿在散手中运用较广泛，可直接进攻，亦可防守后反击。即可在前进时用，也可在后退时用。

例：在和对手对峙时，可蹬腿击其躯干，如图 13-24 所示。双方用拳互相击打时，突然屈膝抬腿将对方蹬开，如图 13-25 所示。

图 13-24　对峙中的右蹬腿 1

图 13-25　对峙中的右蹬腿 2

3．左踹腿

右腿直立或稍屈支撑，左腿屈膝抬起，小腿外摆，脚尖勾起，脚掌正对攻击目标，展髋挺膝向前踹出，力达脚掌，上体可侧倾，如图 13-6 所示。

图 13-26　左踹腿

4．右踹腿

左腿直立或稍屈支撑，身体向左转 180°，同时右腿屈膝前抬，小腿外摆脚尖勾起，脚掌正对攻击目标，用力向前踹出，上体可侧倾，如图 13-27 所示。

图 13-27　右踹腿

用法：踹腿是比赛中使用率较高的腿法之一。容易调整步法，因此踹腿的使用变化较多，速度快，力量大，可以在不同距离使用。

例：中腿可攻击对方躯干，如图 13-28 所示，高腿可攻击对方头部，如图 13-29 所示。

图 13-28　中腿攻击对方躯干

图 13-29　高腿攻击对方头部

对方使用拳法进攻时，侧身闪过对方的进攻，随之用踹腿攻击对方的躯干，如图 13-30 所示。

图 13-30　对峙中的右踹腿

5．右横摆腿（鞭腿）

左膝外展，上体右转收腹、带动右腿收髋扣膝，直腿向左上方横摆打腿，力达脚背至小腿下端，如图 13-31 所示。

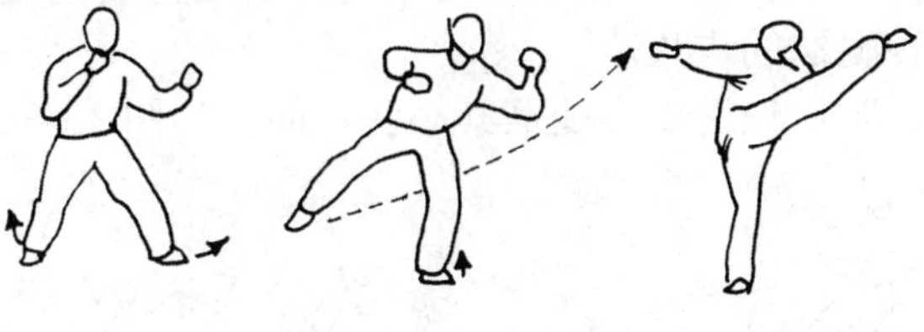

图 13-31　右横摆腿

用法：横摆腿是实战使用较多的一种腿法。它以身带腿，速度快、力量大，运用得好能起到重创对手的作用。

当左拳击对方头部，对手撤步闪躲，随即左转身右摆腿击其肋部，如图 13-32 所示。

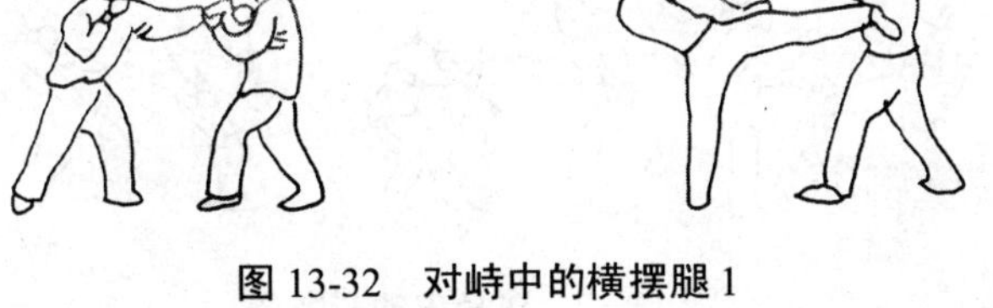

图 13-32　对峙中的横摆腿 1

当对手右拳进攻时，向左侧身躲闪，同时右拳击其胸部，随即再以右横腿击其胸部，如图 13-33 所示。

图 13-33　对峙中的横摆腿 2

然后左手虚晃击对方头部，继而右横摆腿击其头部，如图 13-34 所示。

图 13-34　对峙中的横摆腿 3

6．截腿

左腿弯屈支撑，右腿由屈至伸，勾脚并外翻，使脚弓内侧朝前，向前下方截出，力达脚掌，如图 13-35 所示。

用法：截腿兼有进攻和防守的双重作用。进攻时主要是正面直线进攻对方小腿胫骨面，防守时主要封堵对方各种腿法的进攻。

例：当对方上前靠近时，快速以右腿截其小腿正面，如图 13-36 所示。

图 13-35　截腿

图 13-36　对峙中的截腿 1

当对方抬腿用脚法进攻时，抢先以截腿封住对方，随即右腿前落，右转身用左腿进攻对方中上盘，如图 13-37 所示。

图 13-37　对峙中的截腿 2

四、摔法技术

摔法是与对手近距离相接时用不同的动作将对方摔倒。摔法技术是构成散手技术的主要部分之一。

摔法技术如下。

（1）夹颈过背，如图 13-38 所示。

图 13-38　夹颈过背

（2）插肩过背，如图 13-39 所示。

图 13-39　插肩过背

（3）抱腰过背，如图 13-40 所示。

图 13-40　抱腰过背

（4）抱腿，如图 13-41 所示。

图 13-41　抱腿

（5）截腿勾踢，如图 13-42 所示。

图 13-42 截腿勾踢

第三节 跆拳道

跆拳道的释义：跆：寓意用脚踢和踹；拳：指拳头；道：指为人处世的道理。

跆拳道由基本动作、品势、实战三部分组成，是以脚部为主的功夫，脚法占的比例达 70%。跆拳道共分为十级九段，有品势（套路）24 套，有级者的套路 8 套，称之太极八章。修炼完一章，相当于达到有级者水平，如完成太极八章，就相当于一级水平。

一、跆拳道基本姿势

跆拳道的基本姿势有：立正势、并步势、准备势、平行站立、骑马立势、前屈与后屈立势、进步势、虎步势、后掩势、前盖步和扣腿独立势。

二、跆拳道基本技术

拳法：冲拳、抄拳、弹拳、鞭拳、截拳、劈拳。

掌法：砍拳、插拳、弧形手掐击、掌根推击。

肘法：击肘、挑肘、顶肘。

膝法：只要是引用撞膝。

腿法：前踢腿、横踢腿、侧踹退、转身后摆腿、后蹬腿、旋风踢、侧摆踢、推踢、双飞踢、下劈腿。

阻挡技法：单臂抵阻、向外双臂抵阻、向下叉臂阻、向内臂中阻、按掌中阻、双臂外格阻、单臂向上高阻、向上叉臂阻。

三、跆拳道品势（套路）练习

跆拳道品势路线示意，如图 13-43 所示。

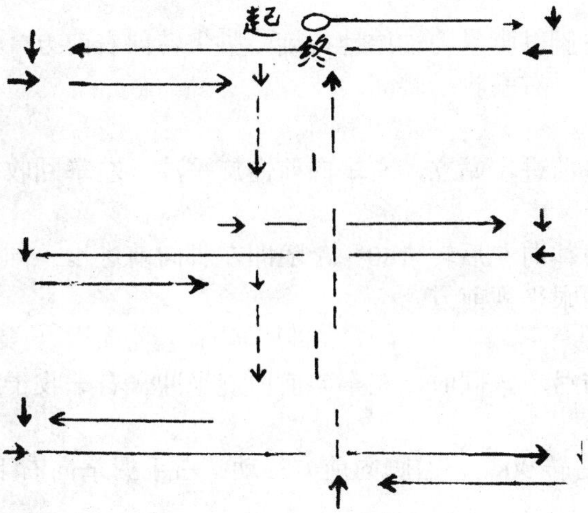

图 13-43　跆拳道品势路线示意

四、太极一章

太极一章，如图 13-44 所示。

准备势：右脚向侧方向横跨一步。两脚与肩同宽，两脚自然站立；两手握拳，置于身前，拳心向内，两眼平视前方。

1．右转身下截

身体向左转 90°，前行步站立，同时，左手握拳向左下截，右拳收于腰间，拳心向心上。

2．右顺步冲拳

右脚向前一步呈前行步站立，同时右拳向前内旋平冲，左拳收于腰间。

3．后转身下截

右脚向后撤步，身体以左脚为轴，向右转体 180°，呈前行步站立；同时，右臂屈肘向下截拳。

4．左顺步冲拳

左脚向前进一步仍是前行步站立；同时，左拳向前内旋平冲，右拳收于腰间。

5．左弓步下截

身体右转 90°，左脚向侧方向移步，呈左弓步；同时，左臂向下截击，左手握拳，拳心向内，右拳收于腰间。

6．左弓步冲拳

两脚原地不动，右拳向前内旋平冲，左拳回收于腰间。

7．右转身外格

右脚向右移步，左脚以脚掌为轴原地内旋，脚尖转向右前方，身体随之右转；同时左拳前伸外格，拳心向上，右拳收于腰间。

8．前进步冲拳

左脚向前进一步呈前进步站立，右拳向前内旋平冲，左拳回收于腰间。

9．后转身内格

以右脚掌为轴，身体向左后转 180°，随即左脚向前进步；同时，右臂向内格挡。置于身前，拳心向内，两眼平视前方。

10．右弓步冲拳

右脚前进一步呈右弓步，同时，左拳向前内旋平冲，右拳收于腰间。

11．右弓步下截

以左脚为轴,身体右转 90°，右脚向前方移动；右手握拳向右下截击，左拳收于腰间。

12．右弓步冲拳

两脚原地不动，左拳向前内旋平冲，右拳收于腰间，呈右弓步冲拳。

13．左转身上架

右脚不动，身体左转，左脚向前移步；同时左臂屈肘上架，置于额前，拳心向外，呈前行步站立。

14．右前踢冲拳

右脚蹬地，屈膝上提，以膝关节为轴伸膝前踢；左脚掌支撑，两臂屈肘置于体侧。右脚放松前落，呈前行步站立；同时，右拳向前内旋平冲，左拳收于腰间。

15．后转身上架

以左脚为轴，身体右转 180°，右脚向前方移步呈前行步；同时，右臂屈肘上架，横置于额前，拳心朝前。

16．右前踢冲拳

右脚支撑，左腿屈膝上提，以膝关节为轴伸膝向前上踢击；同时，两臂屈肘置于体侧，左脚前落呈前行步站立，左拳向前内旋平冲，右拳收于腰间。

17．左弓步下截

以右脚为轴，身体右转约 90°，左脚向前方向上一步，呈左弓步；同时，左臂向左下方截击，右拳收于腰间。

18．右弓步冲拳

左脚不动，右脚向前上一步，呈右弓步；同时，右拳向前内旋平冲并发声停！左拳收于腰间。

收势：以右脚为轴，身体向左后转 180°，左脚后撤与右脚平行呈准备势。

图 13-44　太极一章

五、太极二章

太极二章，如图 13-45，13-46 所示。

准备势同太极一章准备式。

1．左转身下截

身体左转呈前行步站立，面向前进方向；同时，左臂向左下方截击，右拳收于腰间。

2．右顺步冲拳

右脚向前进一步呈右弓步；同时，右拳向前内旋平冲，左拳回收于腰间。

3．后转身下截

以左脚掌为轴，身体右后转 180°；同时，右脚向前上一步呈前行步；右臂向右下截击，左拳收于腰间。

4．左顺步冲拳

左脚向前进上步呈左弓步；同时，左拳向前内旋平冲，右拳收于腰间。

5．左转身内格

以右脚掌为轴，身体左转 90°；同时，左脚向前移步；随即，右臂屈肘内旋内格，拳与胸高，拳心向自己；左拳收于腰间。

6．上右步内格

右脚向前进一步；同时，左臂屈肘向内横格，拳与胸高，右拳回收于腰间。

7．左转身下截

以右脚掌为轴，身体左转 90°；同时，左脚向前移步，左臂左下截击，右拳置于腰间。

8．右前踢冲拳

左脚支撑，右脚屈膝上提，以膝关节为轴由屈到伸向前上方踢击，两臂屈肘自然置于体侧，右脚放松前落，呈右弓步；同时，右拳向前内旋平冲，左拳收于腰间。

9．右转身下截

以左脚掌为轴，身体向右后转 180°，右脚向前移步，呈前行步站立；同时，右拳下截，左拳收于腰间。

10．左前蹬冲拳

右脚支撑，左腿屈膝上提，以膝为轴由屈到伸向前上方踢击；两臂屈肘自然置于体侧，左脚放松前落，呈左弓步，同时左拳向前内旋平冲，右拳收于腰间。

11．左转身上架

以右脚掌为轴，身体左转 90°；同时，左脚向前移步，呈前行步站立；随即，左臂屈肘上架，横置于额前，右拳收于腰间。

12．进右步上架

右脚向前进一步，同时，右臂自下而上屈肘上架，横置于额前，左拳回收于腰间。

13．左后转身内格

以右脚掌为轴，身体左后转 270°；同时，左脚向前移步；随即，右臂屈肘向内格挡。

14．右后转身内格

以左脚掌为轴，身体向右后转 180°，右脚向前移步；左臂屈肘向内格挡，右拳收回腰间。

15．右转身下截

以右脚掌为轴，身体左转，同时左脚向前移步；随即左臂向左下截击，右拳收于腰间。

16．左前踢冲拳

左脚支撑，右腿屈膝上提，以膝关节为轴由屈到伸向前方踢击；两臂屈肘置于体侧。右脚放松前落呈前行步；同时，右拳向前内旋平冲，左拳收于腰间。

17．右前踢冲拳

右脚支撑，左腿屈膝上提，以膝关节为轴由屈到伸向前上方踢击；两臂屈肘自然置于体侧。左脚放松前落呈前行步站立；同时，左拳向前内旋平冲，右拳收于腰间。

18．右前踢右冲拳

右脚放松前落呈前行步站立，右拳同时向前内旋平冲，随即冲拳大喝。

左脚支撑，右腿屈膝上提，膝为轴由屈到向前上方踢击；两臂屈肘自然置于体侧。

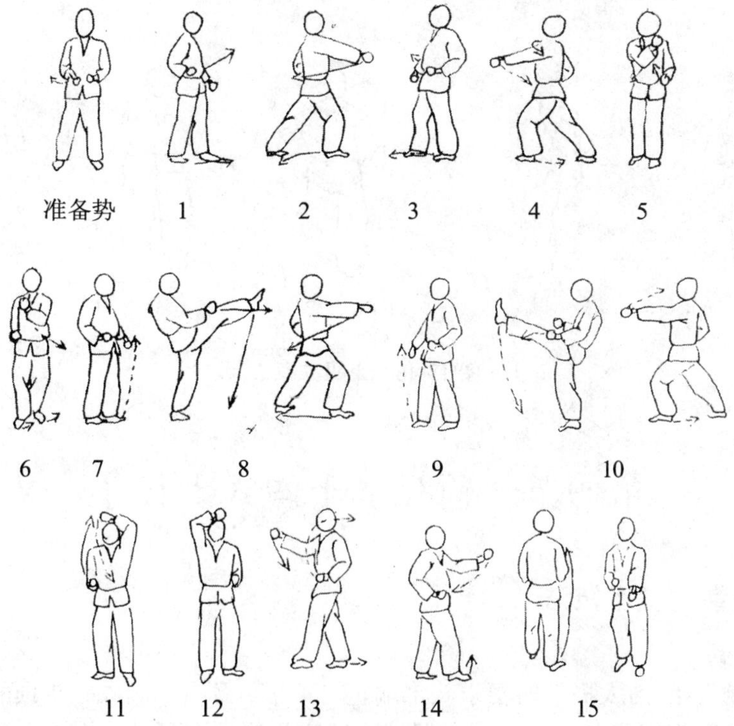

图 13-45　太极二章 1

16

17

18

图 13-46 太极二章 2

第四节 简化二十四式太极拳

一、太极拳的基本技法

1．虚灵顶劲

即“顶头悬”。练习太极拳时要求头部端正、顶平、颈直、颌收，头顶的百士穴处向上轻轻顶起，好像有根绳将头顶向上提悬似的，但注意顶颈不可过分用力，要有自然虚灵之意，做到虚灵顶劲，才能精神饱满、动作沉稳。

2．气沉丹田

身法端正，展胸收腹，意注丹田，用意识引导呼吸，将气缓缓送到腹部脐下丹田处。在练习时，太极拳一般采用腹式呼吸，这样能达到太极拳“身动、心静、气敛、神舒”的境地。

3．含胸拔背

含胸是指胸部略向内含，使胸部有舒展的感觉。这样有利于做好腹式呼吸。拔背与含胸是相互联系的，要含胸就势必要拔背。拔背是在含胸的同时背部肌肉松沉，向后上方拉起。这样背部肌肉就会有一定的张力和弹力。凡是运用化劲的手法，都离不开含胸的帮助，而拔背则是为了有利于发力。所以含胸拔背，胸背肌肉需松沉，不能故意做作。

4．松腰敛臀

太极拳要求含胸、沉气，因此在含胸时就必须松腰。这样整个背部向外呈浅弧形，会使坐身或蹲身的姿势更加稳健。同时松腰还对动作的旋转、上下肢的协调完整性起着主导作用。敛臀则是在含胸拔背和松腰的基础上使臀部稍向内收。

5．圆裆松胯

裆即下阴部位。裆要圆，又要实。胯撑开，两膝微向里扣，裆自然就圆。下阴处虚上提，裆自然会实，加上腰的松沉、臀的收敛，自然产生了裆劲，从而使下肢更加有力、更加稳固。

6．沉肩坠肘

太极拳在松肩的同时要求沉肩坠肘。两臂下坠会有一种沉重的内劲感觉。这就是逆劲。逆劲就似“绵里藏针”，外似软绵，内实刚健。两肩还要微向前合抱，这样能使胸部涵虚，脊背团成圆形。

7．舒指坐腕

舒指是手指自然伸开，坐腕是腕关节向手背、虎口方向自然屈起。掌的动作是与全身的动作连成一气，所以舒指坐腕是将全身的劲力通过“其根在脚，主宰于腰，形于手指”连成一气的。

8．尾闾中正

尾闾中正是关系身躯、动作姿势“中正、安舒”、“支撑八面”的准星。所以太极拳无论是直线或斜线运动，都必须保持尾闾与脊柱成一条直线。如若不然，那么就连下盘的动作也要变得散乱。

9．内宜鼓荡，外示安逸

鼓荡是对内在精神所做的要求，鼓荡是振奋的意思。内宜鼓荡即指内在的精神要振奋，而它并不流于形色，其表现是安逸的。

10．运动如抽丝，迈步如猫行

太极拳运动时要静，要“以意导动”，练习太极拳时要像抽丝那样既缓又柔，既稳又静，迈步又要像猫那样轻起轻落，提步、落步都要有轻灵的感觉。

二、简化二十四式太极拳动作名称

第一组

（1）起式，如图 13-47 的 1～4 所示。

（2）左右野马分鬃，如图 13-47 的 5～19 所示。

（3）白鹤亮翅，如图 13-47 的 20，图 13-48 的 21～22 所示。

第二组

（4）左右搂膝拗步，如图 13-48 的 23～36，图 13-49 的 37 所示。

（5）手挥琵琶，如图 13-49 的 38～40 所示。

（6）左右倒卷肱，如图 13-49 的 41～52，图 13-50 的 53 所示。

第三组

（7）左揽雀尾，如图 13-50 的 54～66 所示。

（8）右揽雀尾，如图 13-50 的 67～68，图 13-51 的 69～80 所示。

第四组

（9）单鞭，如图 13-51 的 81～84，图 13-52 的 85～86 所示。

（10）云手，如图 13-52 的 87～100，图 13-53 的 101 所示。

（11）单鞭，如图 13-53 的 102～106 所示。

第五组

（12）高探马，如图 13-53 的 107～108 所示。

（13）右蹬脚，如图 13-53 的 109～114 所示。

（14）双峰贯耳，如图 13-53 的 115～116，图 11-54 的 117～118 所示。

（15）转身左蹬脚，如图 13-54 的 119～124 所示。

第六组

（16）左下势独立，如图 13-54 的 125～131 所示。

（17）右下势独立，如图 13-54 的 132，图 13-55 的 133～138 所示。

第七组

（18）左右穿梭，如图 13-55 的 139～148，图 13-56 的 149 所示。

（19）海底针，如图 13-56 的 150～151 所示。

（20）闪通臂，如图 13-56 的 152～154 所示。

第八组

（21）转身搬拦捶，如图 13-56 的 155～161 所示。

（22）如封似闭，如图 13-56 的 162～163，图 13-57 的 166～167 所示。

（23）十字手，如图 13-57 的 168～171 所示。

（24）收势，如图 13-57 的 172～174 所示。

三、简化二十四式太极拳图

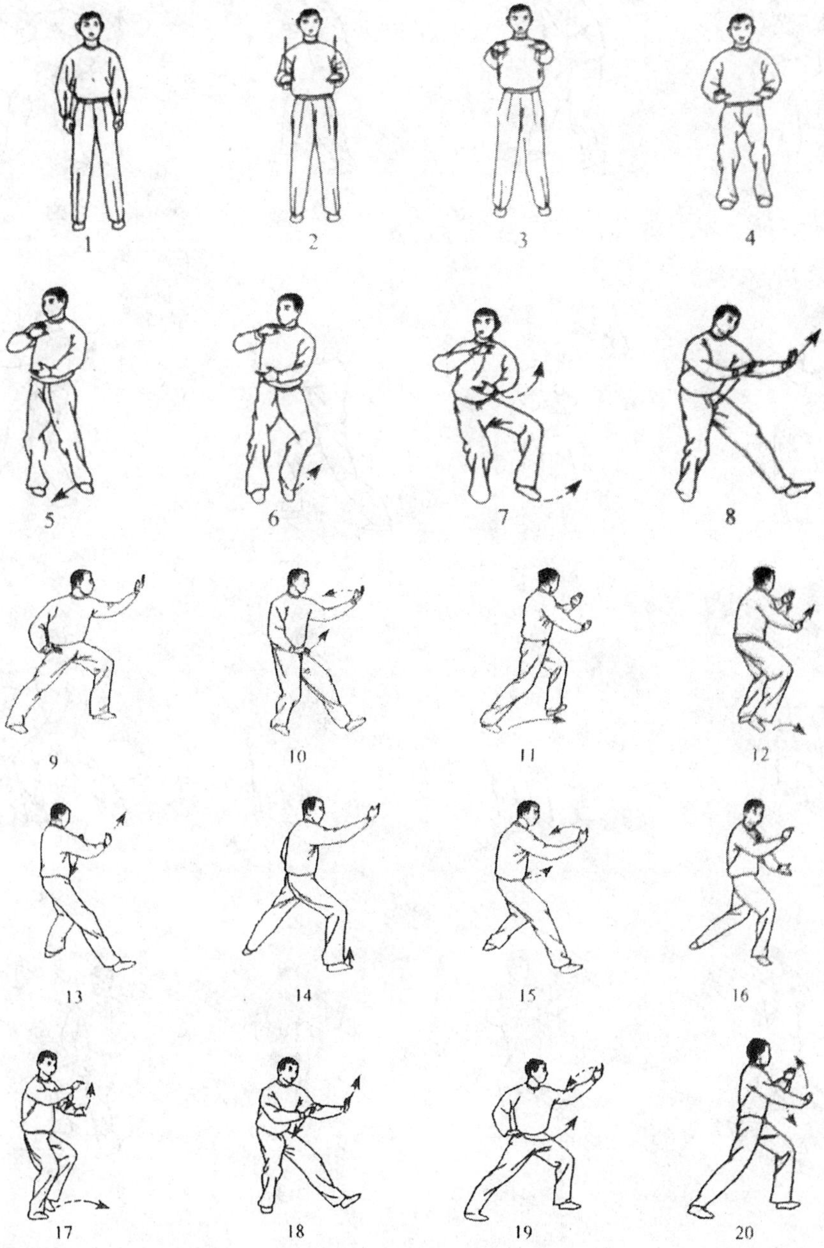

图 13-47　简化二十四式太极拳图 1

图 13-48 简化二十四式太极拳图 2

图 13-49 简化二十四式太极拳图 3

图 13-50　简化二十四式太极拳图 4

图 13-51　简化二十四式太极拳图 5

图 13-52　简化二十四式太极拳图 6

图 13-53　简化二十四式太极拳图 7

图 13-54　简化二十四式太极拳图 8

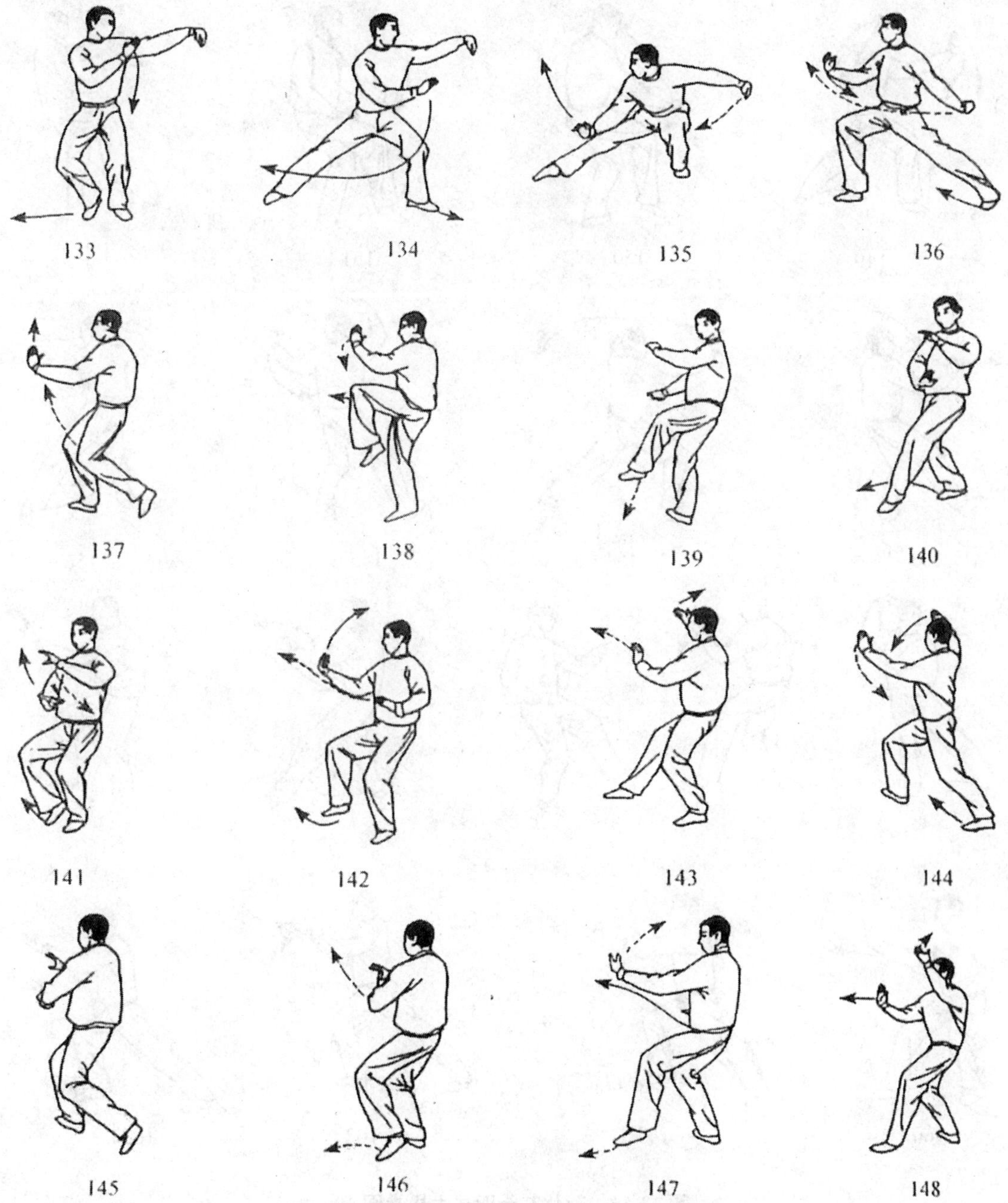

图 13-55　简化二十四式太极拳图 9

图 13-56　简化二十四式太极拳图 10

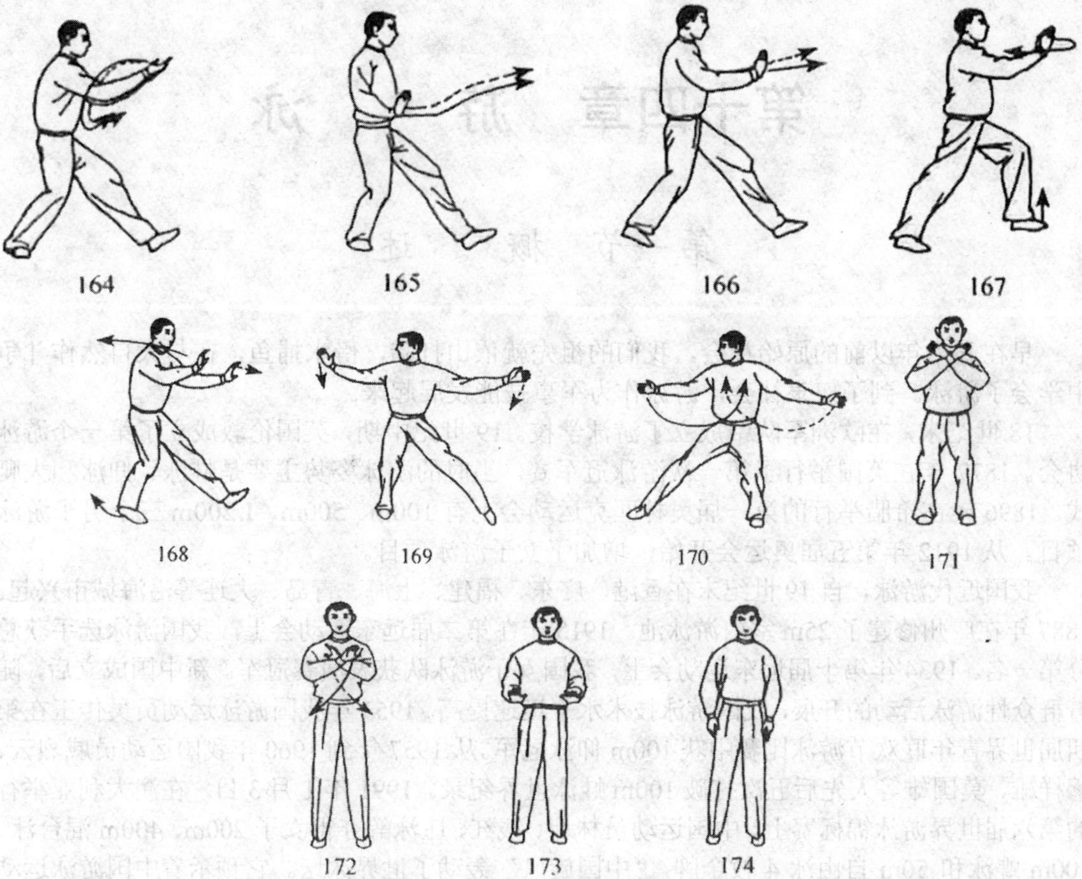

图 13-57　简化二十四式太极拳图 11

第十四章　游　　泳

第一节　概　　述

早在五千年以前的原始社会，我们的祖先就依山打猎，傍水捕鱼，在与大自然作斗争中学会了游泳。到了奴隶社会，游泳作为军事技能发展起来。

18 世纪末，在欧洲军队中成立了游泳学校。19 世纪中期，英国伦敦成立了第一个游泳协会。1877 年在英国举行了第一次游泳冠军赛。当时的游泳姿势主要是蛙泳、仰泳和大爬式。1896 年在希腊举行的第一届奥林匹克运动会上有 100m、500m、1 200m 三个男子游泳项目。从 1912 年第五届奥运会开始，增加了女子游泳项目。

我国近代游泳，自 19 世纪末在香港、广东、福建、上海、青岛、大连等沿海城市兴起。1887 年在广州修建了 25m 室内游泳池。1915 年在第二届远东运动会上，我国游泳选手获总分第一名。1934 年第十届远东运动会上，我国女子游泳队获表演赛冠军。新中国成立后，随着群众性游泳活动的开展，我国游泳技术水平迅速提高。1953 年我国游泳运动员吴传玉在第四届世界青年联欢节游泳比赛中获 100m 仰泳冠军。从 1957 年到 1960 年我国运动员戚烈云、穆祥雄、莫国雄等人先后五次打破 100m 蛙泳世界纪录。1991 年 1 月 3 日，在澳大利亚举行的第六届世界游泳锦标赛上，中国运动员林莉、钱红、庄泳等夺得女子 200m、400m 混台泳、100m 蝶泳和 50m 自由泳 4 枚金牌，“中国旋风”轰动了世界泳坛。它预示着中国游泳运动已进入一个新的历史阶段。20 世纪末中国游泳运动员在国际大赛上多次打破世界纪录，夺取冠军。目前，中国游泳运动技术在亚洲处于领先水平，同时进入世界游泳强国之列。

第二节　水 性 练 习

一、呼吸

让初学者了解和体验水的特性，克服心理对水的恐惧，培养对游泳的兴趣，并能掌握水中活动的技能，为进一步学习和掌握各种游泳技术打下好基础。

（一）呼吸技术要领

站在齐肩深的水里，两手抓住池边，如图 14-1 左所示，或者抓住同伴的手，如图 14-1

右所示，用嘴深吸一口气，然后把头埋入水中，慢慢地用鼻呼气，直至将体内的废气呼尽，迅速抬头用嘴吸气。熟练以上技术，能做到连续、连贯、自然地完成呼气、吸气的过程，并且要求自己独立完成慢呼快吸的动作技术。正确的游泳呼吸是用嘴吸气，用嘴或嘴鼻呼气。

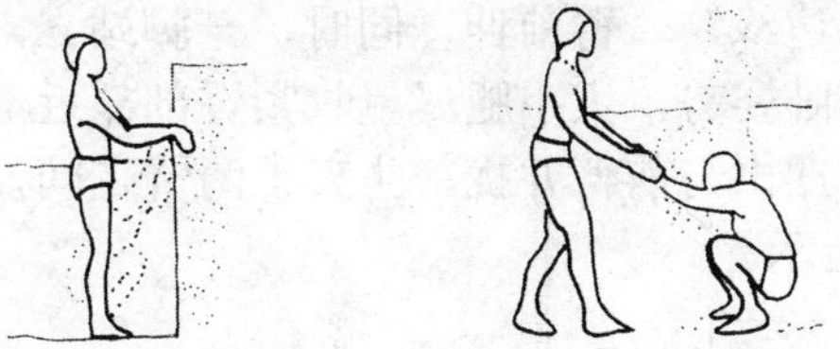

图 14-1　呼吸技术

（二）呼吸的练习方法

呼吸是游泳的一个关键技术，只有掌握好呼吸才能运动持久。先练习呼气，因为呼不出就吸不进去。呼气一定要在水中进行，用嘴和鼻子在水中慢慢呼气，再抬头将嘴露出水面时把最后的气呼出，张口快速地吸足气。呼吸练习贯穿练习的始终，学习呼吸要结合简单的技术动作来学，练习呼吸时要有正面和侧面呼吸。

二、水性练习

（一）水性练习技术要领

1．浮体练习

（1）抱脚浮体：主要是体会水对人体的浮力，并初步掌握人体在水中的平衡能力，排除对水的恐惧心理。抱膝漂浮练习：两脚站立水底，深吸气后，下蹲低头抱膝，两膝尽量靠近胸部，前脚掌蹬离水底，成低头抱膝团身姿势。身体要尽量放松，自然地漂浮于水中。站立时，两臂前伸，向下压水并抬头，同时两腿伸直，以脚触水底站立，两臂自然放于体侧，如图 14-2 所示。

图 14-2　抱脚浮体

（2）伸展浮体：在抱脚浮体的基础上，当身体浮起来的时候，将四肢伸开，两臂向前伸开，两腿向后伸直并拢，成俯卧姿势漂浮水中，站立时，收腹，收腿，两臂向下压水。然后抬头，两腿伸直，两脚触池底后站起。

2．水中移动练习

侧对池壁，手扶池边，向前、身后迈步行走，或面向池壁，手扶池边，向前、后行走。

3．滑行练习

背向池边，一手扶住池边缘，一臂前伸，同时，一脚站立，一脚贴近池边。深吸气后低头，上体在水中前倾成俯卧姿势，大小腿尽量收紧臀部靠近池边，两脚掌贴住池边。与此同时，扶池边的手臂向前摆出与前臂并拢，头夹于两臂之间，这时两脚用力蹬出，成流线型向前滑行，如图 14-3 所示。

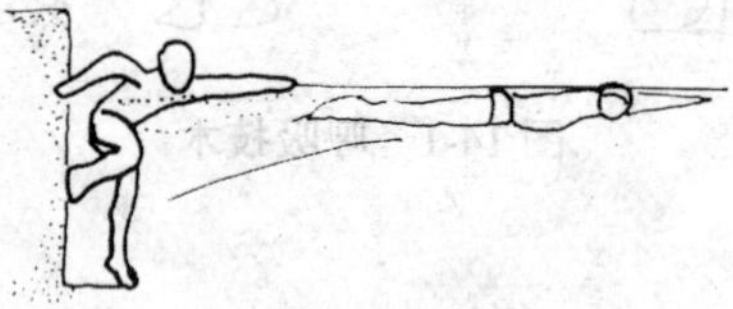

图 14-3 滑行

（二）水性的练习方法

（1）陆地上手臂动作模仿练习：在陆地上分别做单臂划水和双臂轮流划水的模仿练习。

（2）浅水区手臂动作模仿练习：在浅水中，由同伴抱托双腿或手扶岸边，做双臂的划水练习。

（3）浅水区腿部动作练习：在浅水中，双手借助浮板或手扶岸边，腿部做伸展划水技术动作练习。

（4）浅水区完整配合练习：在浅水中，把呼吸、手臂动作、腿部动作结合练习。

第三节 蛙 泳

蛙泳是模仿青蛙游泳的一种姿式，和其他竞技游泳相比，具有姿势速度慢，动作平稳，容易掌握，呼吸便利，适合长距离，又便于观察和掌握方向，是大学生们比较喜欢的一项游泳项目。

蛙泳技术比较复杂。因此，蛙泳练习中，要抓住基本技术，其中腿是基础，呼吸动作是关键。蛙泳学习按腿、臂配合及完整配合的顺序进行。

一、蛙泳技术要领

（一）身体姿势

蛙泳基本身体姿势：保持自然伸展、微展胸、收腹、腰略塌、两腿并拢、两臂前伸、头略抬起、目视前方，身体要保持较好流线型，身体和水面成5～10度夹角。蛙泳时，身体姿势并不是固定不变的，而是随着臂、腿和呼吸动作的周期性变化而不断变化。当蹬腿结束时，双臂前伸并拢，两腿向后蹬直并拢时，身体展平处于流线型滑行状态，如图14-4所示。

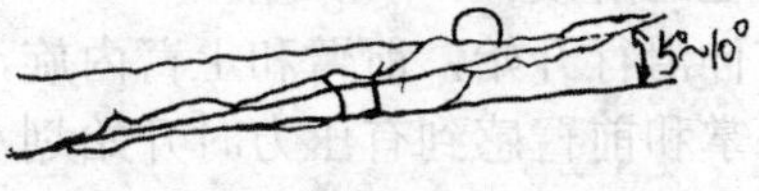

图14-4　蛙泳身体姿势

（二）腿部动作

蛙泳腿的动作是推动身体前进的主要动力，是掌握蛙泳技术的基础。腿部技术动作可分为：收腿、翻脚、蹬夹腿、滑行四个紧密相连阶段，在动作节奏上，强调收腿时要慢而放松，蹬腿时要快而有力。

（1）收腿：收腿开始时，脚面绷紧，随吸气动作两腿自然向下，大腿带动小腿，边收腿边分膝，逐渐使脚跟靠近臀部。收腿的速度相对慢些。收腿结束时，小腿与水面垂直，两膝间距与肩同宽或略窄于肩，如图14-5的1～4所示。

（2）翻脚：在小腿逐渐靠近臀部时，大腿内旋，膝关节稍内。同时两脚向外侧翻开，勾足尖，使脚和小腿内侧对好蹬水方向，使腿在蹬夹时有个良好的蹬水面，如图14-5的2～4所示。

（3）蹬夹腿：翻脚后，立即以腰腹和大腿同时发力向后蹬水。先伸髋，再伸膝，以大腿、小腿和脚掌向后做急速而有力的腿蹬夹动作。在腿蹬夹过程中，两腿并拢时略向下压，以形成前后鞭打动作。此动作是推动身体前进重要动力来源，如图14-5的5～8所示。

（4）滑行：蹬腿动作结束后，腿处于较低的位置，两腿应迅速并拢伸直、放松，借助惯性开始滑行。滑行时身体恢复至开始时的流线型姿态，如图14-5的5～9所示。

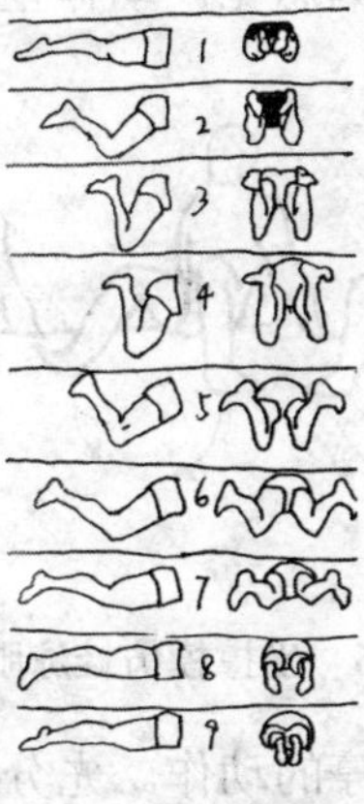

图14-5　蛙泳腿部动作

（三）臂部动作

臂部动作主要是保持身体平衡，并协调抬头和推动身体前进，蛙泳臂的划水占推动力的主要地位。目前分高肘和低肘两大类，现代蛙泳广泛采用高肘、快频率。动作分抓水、划水、收手和伸臂四个紧密相边的阶段。

（1）抓水：抓水从两臂前伸滑行开始，前臂和上臂内旋，掌心向外斜下方，略屈腕，两手分开向侧斜下压水，当手掌和前臂感到有压力时开始划水，这时动作速度较慢。

（2）划水：当两手做好抓水动作，两臂分成45°夹角时，逐渐屈臂形成高肘，向侧、下、后、内方向划，当划水与肩平时，肘的最大屈度为 90°，两臂之间为 120°。划水主要是拉的力量，动作要快速有力。

（3）收手：收手是划水的继续，可以产生较大的上升力。划水结束后，随着惯性手臂由向内到向前，手掌由向后至相对，肘低于手，收手于头下胸前的部位。

（4）伸臂：收手后，肩关节和肘关节迅速前伸，手指朝前，手心转向下，同时迅速低头，将头夹于两臂之间，恢复到滑行时身体姿势。

二、蛙泳基本技术的练习方法

1．陆上模仿练习

（1）坐撑模仿蛙泳腿动作。坐在池边或凳上，上体稍后仰，两臂后撑，两腿伸直并拢，髋关节展开，做蛙泳腿的收（腿）、翻（脚）、蹬夹（水）、停的动作，先按口令分解练习再过渡到完整连贯动作。

要求：收—大腿带小腿，边收边分；翻—向外翻脚，蹬水脚面对准水，膝稍内压；蹬夹—向后弧形蹬夹水。

做练习时，要求练习者先用眼看腿部动作是否正确。一般初学者对翻脚动作不习惯，因此要强化此动作，体会翻脚时的肌肉感觉。动作正确后，再要求闭眼，边想动作要点，边做模仿动作，如图 14-6 所示。

图 14-6 坐撑模仿蛙泳腿动作

（2）俯卧凳上做收、翻、蹬夹、停的动作。先分解做再连贯起来做腿的完整动作，要求边想边做，也可由同伴帮助体会和纠正动作，重点体会翻脚和脚部蹬夹的路线及节奏。

2．水中练习

（1）固定支撑做蛙泳腿的练习。

手扶支撑物（池边或池槽），身体平卧浮于水中，髋关节展开，两腿伸直并拢，做收、翻、蹬夹、停动作，先分解再连贯起来做。练习时可做双人练习，如图 14-7 所示。

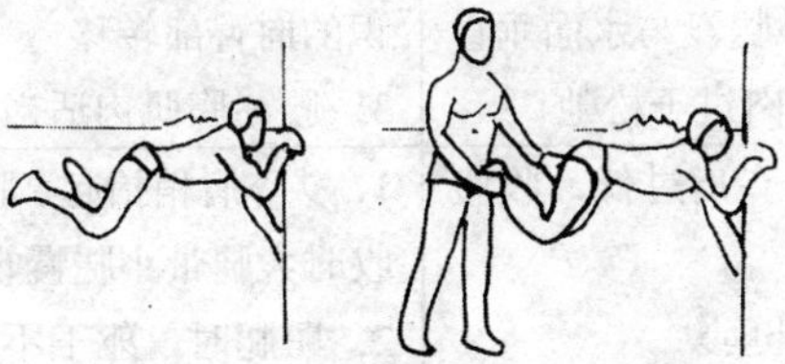

图 14-7 固定支撑做蛙泳腿的练习

要求：除陆上模仿的要求外，躯干--肩浸入水中，靠近水面，防止塌腰、挺腹、臀下沉；收—放松慢收，小腿和脚应在大腿投影之内；翻—向外翻脚要充分，脚和小腿内侧对准水，脚心朝上；蹬夹腿—向后弧形蹬夹要连贯，速度相对要快些。

（2）滑行做蛙泳腿的练习。

蹬边或蹬池底后做蛙泳腿，要求两腿蹬水后漂浮的时间要长一些，注意蹬腿效果和动作节奏。

（3）游动支撑做蛙泳腿。

扶住浮板的近端，两臂伸直，面部浸入水中，做蛙泳蹬腿动作，如图 14-8 所示。

图 14-8 游动支撑做蛙泳腿

3．练习中常见错误动作与纠正方法

表 14-1 练习中常见错误动作与纠正方法

常见错误	原因	纠正方法
蹬腿时不翻脚	1．动作概念不清 2．不会翻脚 3．蹬时“绷脚尖”	1．讲解、示范，明确概念及要领 2．陆地强化翻脚动作，强调翻脚时的肌肉感觉 3．勾脚蹬水或由同伴帮助体会正确蹬水动作
平收腿，蹬得过宽；蹬夹脱节或只蹬不夹	1．动作概念不清 2．收腿时，两膝向外张 3．旧的动作定型	1．讲解、示范，明确概念，陆地模仿，加深体会 2．用矫枉过正法，要求收腿时两膝内扣，或用绳圈限制其外张

（续表）

常见错误	原因	纠正方法
收、蹬腿时脚的部位太低	1．头和上体抬得太高 2．收腿时，大腿必得、收得过多，小腿没与水面垂直 3．腰部肌肉过于松弛	1．低头，提臀，腰腹肌肉适当紧张，使身体平浮 2．大腿少收，与躯干大于 90°，积极收小腿脚有意识的向臀部转移 3．腰、腹肌肉适当紧张，蹬时先伸髋
收、蹬时，臀部上起下伏	1．收腿时头肩过低，收腹提臀 2．蹬腿时挺腹	1．头、肩稍抬起，腰、腹肌适当紧张，使身体展平，收时大腿带小腿慢收 2．蹬腿时，躯干不动，用大腿推着小腿向后走

三、手臂动作与呼吸配合动作的练习

（1）陆上模仿：身体站立，上体前倾，双臂前伸，掌心向外，按口令做划水、收手、伸臂的分解和连续动作，然后，再做臂与呼吸配合的分解与连贯动作练习。

（2）在浅水中，两脚分开站立，上体前倾，两臂按陆上的模仿练习的要求和方法做划水动作。

（3）同上一练习，在水中完成臂与呼吸配合的模仿分解与动作的练习。

（4）在水中，慢慢移动中完成上一练习动作。

（5）先蹬池边或蹬地练习滑行后，两腿并拢不动，做蛙泳臂的动作；熟练后再做臂和呼吸配合的练习。

要求：练习时采用小划臂技术，开始不要强调划臂时的用力，而要着重体会划臂动作路线。头抬出水面完成呼吸动作。

四、完整配合动作练习

（1）开始划臂腿不动（准备吸气）。两手分开向斜后方划水，两腿自然伸直，准备收拢，开始抬头。

（2）用力划臂腿前收（吸气）。臂划近肩下时，两腿自然分开，屈膝前收，抬头吸气。

（3）收手夹肘收好腿（闭气）。臂划至肩的侧下方时，收手夹肘将手收到鄂下，同时完成收腿动作。头逐渐浸入水中闭气。

（4）伸臂翻脚再蹬腿（呼气）。两臂前伸同时向外翻脚，立即用力向后做弧形夹水。

（5）身体向前划一会（吸气）。蹬腿结束后，臂腿收拢，脸浸入水中，

要求：在任何情况下，都是臂先腿后。在练习中有个口诀：划手腿不动，收手再收腿，先伸臂后蹬腿，然后漂一会儿。在练习步骤上，应先掌握腿、臂配合技术，然后加上抬头呼吸动作，形成完整蛙泳配合技术。

第四节　水 上 救 护

水上救护是指采取各种有效措施，将溺水者救出的过程，可分为间接救护和直接救护。水上救护工作是保障游泳者生命安全的一项重要措施。游泳救护工作的原则是："立足预防，有备无患"。即以防为主，以救为辅，防救结合，有备无患。

一、间接救护技术

间接救护是救护者利用救生器材，对较清醒的溺水者施救的一种技术。游泳场所一般都应备有救生圈、竹竿、木板，泡沫块、轮胎、绳子及输氧设备等。下面介绍几种常用的救护器材和使用方法。

1．救生圈

最好在救生圈上系好一条绳子，当发现溺水者时，可将救生圈掷给溺水者。如在江河里，应向溺水者的上游掷去，溺水者得到救生圈后，将其拖至岸边。

2．竹竿

溺水者离岸、船较近时，可将竹竿伸给溺水者，但切勿捅戳。待溺水者抓住后，将其拖至岸或船边。

3．绳子

在绳索的一头系一漂浮物，将绳子盘成圆形，救护者握住绳子的一端，然后将盘起来的绳子掷在溺水者的前方，使溺水者握住绳子上岸。

4．木板（包括一切可浮物）

在没有其他救护器材的情况下，木板也可作为救护器材。将木板掷给溺水者，然后下水将溺水者拖带上岸。

二、直接救护技术

直接救护技术，是救护者不借助任何救生器材，徒手对溺水者施救的一种技术。直接救护技术大致可分为入水前的观察、入水贴近溺水者、水中解脱施运上岸、岸上急救等过程。

1．入水前的观察

当发现溺水者后，应立刻迅速扫视水域，判断溺水者与自己的距离和方位。在江河湖海中还要注意水流方向、水面宽窄、水底性质等因素。救护者要本着在入水后尽快游近溺水者进行施救的原则，迅速选择入水地点。

2．入水

救护者在发现溺水情况后，入水要迅速，注意目标。入水方法大致分两种。

（1）在熟悉的水域或游泳池，可用鱼跃式（头先入水）的出发动作。这种方法的优点是游速快，为实施救助争取时间。

（2）在不熟悉的水域，可用“八一”式的动作。起跳后，两臂侧前举，一腿前伸微屈，一腿稍向后屈。当身体接近水面时两腿夹水。手臂迅速压水。这种入水方法优点是不会使身体下沉过快过多，并能防止碰到石头或暗桩，避免意外发生，而且使头部基本不入水，以便看清施救目标。

3．游近溺水者

救护者在入水后迅速靠拢和控制溺水者，一般采用速度较快的抬头爬泳，亦可采用头不入水的蛙泳，以便观察溺水者。

当游到离溺水者 2m 处时，深吸口气与采用潜水技术接近溺水者，以保护自身体力。如溺水者面向自己，则潜入水中，游到溺水者身旁，两手扶住他的髋部，将他转至背向自己，然后进行拖运，如图 14-9 所示。另一种方法是正面游近溺水者后，用左（右）手握其左（右手），用力向左（右）边一拉，借助惯性使溺水者身体转 180° 背向自己然后进行拖运。如溺水者背向自己，可直接游近溺水者，急停后，一手托腋下，使其口鼻露出水面，一手夹胸做好拖带准备，并有效控制对方，如图 14-10 所示。

图 14-9 游近溺水者

图 14-10 控制游近溺水者

4．水中解脱

指救护者在接近或寻找溺水者时，被溺水者抱住后施行解脱，进行有效控制溺水者的一项专门技术。由于水中挣扎的溺水者，只要抓住任何东西就不会轻易放手，所以救护人员需要掌握一定的解脱方法，以防万一。解脱时一般应利用反关节和杠杆的原理，动作要迅速、熟练、突然。下面介绍几种常见的水中解脱方法。

（1）虎口解脱法。

虎口是指拇指与食指之间的部位。当救护者的臂部任何部位被抓住时，都可以用这种方法进行解脱。

① 当溺水者两手从上抓住救护者的两手腕时，救护者可握紧双拳向溺水者的拇指方向外旋，肘内收来解脱，如果溺水者从下抓住救护者的两手腕，则紧握拳向溺水者虎口方向内旋，肘关节向外展，即能解脱。

② 单手臂被溺水者双手抓住的解脱方法：当溺水者两手从下抓住救护者的一只手腕时，救护者一手可握紧拳头，另一手从溺水者的两臂中间穿出，握住自己拳心，突然从虎口下拉，即可解脱。

（2）托肘解脱法。

救护者向上推托肘关节而施行的一种解脱方法。

① 从后面被溺水者抱住颈部时，救护者首先握住溺水者靠近自己胸前的一只手腕，另一手从下向上托溺水者同侧臂的肘关节便之转体，然后低头，并向上推溺水者的肘关节，使救护者头部从溺水者腋下钻出来。离开溺水者肘关节后，乘势将溺水者的手腕拉至背后，另一手扶住溺水者的前胸，进行拖运。

② 被溺水者从前面被抱住颈部时，救护者用左（右）手推溺水者的左（右）肘关节，右（左）手握住溺水者的同一手腕并向下拉，然后，头从溺水者的两臂中间钻出来。这时握住溺水者的手腕从他腋下向后扭转拉到背后，同时放开推溺水者肘关节的手，并托住溺水者前胸，进行拖运。

（3）推扭解脱法。

即救护者推扭溺水者头部拖行的一种解脱方法。

（4）扳指解脱法。

救护者扳动溺水者大拇指所施行的一种解脱方法。救护者被溺水者从后方拦腰抱住时，用右手抓住溺水者右手的一指，用左手抓住溺水者左手一指，分别向右左用力拉开，然后放开溺水者的一只手，乘势转至溺水者背后进行拖运。

5．拖运

拖运是指救护者采用侧泳或反蛙泳进行拖运溺水者的一项专门技术。拖运时为防止溺水者因不明被救而强行挣扎，一般均采用夹胸拖带法，但应该注意救护者及被拖运者的嘴、鼻必须露出水面。夹胸臂不可贴近溺水者的喉部。拖运分侧泳和反蛙泳两种技术。

（1）侧泳拖运法。

救护者侧卧水中，手扶住溺水者，一手在体侧划水，两腿做侧泳蹬剪水的动作前行。拖运时，一种是一臂伸直托住溺水者的后脑，一手在体侧划水，两腿做侧泳蹬剪水的动作。另一种是一手抄腋下，同侧髋部紧贴溺水者的背部，另一手在体侧划水，两腿做侧泳剪水动作。

（2）仰泳拖运法。

一手或两手扶住溺水者，以蛙泳腿的动作使身体前进。拖运时，一种是仰卧水面，两臂伸直，两手扶住溺水者的两颊，腿做反蛙泳动作使身体前进。另一种是仰卧水面，双臂伸直，以两手的四指挟在溺水者的两腋窝下，大拇指放在肩胛骨上，腿做反蛙泳动作，使身体前进。

6．岸上急救

将溺水者救上岸以后，首先是观察溺水者的病状，然后再决定做工人呼吸或做心脏按摩，同时找救护车。

（1）观察病状。

① 确认意识：握其手观看，或大声喊叫，如果溺水者有意识的话，就会反握救护者的手，或有回应，也有时会有眼皮微动。如果仍无反应时，可用手拧一拧，看有无痛感。

② 确认呼吸：把脸贴在溺水者的鼻、口，感觉是否有呼吸，同时观察胸腹部。若有呼吸，腹部的皮肤就有上下起伏。

③ 确认脉搏：一般切手腕的动脉，切不到此脉时，就切颈动脉。

（2）人工呼吸。

将溺水者救上岸后，若其呼吸十分微弱或处于窒息状态，应立刻进行人工呼吸。首先将溺水者侧卧便于水从口中流出，再将口鼻中的异物清除，以保持呼吸道的通畅。接着进行控水，将溺水者呼吸道中的水排出，以便进行人工呼吸。控水方法是：救护者一腿跪着，另一腿屈膝，将溺水者腹部放在屈膝的大腿上，一手扶着溺水者的头，使溺水者嘴向下，另一手压背部，把水排出。排出水后，要立即进行人工呼吸。操作方法：使溺水者仰卧，救护者在他身旁，用一手捏住溺水者鼻子，另一手托着其下额，吸一口气，然后用嘴对紧溺水者的嘴将气吹入。吹完一口气后，离开溺水者的嘴，这时松开捏鼻子的手，用手压一下溺水者的胸部，帮助他呼吸，如此有规律地反复进行，每分钟约做 16～20 次。开始可稍慢些，然后可适当加快。

（3）心脏按摩。

① 当溺水者失去知觉时，实施心脏按摩和人工呼吸同时进行很重要。其特点是既可做人工呼吸又能起到压放心脏的作用，因此遇到呼吸、心脏均停止时可采用。

方法：溺水者仰卧，肩下垫毛巾或衣服，头稍后仰。救护者跪于溺水者头部上方，握其两手腕。操作呼气动作时救护者上体前倾，增加压力，将溺水者的双臂弯曲，用其两臂压迫双肋处，排出肺部空气。操作吸气动作时，将溺水者双手提起，向左右两侧做伸展动作，此时胸腔扩展，空气便会进入肺里。

② 胸外压放心脏法：此法使用于溺水者无心跳或跳得微弱时。

方法：溺水者仰卧，救护者跪在溺水者身旁，将一手掌置于溺水者的胸骨下端 1/3 处，另一手掌覆在上，两手掌重叠在一起，两臂伸直，借助身体的重力，稳健有力地向下垂直加压。压力集中手掌根部，使溺水者胸骨下陷。压缩心脏，然后抬起手腕（手腕不离开胸骨），使胸廓扩张，心脏舒张。这样有节奏地进行，成人每分钟 60～80 次，小孩 80～100 次，直至心脏再跳动或确认已死亡。若心跳恢复应立即送往医院继续进行复苏后的治疗。

三、自我救护

在游泳中，当发生抽筋时，必须保持镇停，不要慌张，可呼救也可自救。在水中自我解救抽筋部位的方法，主要是拉长抽筋的肌肉，使收缩的肌肉松弛和伸展。

1．手指抽筋

将手握拳，然后用力张开。这样迅速反复几次，直到消除为止。

2．小腿或脚趾抽筋

先吸一口气仰浮水面，用抽筋肢体对侧的手握住抽筋肢体的脚趾，用力向背侧弯曲。同时用同侧手掌压在抽筋肢体的膝盖上，帮助抽筋腿伸直。

3．大腿抽筋

可同样采用拉长抽筋肌肉的办法解救。

第十五章　健 美 操

第一节　健美操运动概述

当今世界，追求健康，崇尚健美之风遍及全球。随着生活方式的转变和生活节奏的加快，人们普遍悟出这样一个道理：在漫漫的人生之旅，不仅需要强健的体魄来迎接新世纪的挑战，而且渴望自己变得更加健美，使生活更加充实，充满情趣。

健美操作为融健、力、美为一体的有氧运动，由于其表现形式新颖、动作简单易学、音乐节奏极富情趣、充满青春活力，不仅在我国“全民健身”最受欢迎的十大项目中位居第二，还称为当今青年学生追求自身特点和时代精神的一项时尚运动。

一、健美操运动的概念

健美操是在音乐伴奏下，以操化身体练习为基本手段，以有氧运动为基础，以追求身心健康、塑造形体和娱乐为目的的新兴体育运动。

近年来，随着健身运动的不断发展，人们对健身的理解进一步加深，知识水平和健身的科学化程度不断提高，对健身的需求也更加多样化和个性化，因此出现了多种新的健身形式，如近年来兴起的水中健美操和利用移动器械的集体力量练习以及在特殊场地进行的固定器械的有氧练习等，这些新的健身形式使健美操运动的内容更加丰富，适合的人群更加广泛，健身的效果更好，同时降低了损伤的可能性。健美操运动正是在此大环境下得到了迅速的发展，呈现出更加多样化和科学化的发展。

二、健美操运动的起源与发展

健美操的起源应追溯到两千多年前。古希腊人对人体美的崇尚举世闻名，他们认为，在世界万物之中，只有人体的健美才是最匀称、最和谐、最庄重、最有生气和最完美的。他们提出了“体操锻炼身体，音乐陶冶精神”的主张。到目前为止，健美操不仅在欧美等发达国家蓬勃发展，而且在一些发展中国家和地区也得到不同程度的开展，各种健美操俱乐部、健身操中心和健美操培训班如雨后春笋般到处涌现，许许多多的人选择健美操作为自己主要的健身方式，形成了世界范围的“健美操热”。

现代健美操在我国的兴起应该是 20 世纪 70 年代末—80 年代初。1984 年原北京体育学院成立了健美操教研室，接着上海体院也成立了健美操教研室，率先开设了选修和专修课。随着健美操的深入开展，健美操从社会进入了学校，并被列入各级学校体育大纲之中，并且成为我国各级各类学校体育课或课外活动中一项深受师生欢迎的教学内容和锻炼方法。

1992 年经民政部注册中国健美操协会正式成立，同时也称为中华全国体育总会的团体会员，在全国各行业系统也先后成立了有关的组织并举办健美操的活动。1997 年国家体育总局成立体操运动管理中心，健美操项目归属体操运动管理中心管理，各省市体育局也明确了健美操项目的管理部门。1998 年国家体育总局颁布了《健美操活动管理办法》，使我国健美操项目的管理更加规范化。

目前，健美操的种类和练习形式呈多样化的发展趋势。其中最受大学生欢迎的有矫健阳刚的“搏击健美操”，乐舞相融的“拉丁健美操”，别有神韵的“瑜伽健美操”和极富活力的“街舞健美操”等。近年来，随着健美操运动的迅猛发展，健美操领域已经形成各种流派，也得到社会的认可。

三、健美操运动的分类和特点

（一）健美操运动的分类

健美操内容丰富、形式多样、种类繁多，按照目的任务和国外的惯例，健美操运动分为健身性健美操和竞技性健美操两大类。

表 15-1　健美操运动的分类

健身性健美操			竞技性健美操
徒手健美操	轻器械健美操	特殊场地健美操	
一般健美操	踏板操	水中健美操	男子单人操
大众等级规定套路	哑铃操	固定器械健美操	女子单人操
拳击操	杠铃操	功率行车	混合双人操
搏击操	橡皮筋操		三人健美操
瑜伽操	健身球操		混合六人操
拉丁操	健身秧歌		
街舞操	啦啦操		
普拉提			
形体舞			

（二）健美操运动的特点

1. 健美操的艺术特效性

健美操是一项追求人体“健、力、美”的运动项目。“健康、力量、美丽”是人体所追求的身体状况的最高境界，它的艺术性也主要体现在“健、力、美”的特征上。健美操动作协调、流畅、有弹性，使练习者不仅锻炼了身体、增强了体质，而且从中得到了“美”的享受，提高了审美意识和艺术修养。

2．健美操具有强烈的节奏感

健美操融音乐、体操、舞蹈为一体，和现代音乐给健美操带来的活力，还有各种符合音乐风格的动作编排，加之讲力度、求速度、变化快、音乐节奏感强的肢体动作，使健美操在强烈的节奏感下充满了青春活力，同时激发了人们的热情。

3．健美操具有广泛的群众性

健美操练习形式多样，运动量可大可小，对场地的要求也不高，因此对各个年龄层次、不同性别、不同身体素质、不同技术水平的人都适宜，各种人群都能从健美操练习中找到适合自己的方式，都能从健美操练习中得到乐趣。

第二节　健美操的基本动作

健美操的基本动作主要由下肢动作、上肢动作两部分组成，其中基本步伐是组成动作组合的最小单位。

健美操基本动作分类见表 15-2。

表 15-2　健美操基本动作

下肢动作			上肢动作	
基本步伐	下肢肌肉拉伸	下肢力量练习	上肢动作	手型
低冲击步伐	股四头肌拉伸	蹲起	举	掌
高冲击步伐	股二头肌拉伸	提踵	屈伸	拳
无冲击步伐	腓肠肌拉伸	摆腿	提拉	
			冲拳	
			推	
			摆动	
			绕环	
			交叉	

一、基本步伐

表 15-3 健美操常用基本步伐体系

类别	原始动作形式	低冲击力形式	高冲击力形式	无冲击力形式
交替类	踏步 march	踏步 march 走步 walk 一字步 easy walk V 字步 Vstep 漫步 mambo	跑步 jog	
迈步类	侧并步 step touch	并步 step touch 迈步点地 step tap(heel) 迈步吸腿 step knee 迈步后屈腿 step curl 侧交叉步 grapevine	并步跳 step jump 小马跳 pony 迈步吸腿 step knee 迈步后屈腿 step curl 侧交叉步跳 grapevine	
点地类	点地 touch step	脚尖点地 touch，tap 脚跟点地 heel		
抬起类	抬腿 lift step	吸腿 knee lift(up) 摆腿 leg lift 踢腿 kick	吸腿跳 knee lift 摆腿跳 leg lift 踢腿跳 kick 弹踢腿跳 flick 后屈腿跳 leg curl	
双腿类			并步跳 jump 分腿跳 squat jump 开合跳 jumping jack	半蹲 squat 弓步 lunge 提踵 calf raise

基本动作说明

1．交替类

（1）踏步（原始动作），如图 15-1 所示。

动作描述：两腿原地依次抬起，依次落地，在下落时膝、踝关节有弹性地缓冲。

图 15-1 踏步

（2）走步，如图 15-2 所示。

动作描述：迈步向前走四步或向后退四步，然后反之。向前走时，脚跟先落地，过渡到全脚掌；向后反向，落地时膝、踝关节有弹性地缓冲。

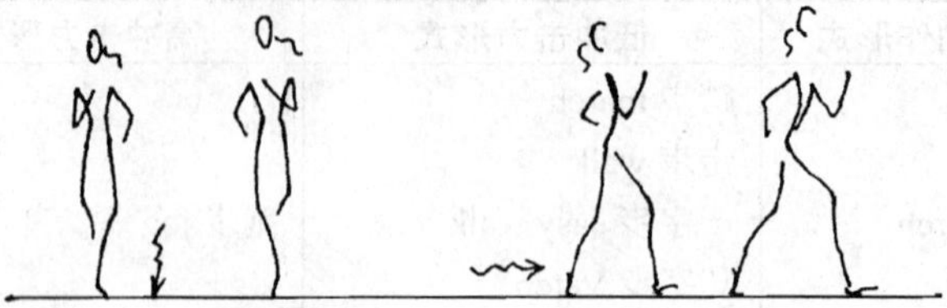

图 15-2 走步

（3）一字步，如图 15-3 所示。

动作描述：一脚向前一步，另一脚并于前脚，然后再一次还原。

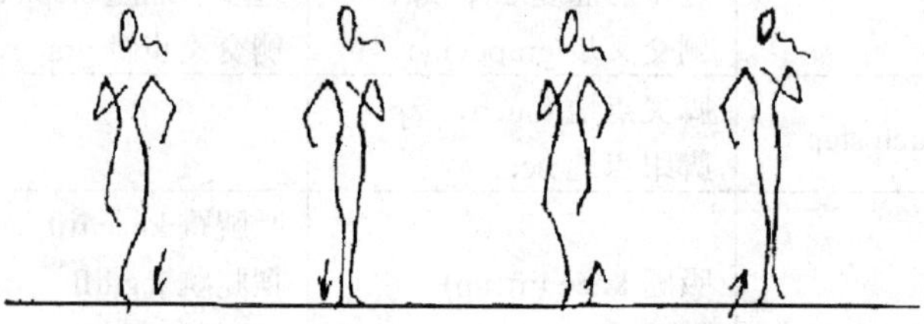

图 15-3 一字步

（4）V 字步，如图 15-4 所示。

动作描述：一脚向前侧方迈一步，另一脚向另一方迈一步，成两脚开立，屈膝，然后依次退回原位，两腿膝、踝关节始终保持弹动状态，分开后成分腿半蹲，重心在两脚间。

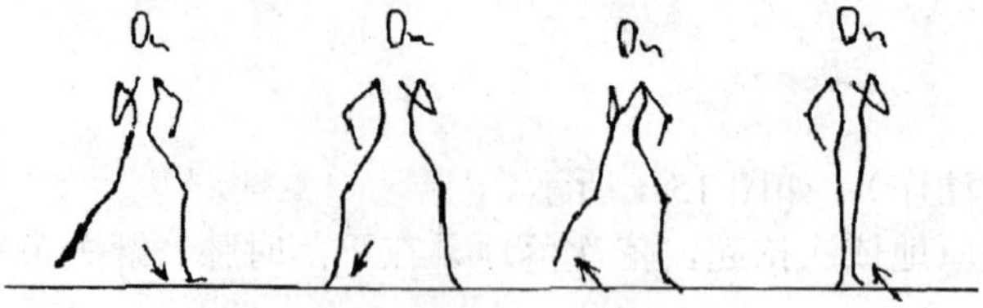

图 15-4 V 字步

（5）漫步，如图 15-5 所示。

动作描述：一脚向前迈出，屈膝，重心随之前移，另一脚稍抬起，然后原地落下；或者向后撤一步，重心后移，另一脚稍抬起，然后原地落下，身体重心随动作前后移动，但始终在两脚之间。

图 15-5　漫步

（6）跑步，如图 15-6 所示。

动作描述：两腿经过腾空，依次落地缓冲，两臂屈肘摆臂。

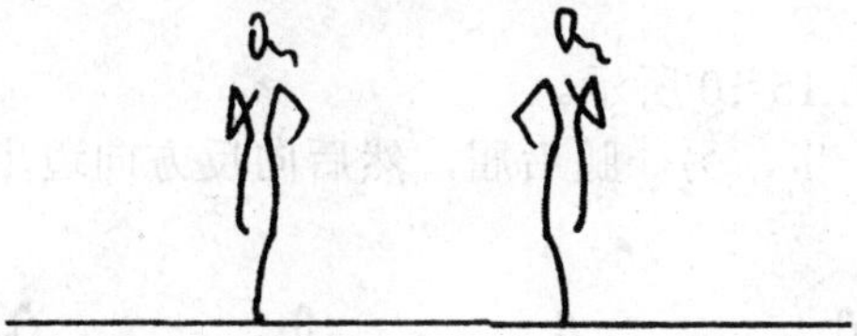

图 15-6　跑步

2．迈步类

（1）并步（侧并步为原始动作），如图 15-7 所示。

动作描述：一脚迈出，另一脚随之并拢屈膝点地；再向反方向迈步，双膝始终保持弹动。

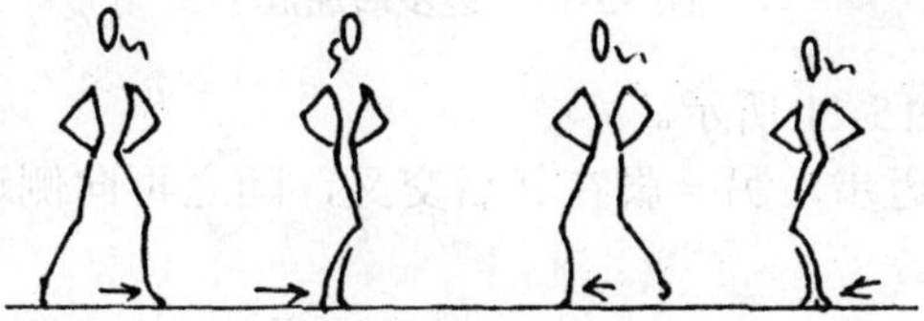

图 15-7　并步

（2）迈步点地，如图 15-8 所示。

动作描述：一脚向侧迈一步，两腿经屈膝移重心，另一腿再前、侧或后用脚尖或脚跟点地，两膝保持弹性，重心轨迹呈弧形。

图 15-8　迈步点地

（3）迈步吸腿，如图 15-9 所示。

动作描述：一脚迈出一步，另一腿屈膝抬起，然后向反方向迈步。

图 15-9 迈步吸腿

（4）迈步后屈腿，如图 15-10 所示。

动作描述：一脚迈出一步，另一腿后屈，然后向反方向迈步，支撑腿稍屈膝，后屈腿的脚跟靠近臀部。

图 15-10 迈步后屈腿

（5）侧交叉步，如图 15-11 所示。

动作描述：一脚向侧迈步，另一脚在其后交叉，随之再向侧迈一步，另一脚并拢，屈膝点地，保持膝关节弹性。

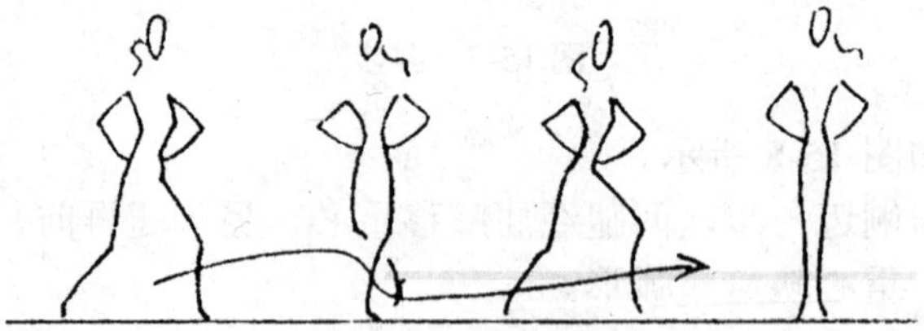

图 15-11 侧交叉步

3．点地类

（1）脚尖点地，如图 15-12 所示。

动作描述：一推屈膝站立，另一腿伸出，脚尖点地，然后还原到并腿姿势，支撑腿始终保持屈膝站立。

图 15-12　脚尖点地

（2）脚跟点地，如图 15-13 所示。

动作描述：一腿稍屈膝站立，另一腿伸出，脚跟点地，然后还原到并腿姿势，只可做向前和向侧的脚跟点地。

图 15-13　脚跟点地

4．抬腿类

（1）吸腿，如图 15-14 所示。

动作描述：一腿屈膝抬起，落下还原，支撑腿保持弹动，大腿上抬超过水平，身体保持正直。

图 15-14　吸腿

（2）摆腿，如图 15-15 所示。

图 15-15　摆腿

（3）踢腿，如图 15-16 所示。

动作描述：一腿稍屈膝站立，另一腿抬起，然后还原。

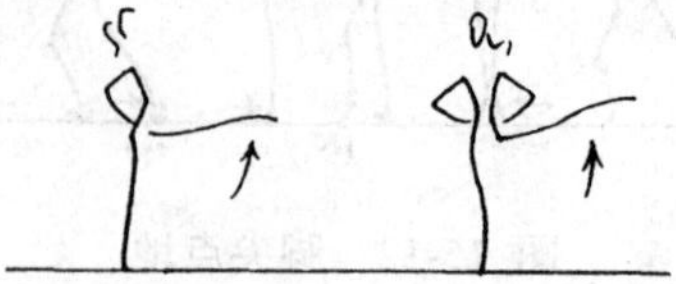

图 15-16 踢腿

（4）弹踢腿（跳），如图 15-17 所示。

动作描述：一腿站立（跳起），另一腿先向后屈，然后向前下方弹踢，还原。

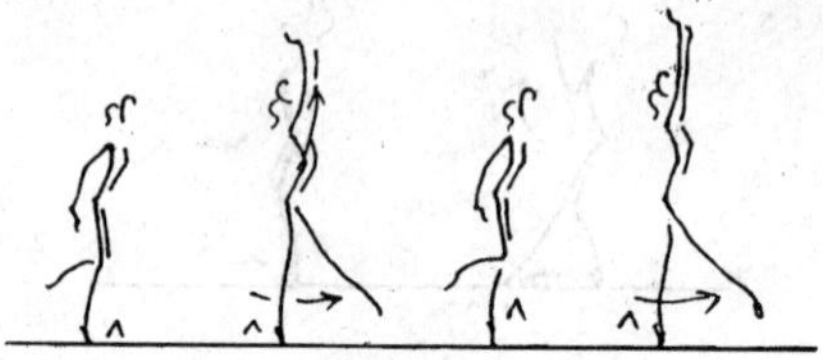

图 15-17 弹踢腿（跳）

（5）后屈腿（跳），如图 15-18 所示。

动作描述：一腿站立（跳起），另一腿向后屈膝，放下腿还原。

图 15-18 后屈腿（跳）

5．双腿类

（1）分腿跳，如图 15-19 所示。

动作描述：分腿站立屈膝半蹲，向上跳起，分腿落地屈膝缓冲。

图 15-19 分腿跳

（2）开合跳，如图 15-20 所示。

动作描述：由并腿跳起，分腿落地；然后再由分腿跳起，并腿落地。

图 15-20　开合跳

（3）半蹲，如图 15-21 所示。

动作描述：两腿有控制的屈和伸，可分为并腿半蹲和分腿半蹲

图 15-21　半蹲

（4）弓步，如图 15-22 所示。

动作描述：两腿前后分开，两脚平行站立；蹲下、起来。

图 15-22　弓步

（5）提踵，如图 15-23 所示。

动作描述：两脚跟抬起，落下脚跟稍屈膝。

图 15-23　提踵

二、常用上肢动作

1．常用手型，如图 15-24 所示。

（1）掌型（blade）。

一般描述：五指伸直并拢。

（2）拳型（fist）。

一般描述：握拳，拇指在外。

图 15-24　常用手型

2．上肢动作

（1）举（rise）。

动作描述：臂伸直向某方向抬起。

（2）屈臂（bicep curl）。

动作描述：前臂与上臂角度不断减小。

（3）伸臂［tricep extention（kickback）］。

动作描述：前臂与上臂角度不断增大。

（4）屈臂摆动（low row）。

动作描述：屈肘在体侧自然地摆动。可依次和同时进行。

（5）上提（upright row）。

动作描述：直臂或屈臂由下至上抬起。

（6）下拉（putdown）。

动作描述：臂由上举或侧上举拉至身体两侧。

（7）胸前推（chest press）。

动作描述：立掌，臂由肩部向前推。

（8）冲拳（punch）。

动作描述：屈臂握拳，由腰间猛力向前冲拳。

（9）肩上推（shoulder press）。

动作描述：立掌，屈臂由肩向上推。

（10）摆动（swing）。

动作描述：以肩关节为轴，手臂在 180° 以内的运动称之为摆动。

（11）绕和绕环（scoop、circle）。

动作描述：以肩关节为轴，手臂在 180° 至 360° 之间的运动称为绕；大于 360° 以上的圆周运动称为绕环。

（12）交叉（cross）。

动作描述：两臂重叠成 X 形。

第三节　健美操的基本技术

健身性健美操的基本技术主要有落地技术、弹动技术、半蹲技术和身体控制技术。所有这些技术要求都是从保证练习安全性的角度出发的，其中落地技术、弹动技术和半蹲技术实际上是紧密练习在一起的。

一、落地技术

落地缓冲的主要目的是使身体尽可能地保持稳定，同时减少地面对关节、肌肉的冲击力，以避免造成运动损伤。

健身性健美操的落地技术为：落地时，由脚跟过渡到全脚掌或由前脚掌过渡到全脚掌，然后迅速屈膝—膝髋缓冲。所有动作在瞬间一次完成，用以分解地面对人体的冲击力。同时躯干与手臂保持良好的姿态练习，肌肉用力以保持动作的稳定与控制。

二、弹动技术

健美操的弹动技术是健美操最重要的基本技术之一，是体现健美操的最基本特征，用以区别其他运动项目的重要因素之一。

健美操的弹动主要依靠踝关节、膝关节、髋关节的屈伸缓冲而产生，它的主要作用是减少运动对关节的冲击力，从而减少运动对人体造成的损伤。

三、半蹲技术

在健美操练习的过程中，每一个动作都需要半蹲的出现，因为无论是落地和缓冲技术、还是弹动的技术实际上都是和半蹲动作联系在一起的。

半蹲时，身体重心下降，臀部向后下 45º 方向用力，膝关节不应超过脚尖，腰腹、臀部和大腿肌肉收缩，上体保持正直，重心在两腿之间，起落要有控制。

四、身体控制技术

健美操的身体姿态是根据练习的安全性和现代人体与行为美的标准而建立的。首先在整个非特殊条件下的运动过程中，身体应该保持自然挺拔，头部稍稍昂起的姿态，颈椎、胸椎、腰椎处于正常生理曲线的位置，并始终保持腰腹和背部肌肉收缩，避免因腰腹部位的摆动和无控制而可能引起的腰部损伤。四肢的位置根据具体的动作要求和练习者的个体情况而定，但无论肢体的位置如何变化都应有所控制，避免“过伸”，尤其是无控制的“过伸”这是造成运动损伤的重要原因。总之，健美操练习过程中的身体姿态取决于肌肉用力的感觉和程度，总的动作感觉应是有控制但不僵硬、松弛而不松懈。

第四节　健美操竞赛规则

一、运动员年龄

青年组：18～35 岁。

二、竞赛内容

符合规则及规程需要的自编成套动作比赛。

三、成套动作的时间

成套动作的时间为 2'30～3'（计时由动作开始到动作结束）。

四、比赛音乐

（1）音乐的速度：每 10 s 22 拍～26 拍。

（2）成套动作允许有 2×8 拍的音乐前奏。在成套动作结束时音乐应同时停止。

（3）参加自选动作比赛的参赛队须自备比赛音乐，并将音乐录在高质量空白磁带的 A 面开头。

五、参赛人数与更换运动员

1．参赛人员：每队 4～6 人，性别不限。

2．更换运动员：如有特殊情况须更换运动员时，需持有效证明，经组委会批准方可。

六、比赛场地

比赛场地为 10 m×10 m 的地板或地毯，标记带为 5 cm 的红色或白色带，标记带是场地的一部分。

七、服装

运动员须穿适合运动的健美操服和运动鞋，着装整洁、美观、大方；头发须梳系于后，不允许使用悬垂饰物。例如：皮带、飘带和花边等；女运动员的头发须梳于后，头发不得遮住脸部；允许化淡妆，禁止带首饰。

八、比赛程序与计分方法

1．比赛程序：比赛分为预赛和决赛两种，凡参赛队均须参加预赛。预赛前八名者进入决赛，不足八名时，递减一名录取。

2．计分方法：比赛中得分高者名次列前，如遇得分相等，按艺术分高者名次列前，再相等名次并列，无下一名次。

第十六章　体 育 舞 蹈

第一节　体育舞蹈概述

一、体育舞蹈起源与发展

体育舞蹈起源于民间。据历史即在，在原始社会初期社会关系相对平等，男女老少在这种场合和各种活动中以表达喜悦的心情或者庆祝某种胜利时都会欢乐地跳舞。随着社会生产力的发展，人们的思维能力和想象能力不断提高，这使人类不得不创造神与宗教，以求心灵的平静和人身的平安，由此就产生了娱神的舞蹈--巫舞。巫舞在民间娱神的基础上，经过逐步加工，慢慢形成娱人的舞蹈。到了封建社会，大约 11 和 12 世纪，欧洲一些国家将这些民间舞的一部分带进宫廷（另一部分仍然在民间继续发展），并加以精炼而形成宫廷舞。

1924 年，英国伦敦，由英国发起欧美舞蹈界人士，在广泛研究传统宫廷舞，交谊舞及拉美国家的各式土风舞的基础上，对此进行了规范和美化加工，于 1925 年正式颁布了华尔兹、探戈、狐步、快步四种舞的步伐，总称摩登舞。随着此种舞蹈在世界的不断推广，自身也得到了发展，摩登舞中又增加了维也纳华尔兹。1960 年，在对非洲和拉美一些国家的民间舞进行规范和加工后又增加了拉丁舞的比赛，拉丁舞也有五种舞：伦巴、恰恰恰、桑巴、牛仔、斗牛。

我国体育舞蹈运动起步较晚。80 年代末，日本体育舞蹈教师多次来华讲学并将此项目引入我国，为我国培养了第一代体育舞蹈选手。1989 年初，“中国舞蹈家协会国际标准舞总会”正式成立。中国体育舞蹈联合会在加入国际体育舞蹈联合会后，已于 2002 年 11 月在上海正式举办了亚洲体育舞蹈锦标赛。还将在 2003 年 6 月 28 日～29 日在中国无锡举办亚太体育舞蹈锦标赛。2004 年 11 月 6 日～7 日在中国上海举办世界青年标准舞锦标赛。经过近 20 年的发展，目前全国参与此活动的人数将近 3 000 余万人（含交谊舞）。

二、体育舞蹈的概念

体育舞蹈也称国际标准交谊舞，简称国标舞。它以人体为舞蹈表现工具，在音乐伴奏下，通过有艺术化的规范性动作，来表现特定舞蹈技术特征并展现一定艺术的运动项目。作为一项特殊的运动，它既有体育运动的竞技特征，又有浓郁的舞蹈风格，是集合了不同国家、地域和民族特色的国际型舞蹈。体育舞蹈通过身体的各种形态技术动作表达出音乐意境，并展示舞者内心的向往，使人陶醉在高尚的精神境界之中从而获得美的享受。起源于西方的它有着悠久的历史和广袤的文化底蕴。

三、体育舞蹈的分类和特点

体育舞蹈按舞蹈的风格和技术结构，分为摩登舞和拉丁舞两大类。按竞赛项目课分为三类：摩登舞、拉丁舞和团体舞。

体育舞蹈是由属于文艺范畴的舞蹈演变而来的体育项目，因此，它是兼有文艺和体育特点的边缘项目，是以竞赛为目的，具有自娱性和表演观赏性的竞技舞蹈。它具有一下三大特点。

1．严格的规范性和高超的技巧性

体育舞蹈具有严格的规范性和高超的技巧性。规范性表现在技术的规范性上，它严格到多一份嫌过，少一点欠火。中国体育舞蹈组织根据难易程度将基础舞步分为铜牌、银牌、金牌三个不同等级。基础规范舞步属于技术必须考核的范畴，通俗地讲，这部分内容是解决如何学会跳舞的，是任何人都不可能逾越的基础内容。

体育舞蹈是一个完整的舞蹈系统，是一项高雅、文明的竞技项目，对舞姿、舞步、音乐节奏、舞蹈风格的展现以及个人舞蹈表现力等要求很高。经历数百年的锤炼，体育舞蹈因其许多动作具有高难度并具技巧性，观众常常为舞蹈表演者所显示的舞蹈技巧而惊叹。

2．表演观赏性

体育舞蹈融音乐美、服装美、风度美、体态美于一体，既有观赏的价值又有参与的可能，被西方人誉为是一种“真正的艺术”。体育舞蹈是一门视觉艺术，可欣赏的感知点很多，但都是从可视的形态中表现出来。标准舞展现给观众的形象是一种宫廷中特有的高贵典雅、雍容华贵的美，依靠充实的理论知识和丰富的生活阅历 ，将这种微妙的艺术境界，心里感觉通过五种不同的舞蹈风格和表现力要求跳出不同的美好感觉。

3．竞技性

体育舞蹈的竞技性是指它作为比赛项目，具有胜负意义和表演性，既要有规范舞步的基础，又要有超出舞步基础的内容。因此，比赛的动作如同体操和跳水项目中的自选动作一样，具有难、新、稳、准、美几方面的要求。如何展示身体的形态美，让舞姿轻盈、舒展、令人赏心悦目是体育舞蹈竞技性的体现。

四、体育舞蹈的价值

体育舞蹈运动是一项新型的体育项目，是体育与舞蹈的结合，具有运动与艺术的双重性。因此体育舞蹈极富时代气息，具有健身价值、欣赏价值和社会价值。

1．健身价值

体育舞蹈室人们强身健体、自我娱乐的重要形式之一。高超的舞蹈技艺是经过刻苦训练而获得的。它对促进机体的新陈代谢、运动系统、心血管系统、呼吸循环系统、神经系统都起到了良好的锻炼作用。随着科学技术的日益发达和物质生活水平的提高，人们的工作压力越来越大，因此工作之余，丰富文化生活，调节情志、减轻疲劳、消除心理障碍，已成为人们日常生活的渴求，那么体育舞蹈运动就是一种最好的运动方式。

2．观赏价值

体育舞蹈在世界范围内越来越广泛地受到人们的喜爱。各个国家和地区的优秀体育舞蹈运动员，以其精湛的技艺，默契的配合，精心的组织、编排，感人的艺术表现将服装美、形体美和姿态美这一自然美的最高形式--人体韵律美展现在广大观众面前，并通过舞蹈语言抒发了强烈的内心情感，感染观众产生共鸣。在增强人们对体育舞蹈艺术美的鉴赏能力的同时，提高人们的艺术修养，激发人们参与其中满足着人们对美的追求。

3．社会价值

体育舞蹈不受国界、语言、民族和风俗习惯的制约，能使人们心灵相通，而且在体育舞蹈的艺术享受中领略到世界各国的历史和现代的地理人文知识，以及了解到民族的精神风貌、性格特征、民风民俗及生活习惯，它帮助人们认识世界、认识社会、认识文化从而扩大其生活视野。通过体育舞蹈的训练、表演、竞赛和观赏，对加强人际交往，扩大人际关系范围方面都有其独到作用。

第二节　体育舞蹈基本知识

一、体育舞蹈基本常识和术语

（一）舞蹈常识

1．角度

脚或身体转动的幅度大小用度数加以表示即为角度。转动 45° 为 1/8 转，转动 90° 为 1/4 转，转动 135° 为 3/8 转，转动 180° 为 1/2 转，转动 225° 为 5/8 转，转动 270° 为 3/4 转，转动 315° 为 7/8 转，转动 360° 为一周，如图 16-1 所示。

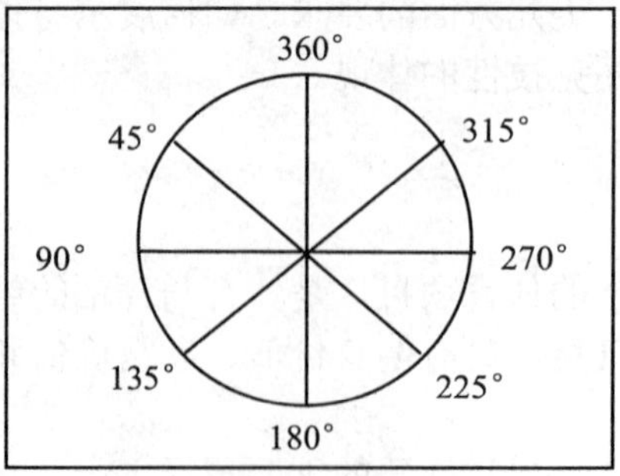

图 16-1　角度

2．方位（dircetion）

指一个舞步开始或结束时，脚或身体所面对或背对的方向。方位必须指示舞步运行方向。方位一方面指示舞者或身体与赛场空间位置关系，一方面指示脚步方向，如图 16-2 所示。

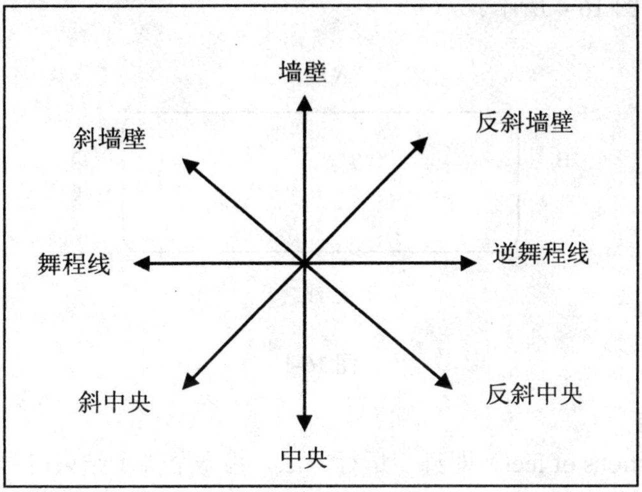

图 16 -2 方位

3．舞程向

在一个舞池中，为避免互相碰撞而规定舞者必须按逆时针方向行进，这个行进方向叫舞程向。

4．舞程线

在跳舞时为了防止碰撞，规定舞者必须按规定的行进路线有序行进，这条按逆时针方向行进的路线叫舞程线，如图 16-3 所示。

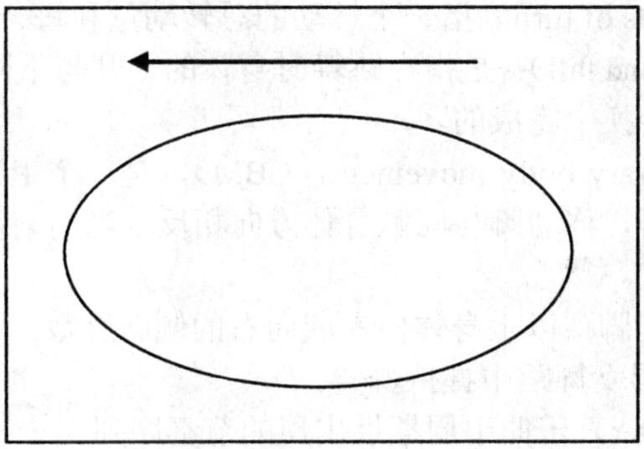

图 16-3

5．赛场

体育舞蹈比赛场地设在室内。场地为长方形，边线长23m，端线宽为15m，总面积为345m²。在比赛场地中，习惯上将靠近边线的两条长线叫A线、C线，靠近端线的两条线叫B线、D线，如图16-4所示。

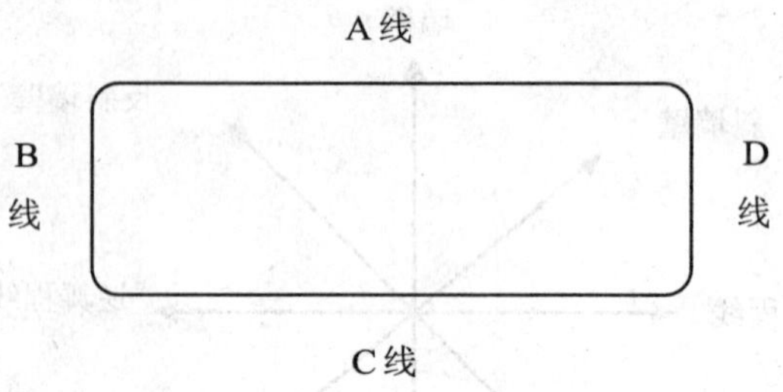

图16-4

（二）基本术语

（1）脚位（postions of fcct）即舞步运行方法，指一个舞步结束时一只脚与另一只脚位置的关系。

（2）脚法（footwork）即步法，是在一个舞步中脚或双脚的部位与地板的接触。带有上升或转动的向前移动步伐的脚法是HT（脚跟着地，逐步过渡到脚尖），没有上升或转动的向前移动步伐的脚法是H（脚跟）。在所有正常的向后移动步伐中，脚法都是TH（脚尖着地，逐渐过渡到脚跟）。

（3）准线（alignment）即方位，是指一个舞步结束时单脚或双脚（而不是指的身体）在舞池中面向、背向或指向，由于是对房间而言的准线，所以必须指明舞步所走的方向。

（4）方向（direction）是指脚步移动和舞池的相对关系。

（5）舞程线（line of dance，L.O.D），沿舞池逆时针方向的向前行进的路线。

（6）转动度（amounts of turn）指一个转动的总转动量和每一步之间脚的转动。

（7）升降动作（rise and fall）：是指在跳舞时身体的上升与下降，升降动作是在膝、踝、趾关节的屈和伸动作的转换中完成的。

（8）反身动作（contrary body movement，CBM），是一个用来引导旋转的身体动作。它是当向前或向后移动时，移动脚与同侧身体方向相反。当向前步用CBM时，脚尖稍转向外，向后步则转向内。

（9）倾斜（sway）指脚踝以上身体向左或向右的倾斜度数。

（10）握姿（hold）男女舞蹈中握持舞姿。

（11）音乐节拍（meter）乐曲中周期性出现的节奏序列。

（12）节奏（rhythm）：指一定规律反复出现，赋予音乐以性格的具有特色的节拍。

（13）速度（Tempo）：指音乐速度，即每一分钟内所演奏的小节总数。

（14）动作组合（Combination movement）：两个或两个以上的舞步型的结合。

（15）套路（routine）：由若干个组合而串连成的一套完整的舞步型。

二、体育舞蹈各舞种简介

（一）摩登舞（Modern）

摩登舞除了探戈外，都源于欧洲大陆，它的音乐时而激情昂扬，时而缠绵性感，动作细腻严谨，穿着十分讲究，体现男士的绅士风度和女士们的妩媚。男士需身着燕尾服，女士则以飘逸，艳丽长裙表现出她们的华贵、美丽、高雅、闺秀之美态。它的舞步流畅，轻柔洒脱，舞姿优美，起伏有序。音乐节奏清晰，舞蹈富于技巧性，是老少皆宜的舞蹈。

1．华尔兹（Waltz）

华尔兹又称“圆舞”，是体育舞蹈中历史最悠久的舞蹈，起源于奥地利。舞曲旋律优美抒情，舞者在起伏倾斜中旋转，并配有优美的造型，在音乐中表现飘逸、潇洒、典雅的舞蹈风格。升降、反身、摆荡、倾斜技术是华尔兹的必要元素。华尔兹是维也纳华尔兹（快三步）的变化舞种。

音乐节拍是 3/4 拍，速度为每分钟 30～32 小节。每小节三拍为一组舞步，重拍在音乐的第一拍上。

基本步形有：左足并换步、右足。

并换步、左转步、右转步、右旋转、拂步、侧行追步等。

2．探戈（Tango）

探戈是摩登舞中较为特殊的舞蹈，是摩登舞中唯一一个带有拉丁特色的舞蹈，起源于非洲的民间舞蹈—探戈诺舞。16 世纪后期，随着黑奴贩卖进入美洲，探戈诺舞和拉美风格舞蹈结合形成现在的墨西哥探戈和阿根廷探戈。在探戈独特的节奏中，刚劲有力地闪动曲行，尽显深沉、豪放、洒脱的舞蹈风格。

音乐节拍是 2/4 拍，速度为每分钟 31～33 小节。重拍每拍相等，基本节奏为慢慢快快或慢快快慢，一个慢拍等于一拍，一个快拍等于 1/2 拍。

基本步形有：常步、直行侧步、分式左转步、右摇转步、直行连步、左扭转步、并式滑行步等。

3．狐步（Fox Trot）

狐步起源于 20 世纪的美国，由美国人福克斯创造。它轻快活泼，富于动感和表现力，舞步轻柔、圆滑、流畅、流动性较强。

它的音乐节拍是 4/4 拍，重拍在 1 和 3（1 强烈些）。速度为每分钟 28～30 小节，动作节奏为慢慢快快，一个慢等于 2 拍，一个快等于一拍。

基本步形有：羽毛步、左转步、三步、右转步、换向步等。

4．快步舞（Quick Step）

起源于美国，早期舞步吸收了狐步动作，后又引入芭蕾舞动作，使快步舞更加轻快灵巧。现在体育舞蹈中的快步舞是“英国式”的快步舞。它最大的特点是在快速的舞步运行中伴以快速的身体运动，在音乐中轻松弹跳的舞步，欢快奔跑，舞蹈洒脱自由，热情奔放，富有动力感和表现力。

音乐节拍是 4/4 拍，重拍在 1 和 3（1 强烈些）。速度为每分钟 50～52 小节，动作节奏为慢慢快快慢，一个慢等于 2 拍，一个快等于 1 拍。

5．维也纳华尔兹（Viennese Waltz）

起源于奥地利，它的音乐旋律活泼欢快，动作轻快流畅，舞步旋转性较强，它的舞步在摩登舞中是最简单的，但由于其旋转性强，必须在快速旋转中完成各种动作技巧，因此对于舞者有一定难度。

音乐为 3/4 拍，每分钟 58～60 小节。第一拍为重拍，2、3 拍为弱拍，6 拍完成一组动作，前三拍注重发力，后三步较为舒缓。

（二）拉丁舞（Latin）

拉丁舞除斗牛舞外，都源于美洲各国和非洲。与摩登舞不同的是，舞伴之间可贴身，可分离，各自在固定范围内辐射式地变换方向角度，展现舞姿。步法灵活多变，各舞种通过对胯部及身体摆动不同的技术要求，完成各种舞步，表现各种风格。舞姿妩媚潇洒，婀娜多姿，风格生动活泼，热情奔放。曲调缠绵浪漫，活泼热烈，节奏感强。着装浪漫洒脱，男着上短下长的紧身或宽松装，女着紧身短裙，显露女性曲线的美。

1．伦巴（Rumba）

起源于古巴，其音乐缠绵浪漫 ，舞蹈风格柔媚、抒情，是表现爱情的舞蹈。它的舞曲具有独特鲜明的节奏，配上拉丁美洲的打击乐器，给人一种轻松甜美之感，舞蹈充满浪漫情调。有“拉丁舞之魂”的美誉。

音乐中 4/4 拍，速度为每分钟 27～31 小节，伦巴是四拍走三步的舞蹈，要“先出胯，后出步”，节拍是“2、3、4～1”，第 2 拍和第 3 拍各走一步，第 4 拍和第 1 拍共走一步。

基本步形有：基本动作、库可拉恰、扇开步、阿列曼娜、曲棍步、定点转、纽约步、手接手、右陀螺转步、闭式扭胯转步、开式扭胯转步、右分展步、左分展步、螺旋步等。

2．恰恰恰（ChaChaCha）

起源于古巴，恰恰恰舞节奏欢快，舞蹈又有诙谐、花哨的风格，所以备受欢迎，是拉丁舞中最流行的舞蹈。在动作上一反男子领舞的习惯，男女动作不求统一整齐，且多半是男子随后。

音乐节拍是 4/4 拍，速度为每分钟 29～32 小节，4 拍跳 5 步（2、3、4&1）。包括三个慢步和两个快步。慢步占一拍，快步占半拍。

基本步形有：追步、锁步、基本动作、扇开步、阿列曼娜、曲棍步、定点转、手接手、纽约步、右陀螺转步、闭式扭胯转步、开式扭胯转步、右分展步、左分展步、交叉基本步、古巴断步等。

3．牛仔舞（Jive）

起源于美国，音乐欢快跳跃，舞步上活泼矫健，风格上热烈、诙谐、轻捷、灵巧。牛仔的舞步都是由追步形成的，舞姿较松弛和自由，所有的舞步都是用脚掌来跳，舞步较小，步与步之间往往由踝膝关节的弹动来连接。动作节奏为：1、2、3&、4、5&、6。3、5 占用 3/4 拍的时间，&占用 1/4 拍的时间。因此牛仔舞的舞步是 6 拍跳 8 步。

音乐节拍为 4/4 拍，速度为每分钟 40～46 小节。

基本步形有：追步、原地基本步、并退基本步、连接步、右到左换位、左到右换位、背后换手、侧行走步、美式旋转等。

4．桑巴（Samba）

起源于巴西，它的风格特点是动作粗旷，起伏强烈、舞步奔放、敏捷、富有强烈的感染力，在拉丁舞中属于行进性的舞蹈。

音乐节拍是 2/4 拍，速度为每分钟 40～56 小节。

5．斗牛舞（Paso Doble）

起源于西班牙，是模仿西班牙斗牛士动作，有西班牙风格的进行曲伴舞的一种拉丁舞。男为斗牛士，气宇轩昂，刚劲威猛，女为红色斗篷，英姿飒爽，柔美多变。

音乐为旋律高昂雄壮、鲜明有力的西班牙进行曲。节奏为 2/4 拍，每分钟 60～62 小节。一拍一步，八拍一循环，特点是舞步流动大，沿着舞程线绕场行进。舞姿挺拔，无胯部动作及过分膝盖屈伸。用踝关节和脚掌平踏地面完成舞步。动静鲜明，力度感强，发力迅速，收步敏捷顿挫。

第三节　体育舞蹈的训练方法

体育舞蹈动作，是以骨骼为杠杆，以关节为转动轴，肌肉收缩为动力来完成的。基本功的训练是运用骨骼、关节、肌肉带动正确的步法、身法，借助于地板的弹力，轻盈舒展地获得身体平衡，巧妙地进行重心移动。只有不间断地重复这些基本功训练，才能为规范舞步和竞技比赛舞步打下一个坚实的基础，使习舞者少走弯路，从而尽快跳出优美的舞蹈动作。

体育舞蹈的教学与训练一般包括一般技术训练和专项技术训练。其中一般技术训练包括形体训练和舞蹈基本功训练，专项技术训练包括各舞种的基本舞步训练套路动作训练。

一、一般技术训练

一般技术训练是最初阶段的训练，训练的内容仅仅围绕为专项技术的掌握打下扎实的基本功为目的。摩登舞和拉丁舞可以采用基本相同的一般训练内容和方法。主要的训练内容和方法有形体训练和舞蹈基本功训练。

1．形体训练

体育舞蹈的形体训练是以芭蕾基本练习方法与徒手姿态练习相结合，培养练习者正确优美的姿态和动作，提高练习者的基本身体素质，是练习体育舞蹈的基础。

详细内容参阅《形体训练》章节。

2．舞蹈基本功训练

舞蹈基本功训练的主要内容有立颈、收髎、沉肩、挺胸、收腹、立腰、直膝、绷脚、两眼平视的舞蹈基本姿态和形态。通过舞蹈基本功的训练主要培养正确的身体姿态、优美的舞蹈动作和高雅活泼的气质，掌握基本的舞姿和丰富的动作素材。

二、专项技术训练

专项技术训练是在一般技术训练的基础上，根据体育舞蹈的技术要求，采取专门化的技术训练。他们都包括各自舞种的基本步训练、套路动作训练。

（一）基本舞步训练

基本舞步是指体育舞蹈各舞种所必需的各种不同结构类型的典型舞步。其训练目的在于掌握和提高基本舞步技术，为掌握其他舞步动作打下良好基础。体育舞蹈基本舞步是由身体动手势动作、身体形脚步动作构成的。因此拉丁舞和摩登舞的基本舞步训练都包括身体动作训练、手势动作训练和舞步动作训练。

1．拉丁舞基本舞步训练

伦巴、恰恰恰、桑巴、牛仔、斗牛的基本舞步训练都有各自的舞蹈技术要求，同时也有共同点。首先进行站立姿势练习。拉丁舞站立姿势一般有并立、前后点地立、侧点地立、弓步、开立半蹲，以及单腿立等，其中最基本的站立姿势是并立和点地立，其技术要领是立颈收髎、沉肩收腹、肩胛骨内收并沉肩，中腰拨起，臀部夹紧，大腿内收，头、肩、髋在同一垂直面上。重心在支撑脚全脚掌上，同时脚趾用力抓地。

（1）身体动作训练：主要是指躯干、胯部、膝盖、脚踝协调动作所形成的各种富有节奏感、表现力和优美造型的韵律性动作。

A．伦巴、恰恰恰的身体动作训练。

两腿左右开立，两臂侧举或叉腰，做上体前后左右摆动；两腿左右开立，两臂侧举或叉腰，在重心前后右移动下，做上体前后左右摆动；两腿开立或并立，做胸部以下至胯部的转动和伸压练习；两腿左右开立，在重心前后左右移动下，做以身体带动胯部摆动的练习。

技术要求：单纯的上体摆动时，收腹夹臀，保持髋部固定位置，中腰拉直，肩部放平，水平摆动。重心移动下的身体摆动，要以身体摆动带动重心移动，身体带动髋部形成“∞”字摆动。转胯动作，要髋、膝、踝三点在一直线，胯部转开斜 45°，上体向上拉起；恰恰恰的身体和胯部摆动有大小幅度之分，在第一、二、三拍上是大摆动，第四拍上是两个小摆动；伦巴的胯部和身体动作缠绵，恰恰恰的动作快速，有切割感。

B．牛仔舞身体动作训练。

两腿并立，两臂侧举，做左右腿交替的上下屈伸弹动练习。

两腿并立，两臂侧举，做左右腿交替的上下屈伸弹动下结合胯部的左右摆荡练习。

技术要求：屈膝弹动时膝盖要自然放松，快速灵活；胯部摆荡方向要和支撑腿方向一致；支撑腿摆荡时动力腿要收回；要收腹立腰，两侧腰部要向上拉起，上体不要前后摆动。

（2）手势动作训练：拉丁舞手臂动作是身体动作的延伸，手臂动作不要求非常的复杂、花俏，但要求在芭蕾手势基础上，强调力度和动作的气派。练习方法如下：两腿并立，两臂做前、侧、上、下及斜位举的对称性动作；一腿侧点地立，做两臂斜位举的不对称性动作；一腿前点、后点、侧点弓步，一手叉腰，一臂做各方向举的动作；一腿前、后点地开立，两臂做向前、侧的波浪动作；一腿侧点地立，手臂做划圈摆动动作；结合身体练习。

技术要求：结合各舞种的身体形态进行练习。手型：五指伸直，大拇指打开，女士可用兰花指型，男士可用四指并拢型，指尖用力；手臂侧举与肩同高，稍向前，牛仔舞手势可低些位置；手臂波浪要以大臂带动小臂、手腕到指尖；划圈摆动要以大臂内侧带动向远处延伸；运用身体带动手臂动作时，注意腰总中段的拔长和控制；立颈沉肩；伦巴手臂动作柔和缠绵，恰恰恰和桑巴的手臂动作快速，富有力感，牛仔舞的手臂较为随意。

（3）舞步动作训练：在结合身体和手臂动作基础上，进行伦巴、桑巴、恰恰恰、斗牛、牛仔舞的舞步动作训练。

A．伦巴舞步动作训练：包括原地移动、前进后退基本步、侧向基本步、前进后退走步、半重心移动步和定轴转步等。

技术要求如下。

① 支撑腿（重心腿）：在移动中左右腿交替支撑重心，并推动脚步运动，同时对地面有积极的施力作用。移动重心时，重心要从一脚先移到两腿中间，再移到另一腿上。必须经过两脚掌放平的过程。在半重心移动时，重心要经过每一条腿，同时支撑腿不起脚跟。

② 摆动腿（动力腿）：向前、向后出腿都是从前脚掌到全脚掌，向侧出腿是从脚掌内侧到全脚掌，但都必须经过脚跟踩平。脚尖和膝盖要对着行进方向。收腿时应该经过支撑脚的脚边，使两踝关节相对成八字行。

③ 绕轴心转动：先让重心到支撑腿上，然后肩部先转再带动胯部转动。

B．恰恰恰舞步动作训练：包括前进后退基本步、侧向基本步、前进后退锁步、后点步接划圈锁步、前点步接划圈锁步、古巴断步、点转步。

技术要求：与伦巴技术要点基本相同，但还是其独特的技术特点。

① 要求侧行锁步，立腰立髋，收紧臀部，向前和向后锁步要后脚前掌不能超过前脚后跟，重心在两腿之间。后退脚内侧着地，脚跟下压，后腿膝盖靠紧前腿膝盖窝，前腿自然伸直。向侧锁步时两腿要依次屈伸。锁步结束后要用身体带动出步。

② 古巴断步：向前上步时重心在后支撑腿上，要求臀部收紧髋部上提。

C．牛仔舞基本舞步训练：包括基本步、并腿摇摆、并腿抛掷、连步摇摆。

技术要求：慢拍上的踏步是前脚掌过渡到全脚掌，快拍上的并合步是用其掌内侧踏步完成 3 步；先身体移动再带动重心移动，重心移动再带动胯部摆动；并合步的 3/4 拍和 1/4 拍的音乐节奏与脚步的配合要正确；膝盖要有弹性，踝关节要有力，并合步有跳跃感。

2．摩登舞基本舞步训练

在进行华尔兹、探戈、狐步、快步、维也纳华尔兹的基本舞步训练前，必须掌握正确的站立姿势，基本站立姿势是：两腿平行，脚尖向前，两膝稍松弛的并腿立。技术要求与拉丁舞基本相同。

（1）握姿训练：主要是闭式位和开式位的握姿训练，以及探戈的握姿训练。

先进行静止站立下的握姿练习，然后结合前进、后退、侧向移动下的握姿练习；再进行基本舞步和花步相结合下的握姿练习；结合成套练习。

（2）身体动作训练：包括升降、反身、摆荡和倾斜的动作技术训练。

A．升降练习：可进行单人或双人的练习，首先在站立位置上做升降动作；再结合前进、后退、侧向运步做升降动作。

B．反身练习：先在并腿直立或半蹲站立位上做反身动作；在前、后弓步下做反身动作；结合向前、向后出步后做反身动作；结合舞步组合做反身练习。

C．摆荡和倾斜练习：在并立位做向侧摆荡的倾斜练习；在增加向右、向左转动下的向的向侧摆荡倾斜练习；结合舞步组合进行练习。

技术要求：

身体动作练习必须在保持好身体的基本形态（架式）和握姿的情况下进行。掌握好身体重心位置以及中腰收紧拉长和控制。

升降技术掌握膝盖的屈伸和脚跟的提起与下落的关系。身体上升时，先脚跟提起，然后再直膝上顶。躯干不要主动上升，要保持向下的压力。在下降时，先屈膝再过渡到脚跟落下，而躯干不要主动下落，要保持向下的感觉。

反身技术要求做反身动作时肩部和髋部保持水平，收腹立腰，夹臀立躯干保持挺身姿势。拧转时要求以身体中心为轴，并且使头、肩、髋与两腿在同一垂直面上。

摆荡时要求髋部与身体形成一个整体向侧直线摆动。完成倾斜动作时要控制好身体，避免躯干前倾、后仰或左右侧屈。

（3）舞步动作训练。

A．华尔兹舞步动作训练：包括前进走步、后退走步、右脚并换步、左脚并换步、左转步、右转步、右转、左转等。

技术要求：掌握好男女舞伴的身体位置（如在闭式位男女舞伴中心线重叠，在开式位女伴偏后）；旋转动作要通过身体中心线转动，重心必须在支撑腿上，以单腿转体。

B．探戈舞步动作训练：包括前进走步、后退走步、直行侧步、前进连接步、并式滑行步、分式滑行步、基本左转步、基本右转步等。

技术要求：掌握好探戈握姿要求（如男伴要收紧腹部立腰，右手要超过女伴后背线，左臂形成锐角）；掌握好走步技术特点和强弱的动作与节奏；旋转动作必须有充分的反身动作才能获得快速的转动。

C．快步舞基本舞步训练：包括直行追步、前进锁步、后退锁步、四快步跑、右轴转步、左轴转步、直角右转步等。

技术要求：掌握快步舞的升降和摆荡技术，强调升的高，降得低，并步快，出步相对慢些的技术特点；注意脚着地点的跟掌关系，同时要求侧行位运步；掌握舞步的节奏特点。

总之，基本舞步的训练方法一般采用单个动作的教学方法，掌握单个基本动作的技术。基本舞步训练的核心是基本技术训练，基本技术是完成某一类型舞步动作的关键技术或技术环节，掌握程度如何直接影响套路动作的质量。因此，基本技术训练要严格要求，反复训练，长期坚持。为了提高基本技术动作的熟练性，在单个舞步训练基础上可以结合一些组合训练。同时要注重与音乐的配合训练，做到不仅要掌握动作技术，而且应该是在掌握节奏的前提下掌握动作技术。

第四节　体育舞蹈竞赛与裁判

一、体育舞蹈的竞赛特点

体育舞蹈是从文艺转变而来的项目，因此他既有文艺的痕迹又有体育的特点。

1．主持人制

体育舞蹈比赛自始至终在主持人的指挥和控制下运行，主持人既是司仪、广播员、又是宣传鼓动员、观众代言人，是场上的中心人物。

2．比赛和表演结合

体育舞蹈比赛之前、中间或结尾，经常穿插国内外优秀选手的表演，既可使比赛更加在丰富多彩，气氛热烈，也可使裁判、参赛选手和记分组等竞赛人员得以休息和重新准备。

3．“淘汰”与“顺位”结合的比赛方法

体育舞蹈比赛从预赛到半决赛采用淘汰制比赛方法，即根据竞赛编排从参赛人数中按规定录取定量选手进入下一轮比赛，淘汰其余选手。按国际惯例，最后通常取 6 对选手进入决赛。在决赛比赛中采用顺位法决定单项和全能的名次。

4．评分特点

体育舞蹈评议时每个评委在 1'30～2'30 的时间内，要从 6～20 对选手中确定入选名单或名次顺序，这要求评委精力集中，业务熟练，眼光敏锐，反应迅速，判断正确。

二、体育舞蹈比赛场地、音乐、服装

体育舞蹈比赛场地长 23 m，宽 15 m。选手按逆时针方向运行，交换舞程线时应过中心线。

比赛音乐决赛时每曲 2'30，其他赛时每曲还规定不得少于 1'30。

比赛服装规定：摩登舞男子穿燕尾服，女子穿不过脚踝的长裙；拉丁舞服装应有拉美风格，男女选手服装必须协调。专业选手背号为黑底白字，业余选手背号为白底黑字。

三、体育舞蹈竞赛的裁判及评判依据

体育舞蹈比赛裁判的人数应由单数组成，这是由于在比赛时，选手能否进入下一轮比赛，是依据裁判员的 2/3 或 3/5 的比例选票决定出来的。

体育舞蹈比赛分团体赛和个人赛两种，按预赛（淘汰赛）、复赛（选拔赛）、半决赛（资格赛）、决赛（名次赛）的程序进行。

体育舞蹈竞赛的评判依据如下。

（1）基本技术：基本动作；姿态；平衡稳定；移动。

（2）音乐运用：节奏；风格的理解和体现。

（3）舞蹈风格：区别各种不同舞种之间的风格上的差别；个人风格的展现。

（4）动作编排：动作流畅新颖，运用自如；体现舞种的基本风韵并有一定的技术难度；动作与音乐密切配合，发挥音乐效果；编排有章法，充分利用场地。

（5）临场表现：赛场上的应变能力；良好的竞技状态。

（6）赛场效果：舞者的风度、气质、仪表等总体形象。

在以上六要素中，前三项主要指选手的技艺品质，后三项是选手的艺术魅力。在预赛时裁判着重于前三条要素的评判，在半决赛后着重于后三条要素的评判，在决赛中应全面评价选手各项要素的完成情况。

参考文献

[1] 叶加宝．体育学［M］．北京：北京体育大学出版社．
[2] 王则珊．学校体育理论与方法［M］．北京：北京体育大学出版社．
[3] 冒映晴，曲宗湖等．学校体育学［M］．北京：北京体育出版社．
[4] 刘清黎．体育教育学［M］．北京：高等教育出版社．
[5] 邢登江，刘国庆．大学体育［M］．北京：北京航空航天大学出版社．
[6] 闵捷，高涵．大学体育与健康基础教程［M］．北京：北京体育大学出版社．
[7] 傅传祖，张恩光等．体育与健康［M］．南京：河海大学出版社．
[8] 任建生．心血管运动生理与运动处方［M］．北京：体育大学出版社．
[9] 刘纪清．实用运动处方［M］．哈尔滨：黑龙江科学技术出版社．
[10] 体育教程编写委员会．体育教程［M］．成都：四川大学出版社．
[11] 李样等．健康教育学［M］．桂林：广西师范大学出版社．
[12] 陈水生．高校健康教育教程［M］．上海：上海华东师范大学出版社．
[13] 刘国柱．实用运动处方［M］．北京：北京科学技术出版社．
[14] 武术（体育学院普修通用教材）［M］．北京：人民体育出版社．
[15] 冉德洲等．运动医务监督［M］．成都：四川教育出版社．
[16] 冉德洲，陈惠昌等．运动医学［M］．北京：人民教育出版社．
[17] 李宗述．体育康复学［M］．成都：四川教育出版社．
[18] 王安利，王松涛．运动医学双语教程［M］．北京：北京体育大学出版社．
[19] 矫玮等．运动损伤学双语教程［M］．北京：北京体育大学出版社．
[20] 范素萍．体育与健康［M］．北京：科学出版社．
[21] 国家体育总局体操运动管理中心．健身健美操教练员指导员培训教材［M］．
[22] 王玉全，李建坤．学校健美操与艺术体操创编及教学训练［M］．北京：中国教育出版社．
[23] 黄宽柔，姜桂萍．舞蹈与健美操［M］．北京：高等教育出版社．
[24] 樊更生．体育舞蹈摩登舞基础教程［M］．北京：北京体育大学出版社．
[25] 张瑞林．体育舞蹈［M］．北京：高等教育出版社．
[26] 李明强，刘成华．体育教程［M］．北京：北京体育大学出版社．
[27] 陆华圣，孟祥立，刘成华等．体育与健康［M］．北京：农业出版社．
[28] 陈洪，王庆玉．健康体育教程［M］．北京：科学出版社．